suhrkamp taschenbuch
wissenschaft 1256

Der vorliegende Band enthält die Arbeiten Niklas Luhmanns, die sich mit sozialen Bewegungen beschäftigen. In seiner Einleitung macht Kai-Uwe Hellmann deutlich, inwiefern soziale Bewegungen einen interessanten Testfall für den Universalitätsanspruch der Systemtheorie darstellen.
Sozialen Bewegungen kommt die Funktion zu, mit ihrem Protest auf bestimmte Folgeprobleme funktionaler Differenzierung aufmerksam zu machen. Sie leisten außerdem eine Selbstbeschreibung moderner Gesellschaft, wie sie innerhalb des Schemas funktionaler Differenzierung sonst nicht vorgesehen ist. Die »protestierende Reflexion ... greift Themen auf, die keines der Funktionssysteme, weder die Politik noch die Wirtschaft, weder die Religion noch das Erziehungswesen, weder die Wissenschaft noch das Recht als eigene erkennen würden. Sie stellt sich quer zu dem, was aufgrund eines Primates funktionaler Differenzierung innerhalb der Funktionssysteme an Selbstbeschreibungen anfällt.« Von besonderer Bedeutung ist dabei die Risikothematik, da das Risikopotential in der modernen Gesellschaft so weit zugenommen hat, daß immer mehr Entscheidungen anfallen, die mit hoher Wahrscheinlichkeit die Möglichkeit von Schäden beinhalten. Insofern spielen gerade die neuen sozialen Bewegungen »Betroffenheit gegen Entscheidung« aus.
Vor diesem Hintergrund kommt sozialen Bewegungen eine für moderne Gesellschaft geradezu einzigartige Funktion zu, die innerhalb der modernen Gesellschaft kein funktionales Äquivalent kennt, ohne daß soziale Bewegungen deshalb schon die »Deutlichkeit eines Funktionssystemarrangements« im Sinne funktionaler Differenzierung erkennen lassen.

Niklas Luhmann
Protest

Systemtheorie und soziale Bewegungen

Herausgegeben und eingeleitet
von Kai-Uwe Hellmann

Suhrkamp

Bibliografische Information der Deutschen Nationalbibliothek
Die Deutsche Nationalbibliothek verzeichnet diese Publikation in der Deutschen Nationalbibliografie; detaillierte bibliografische Daten sind im Internet über http://dnb.d-nb.de abrufbar.

5. Auflage 2016

Erste Auflage 1996
suhrkamp taschenbuch wissenschaft 1256

Printed in Germany
Umschlag nach Entwürfen von Willy Fleckhaus und Rolf Staudt
ISBN 978-3-518-28856-6

Inhalt

Einleitung

Der Universalitätsanspruch der Systemtheorie

Der Universalitätsanspruch der Systemtheorie, wie Niklas Luhmann ihn wiederholt formuliert hat, gibt immer wieder zu Mißverständnissen Anlaß. Denn zumeist wird darunter verstanden, daß die Theorie sozialer Systeme die Alleinzuständigkeit für wissenschaftliche Wahrheit beansprucht: Nur systemtheoretisch gewonnene Erkenntnisse seien genuin soziologische Wahrheiten. Das ist freilich ein Irrtum.

Was der Universalitätsanspruch der Systemtheorie tatsächlich behauptet, ist der »Anspruch auf universelle Anwendbarkeit«[1]: Alles, was in den Gegenstandsbereich der Soziologie fällt, muß durch die Theorie sozialer Systeme beschrieben werden können. »Anspruch auf Universalität der Theorie heißt nur, daß die Theorie der Einheit des Faches Rechnung zu tragen sucht, also den Vorschlag eines einheitlichen Forschungsansatzes für die gesamte Soziologie unterbreitet.«[2] Das schließt sie selbst ebenso ein wie alles, was sich in der Gesellschaft beobachten läßt, nicht zuletzt Gesellschaft selber. »Die allgemeine Theorie sozialer Systeme erhebt, mit anderen Worten, den Anspruch, den gesamten Gegenstandsbereich der Soziologie zu erfassen und in diesem Sinne universelle soziologische Theorie zu sein.«[3]

In diesem Sinne hat Luhmann auch von *Supertheorien* gesprochen, die sich von anderen soziologischen Theorien vor allem dadurch unterscheiden, daß sie zu allem Sozialen Stellung beziehen können und sich nicht nur mit einem Ausschnitt begnügen dürfen: »Eine Supertheorie muß daher die Bereitschaft bekunden, über jeden Gegenstand ihres Bereichs Aussagen machen zu können.«[4] Was Universalität hier aber mit keinem Wort impliziert, ist der »Anspruch auf ausschließliche Richtigkeit, auf Alleingeltung und in diesem Sinne auf Notwendigkeit (Nichtkontingenz) des

1 Luhmann 1971: 378.
2 Luhmann 1970: 113.
3 Luhmann 1984: 33.
4 Luhmann 1978: 17.

eigenen Ansatzes«.[5] Somit wird nicht behauptet, daß die Systemtheorie andere Theorien, die sich um die soziologische Erkenntnis der sozialen Wirklichkeit bemühen, überflüssig macht, geschweige denn, daß Systemtheorie sich damit als allein zuständig erklärt für die Beschreibung und Erklärung sozialer Tatsachen. Schließlich erhebt die Systemtheorie auch nicht den Anspruch, zu allem, was man in der Welt über die Welt wissen kann, alles aussagen zu können: Totalitätsansprüche in dem Sinne, daß Systemtheorie »ihre Gegenstände total, das heißt in allen nur möglichen Hinsichten«[6], erfaßt, werden explizit abgewiesen.

Stellt man den Universalitätsanspruch der Systemtheorie in dieser Form richtig, bleibt aber dennoch die Frage, ob und inwieweit die Theorie sozialer Systeme tatsächlich in der Lage ist, universelle Anwendbarkeit zu demonstrieren und damit dem Anspruch auf eine facheinheitliche Theorie gerecht zu werden: Gelingt es der Systemtheorie wirklich, zu allen Ereignissen und Phänomenen im Gegenstandsbereich der Soziologie Aussagen machen zu können?

Unbestreitbar ist, daß nicht nur die Zahl der Publikationen[7], sondern auch die Vielfalt der Themen, zu denen sich Luhmann geäußert hat, kaum mehr zu überblicken sind. Das schließt nicht nur geradezu klassische Themenbestände der Soziologie wie Rechts-, Wirtschafts-, Religions-, Wissenschafts-, Erziehungs-, Familien-, Organisations-, Wissens- oder politische Soziologie ein, denen in der Regel sogar Monographien gewidmet sind, sondern auch Fragen der Grundlagenforschung wie die Unterscheidung von Interaktion, Organisation und Gesellschaft, symbolisch generalisierte Kommunikationsmedien oder grundlegende Theorieoptionen wie Kommunikations-, Evolutions- oder eben Systemtheorie. Nicht zu vergessen sind auch die Arbeiten zur Moral oder über Vertrauen, um nur Kernbereiche der immensen Produktivität Luhmanns zu nennen. Gleichwohl läßt sich feststellen, daß Luhmann – welchem Umstand auch immer geschuldet – nicht mit gleicher Intensität auf allen Gebieten tätig ist. So haben es ihm vor allem

5 Luhmann 1984: 34.
6 Luhmann 1971: 379.
7 Klaus Dammann et al. zählen allein bis 1992 über 636 Publikationen Luhmanns, Interviews und dergleichen eingeschlossen, vgl. Dammann/Grunow/Japp (Hg.) 1994: 285.

gesellschaftstheoretische Fragestellungen angetan und hier wiederum die Theorie der modernen Gesellschaft. Das zeigt sich besonders in seiner überwiegenden Beschäftigung mit dem Formprinzip moderner Gesellschaft, funktionale Differenzierung, und in der – freilich anders als bei Talcott Parsons – geradezu systematischen Erfassung und Beschreibung von Funktionssystemen und ihren Eigenschaften. Hier tritt sein vorrangiges Interesse klar zutage. Demgegenüber hat es den Anschein, als ob Luhmann andere Bereiche sozialer Wirklichkeit eher vernachlässigt hätte. Einer dieser Bereiche wäre dann etwa die Soziologie des Alltags, ein anderer die Kritik moderner Gesellschaft, und hier wiederum Protestbewegungen – zumindest was die fehlende Systematik betrifft, mit der Luhmann sich ihnen zugewandt hat.
Abgesehen davon, daß kaum bekannt ist, daß Luhmann überhaupt zu Protestbewegungen publiziert hat, gewinnt man bisweilen den Eindruck, als wolle sich gerade dieser Bereich nicht so recht in die Perspektive einfügen, mit der der Soziologe Luhmann ansonsten auf die moderne Gesellschaft blickt. Wie aber stellt sich dieser Eindruck im Lichte des Universalitätsanspruchs der Systemtheorie dar? Denn nichts ist von ihrem Anspruch auf universelle Anwendbarkeit ausgenommen, sofern es in den Gegenstandsbereich der Soziologie fällt, und das gilt mit Sicherheit für soziale Bewegungen.

1968 – und danach

Schon 1968 hat Luhmann sich zur Studentenbewegung geäußert. Ihr bescheinigt er, daß sie zu Recht Anstoß nimmt am Status quo.[8] Denn einerseits avanciere der Status quo angesichts der neuen Unübersichtlichkeit – in den 60er Jahren – zu einer »Sicherheitsformel«[9], mit der versucht werde, Komplexität zu reduzieren und somit Orientierung zu gewinnen. Andererseits verführe dieses Sicherheitsstreben aber dazu, allzu konservativ am Bestehenden festzuhalten und dadurch notwendige Entwicklungen zu verpassen. Hier wird Protest aber funktional: »Auch der Protest und die

8 Vgl. auch den kritischen Rückblick Luhmanns nach 20 Jahren Studentenbewegung, Luhmann 1992c.

9 Luhmann 1992a: 24.

regelmäßig sich wiederholenden Krisen haben ihre Funktion für die periodische Entdogmatisierung und Neuanpassung des Systems.«[10] Inwiefern es sich dabei tatsächlich um »strukturell notwendige Widersprüche zwischen Verheißung und Erfüllung im sozialen System oder blockierte Karrieren oder Statusangst oder was immer« (16) handelt, die der »Unzufriedenheit damit, daß nicht alles Mögliche möglich gemacht«[11] wird, zugrunde liegt und von daher Protest motiviert, bleibt letztlich zwar unentschieden. Dennoch ist festzuhalten, daß der Protest »sich auf Dauerprobleme unseres Gesellschaftssystems beziehen« (28) läßt und daß die Politik ihrer Funktion nicht gerecht wird, genügend Alternativen zur Entscheidung zu bringen: »Deshalb scheint ›außerparlamentarische Opposition‹ nötig zu sein« (ebd.). Vor diesem Hintergrund spricht Luhmann sich dafür aus, dem studentischen Protest Anerkennung zu zollen, da er die Gesellschaft aufmerksam macht auf etwas, was ihr andernfalls entgehen würde: Kritik an ihr selbst, um sie in Bewegung zu halten und vor Stillstand zu bewahren.[12]

In diesem Sinne wendet sich Luhmann auch 1984 sozialen Bewegungen zu, die er nunmehr im Zusammenhang mit Konfliktsystemen beschreibt, die über die Negation von Kommunikation bestimmte Erwartungsstrukturen in Frage stellen, um auf Unsicherheiten und Inkonsistenzen im laufenden Kommunikationsprozeß aufmerksam zu machen. Indem sie das aber tun, verhalten sie sich wie Immunsysteme, die als funktionales Äquivalent zu organischen Immunsystemen auf Störungen und Irritationen der nor-

10 Luhmann 1992a: 27. An dieser Sichtweise hat sich für Luhmann über die Zeit wenig geändert: 26 Jahre später handelt es sich für ihn – mit Bezug auf funktionale Differenzierung im allgemeinen und die Auswirkungen des Protestes im besonderen – um »eine gewisse selbstkritische Neuperspektivierung der Funktionssysteme selbst« (Luhmann 1994: 66); vgl. auch Fn. 14.

11 Luhmann 1992a: 27. Das Unzufriedenheitsmotiv kehrt später mehrfach wieder, wenngleich Luhmann ihm selbst keine systematische Bedeutung zukommen läßt. So spricht Luhmann noch 1994 von einem »Sammelbecken für Unzufriedenheiten oder auch, wenn man es objektiver formulieren will, für Schwachstellen und Negativfolgen der Typik moderner Gesellschaft« (55).

12 Vgl. Luhmann 1995: »Man denkt im genauen Sinne in der Gesellschaft für die Gesellschaft gegen die Gesellschaft« (396).

malen Kommunikation reagieren und entsprechend eingreifen. Denn es ist die »Funktion des Immunsystems«[13], das Überleben eines sozialen Systems, d. h. seine Autopoiesis zu gewährleisten: »Autopoiesis geschieht normalerweise nach Rezept, das heißt auf Grund von Erwartungsstrukturen. Das Immunsystem sichert die Autopoiesis auch dann, wenn dieser Normalweg blockiert ist.«[14] Soziale Bewegungen stellen – im Unterschied zum Recht – »ein eher modernes Verfahren«[15] der Auswahl und Behandlung gesamtgesellschaftlicher Widersprüche und folgenreicher Konflikte dar, deren Entstehungsbedingungen durch den »Zusammenhang dreier Variablen« gekennzeichnet sind. Die erste ist die »Lockerung der internen Bindungen« (543), mithin der Verlust der Orientierungsleistung primärer Bindungen durch Familie, Verwandtschaft oder weltliche wie religiöse Gemeinde. Daraus resultiert nach Luhmann eine »Spezifikation der Beiträge«, da die nachlassende Eingebundenheit in primäre Erwartungsstrukturen den Individuen ein höheres Maß an Autonomie abverlangt, was auch zu einer größeren Vielfalt unterschiedlicher Kommunikationsbeiträge führt. Schließlich hat dieser Individualisierungsschub auch zur Folge, daß die atomisierten Individuen den Verlust von Primärbindungen bisweilen durch zumeist kurzlebige Spontanaggregationen zu kompensieren suchen, die Luhmann als »Kumulierung von Effekten« oder kurz »Effektkumulation« bezeichnet. Dabei spielen sich die Effekte derartiger Aggregationen in

13 Luhmann 1984: 549.

14 Luhmann 1984: 549. Bemerkenswert ist, daß Luhmann in diesem Zusammenhang nicht nur von der »Erstarrung in eingefahrenen, aber nicht mehr umweltadäquaten Verhaltensmustern« spricht, sondern in Verbindung mit einer bestimmten Größenordnung gesellschaftlich relevanter Konflikte auch von einem »Übergang zu einer anderen Form gesellschaftlicher Differenzierung« (514), vom »Altwerden eines bestimmten Differenzierungstypus« (516) und selbst von der »Vermutung, daß solche Veränderungen auf einen Strukturwandel der Gesellschaft selbst hindeuten« (536). Dabei zieht er auch eine Analogie zur »Periode des Übergangs vom Mittelalter zur Neuzeit, die den Zeitlauf generell als Verfall empfunden hat; und möglicherweise wieder für unsere Tage, in denen die volle Last negativer Konsequenzen des Prinzips funktionaler Differenzierung anfällt« (ebd.).

15 Luhmann 1984: 542; vgl. Luhmann 1990b: 8, wo soziale Bewegungen nicht mehr funktional äquivalent zu Recht, sondern kompensatorisch für Recht definiert werden.

einem eher fluiden Bereich ab, den er »kollektive Mentalitäten« (544) nennt. Es kann aber auch zur Entstehung rigiderer Formen kommen, nämlich »zu sozialen Bewegungen, die auch Handlungen rekrutieren können«.[16] Luhmann zählt diese Art von Effektkumulationen »zu den beunruhigenderen Erscheinungen der modernen Gesellschaft, die schwer zu fassen und zuzuordnen sind« (545).

Was den Begriff und die Einheit einer sozialen Bewegung betrifft, so beobachtet Luhmann zunächst die Selbstbeobachtung der Gesellschaft, die derartige Phänomene anhand von Begriffen wie ›Prozeß‹ und ›Bewegung‹ von sich aus unterscheidet. Diese Beschreibung macht es sozialen Bewegungen möglich, auch sich selbst als ›Bewegung‹ zu beschreiben, was zu einer Verstärkung ihrer Identifikation und Selbstreferenz führt. Schließlich tragen Theorien sozialer Bewegungen, denen Luhmann aber nur ein ungenügendes Zeugnis ausstellt, mit dazu bei, das schwierige Geschäft der Reflexion auf sich selbst zu leisten: »Eine Theorie der Bewegung ermöglicht es, den Handlungszusammenhang, der sich selbst so beschreibt, zu unterscheiden von bloßen Unruhen, Aufständen, gewaltreichen Episoden« (547). Zudem kann es zur organisierten Selbstbeobachtung in Form von Zielen kommen, die man sich setzt, was die »Selektivität der Bewegung« (548) enorm verstärkt: »Als Bewegung hat das Geschehen Seitenhalt, durch die Richtung auf ein Ziel kann auch bestimmt werden, was sich anschließen kann und was abgestoßen werden muß.« (547 f.) Vor diesem Hintergrund bescheinigt Luhmann sozialen Bewegungen schließlich einen eigenen, wenn auch unbestimmten Systemstatus: »All das ermöglicht selbstreferentielle Systeme eines eigenartigen Typus, die mit hoher Widerspruchs- und Konfliktbereitschaft Funktionen im Immunsystem der Gesellschaft übernehmen können« (548). Ein Systemstatus wenigstens, der dem autopoietischen Gebot genügt: Bewegungen – bewegen sich selbst!

Zwei Jahre später beschäftigt sich Luhmann speziell mit den neuen sozialen Bewegungen, denen er die Fähigkeit zur Beobachtung von Kontingenzen, insbesondere der Kontingenzen funktio-

16 Luhmann 1984: 545. Zum Handlungsbegriff sozialer Bewegungen, bezüglich ihrer Selbstbeobachtung, vgl. auch: »Erst wenn das zu Handlungen führt, greift dies Rezept, denn nur dann ordnen beobachtbare Elemente, eben Handlungen, sich dieser Bewegung zu« (548).

naler Differenzierung, zugesteht, weshalb er auch vom »Protest gegen die funktionale Differenzierung und ihre Effekte«[17] spricht. Zugleich werden beträchtliche »Theoriedefizite«[18] kritisiert, die dazu führen, daß die neuen sozialen Bewegungen nicht einmal die den eigenen Beobachtungen zugrundeliegenden Unterscheidungen unter Kontrolle haben, die zumeist »nur Widerstand aufgrund abgelehnter Wertsetzungen« (235) motiviert. Das bedeutet aber den riskanten »Verzicht auf eigene semantische und strukturelle Stabilität«, weshalb der »jederzeit mögliche Rückfall in die Resignation« (ebd.) droht: Nicht mehr denn ein verzweifeltes Kommentieren des Untergangs ohne Anschlußfähigkeit[19] ist zu konstatieren. Außerdem unterstellt Luhmann, daß sich soziale Bewegungen vorwiegend über Angst-Themen und Moralkommunikation verständigen und damit einen moralischen[20] Existenzgewinn ganz besonderer Art verzeichnen: Angst als selbstinduzierendes, ja selbstreferentielles Prinzip der Selbstbehauptung und damit der Systembildung.[21]
Mit Bezug auf ›Ökologische Kommunikation‹ gibt Luhmann im selben Jahr ein Interview, in dem er vor dem zeitgeschichtlichen Hintergrund – Tschernobyl ist ein Jahr her – die ökologische Fragestellung als »*das* Thema für die Gesellschaftstheorie«[22] schlechthin bezeichnet. Dabei versteht er Systemtheorie und soziale Bewegungen sogar als »eine Art funktionaler Äquivalenz« (110),

17 Luhmann 1986a: 234.

18 Luhmann 1986a: 232. Diese Kritik bringt Luhmann übrigens regelmäßig an, vgl. nur Luhmann 1992c: »Der Plötzlichkeit des Ausbruchs von Unruhe entsprach die Dürftigkeit ihrer intellektuellen Ausstattung, die Unbekümmertheit ihrer Sprüche, die Naivität ihrer Vorwürfe« (150).

19 Vgl. Luhmann 1986a: 236.

20 Vgl. Luhmann 1986a: »Wenn Angst kommuniziert wird und im Kommunikationsprozeß nicht bestritten werden kann, gewinnt sie eine moralische Existenz« (245).

21 Vgl. Luhmann 1986a: »Angst ist, da sie die Ungewißheit der Sachlage in die Gewißheit der Angst transformiert, ein selbstsicheres Prinzip, das keines theoretischen Fundaments bedarf« (246). Siehe auch Luhmann 1987b: 169.

22 Luhmann 1987a: 108; vgl. auch Luhmann 1992c: »Die unbestreitbaren, gravierenden, zukunftsbedrohenden Veränderungen in der natürlichen Umwelt, die die Gesellschaft selbst auslöst, werden allmählich zum Rationalitätsproblem dieses Jahrhunderts« (154).

da beide gesellschaftlich induzierte Probleme thematisieren. Er wirft außerdem die Frage auf, »ob die ökologische Bewegung nicht in ihrer eigenen Motivgrundlage zerstört werden würde, wenn sie die Theorie übernehmen würde«.[23] Denn gerade dieses Theoriedefizit versetzt sie in die Lage, ihre eigene Position innerhalb des Protests auf sonderbare Weise latent zu halten: »Nun denke ich allerdings, daß die neuen sozialen Bewegungen eine Ausnahmestellung beanspruchen; sie beschreiben die Gesellschaft so, als ob es von außen sei.« (121) Luhmann bescheinigt der Alternativbewegung bei »allen Vorbehalten gegenüber der blasierten Selbstgerechtigkeit« (123), die sie zur Schau stellt, daß »sie doch der einzige bisher wirksame Versuch (ist), die Gesellschaft nicht mehr bloß vom Kapitalismus her zu sehen, sondern in bezug auf die Tatsache, daß manche für ein lebbares Risiko halten, was für andere eine Gefahr ist« (123 f.).

1987 beschäftigt Luhmann die Frage, wie die moderne Gesellschaft mit dem Problem der Kontingenz umgeht, wenn sie sich selbst zu beschreiben sucht. Denn reine Selbstreferenz (»die Gesellschaft ist, was sie ist«) stellt die Gesellschaft vor das Problem der Tautologie, das aber ebensowenig informativ ist wie reine Fremdreferenz (»die Gesellschaft ist, was sie nicht ist«), was zum Problem der Paradoxie führt. Auf Selbstbeschreibung können Sozialsysteme jedoch nicht verzichten, wenn sie die Fähigkeit zur Selbststeuerung nicht völlig verlieren wollen. Jede Selbstbeschreibung ist jedoch kontingent, weil es Alternativen zu ihr gibt. Deshalb muß insbesondere die moderne, funktional differenzierte Gesellschaft, die strukturell nicht mehr die Möglichkeit hat, von einem privilegierten Standpunkt aus die Einheit der Gesellschaft in der Gesellschaft zu repräsentieren, einen anderen Weg finden, wie sie mit diesem Problem umgehen kann: »Im historischen Vergleich ist mithin ein charakteristisches Merkmal der modernen Gesellschaft der Verlust der natürlichen Repräsentation, oder mit einem älteren Begriff formuliert: die Unmöglichkeit einer *repraesentatio identitatis*. Das nie ganz gegenwärtige Ganze kann nicht als Ganzes vergegenwärtigt werden.«[24]

23 Luhmann 1987a: 111. Von daher auch die ›antike‹ Anspielung Luhmanns: »Die Theorie wirkt dann, politisch, als trojanisches Pferd« (124).

24 Luhmann 1987b: 162.

Bei der Suche nach Positionen, von denen aus die moderne Gesellschaft beschrieben werden kann[25], gerät Luhmann in den »Einzugsbereich sozialer Bewegungen« (172). Sie beschreiben Gesellschaft so, als ob es von außen wäre.[26] Insbesondere die neuen sozialen Bewegungen weisen trotz ihrer Vielfalt – von der Ökologiebewegung über die Friedensbewegung bis zur Frauenbewegung – eine gemeinsame Stoßrichtung auf:

Im Keime enthalten diese Bewegungen die Möglichkeit zu einer radikalen Kritik der Gesellschaft, die weit über das hinausgeht, was Marx hatte sehen und wagen können. Sie befassen sich auf breiter Front mit einer Vielzahl von Folgen der Ausdifferenzierung von Funktionssystemen, und wenn ihnen eine radikale Intention zugeschrieben werden darf, dann die der Kritik funktionaler Differenzierung (173).

Problematisch ist jedoch, daß diese Kritik ins Mark der modernen Gesellschaft zielt, ohne Alternativen anbieten zu können, so daß Luhmann von einer lediglich moralischen Kritik spricht, »die nicht ausmachen und nicht angeben kann, was statt dessen evoluieren könnte« (ebd.). Deshalb sei des Rätsels Lösung letztlich auch: »Das Geheimnis der Alternativen ist: daß sie gar keine Alternative anzubieten haben.«[27]

Wiederum zwei Jahre später wendet sich Luhmann speziell der Frage zu, welche Funktion die Unterscheidung von Frauen und Männern für die Frauenbewegung und -forschung hat und wie funktionsfähig diese Unterscheidung für die Selbststeuerung einer sozialen Bewegung und für die Ausdifferenzierung einer wissenschaftlichen Disziplin ist. Denn die Mann/Frau-Differenz weist Luhmann zufolge nicht die nahezu perfekte Technizität auf, wie sie für das Verhältnis von Codierung und Programmierung bei Funktionssystemen so charakteristisch ist. So ist bei binären Codes die Möglichkeit des Crossings leichter gegeben als bei der

25 Vgl. Luhmann 1987b: »In diesem Verfahren der ›Entfaltung‹ ergibt sich eine eigentümliche Ambivalenz. Es bilden sich nämlich sehr unterschiedliche Semantiken je nachdem, ob man (ohne es zu wissen oder zu sagen) von Tautologie oder von Paradoxie ausgeht. Im einen Fall kommt man zu eher konservativen, im anderen Falle zu eher progressiven, wenn nicht revolutionären Selbstbeschreibungen« (163). Diese Unterscheidung weist auffällige Ähnlichkeiten zu der von Karl Mannheim zwischen Ideologie und Utopie auf, vgl. Mannheim 1985: 169ff.

26 Vgl. Luhmann 1992c: 147.

27 Luhmann 1987b: 173; vgl. auch Luhmann 1986b.

Mann/Frau-Differenz und anderen Unterscheidungen sozialer Bewegungen[28]: In der Politik ist die Opposition gegenüber der Regierung nicht prinzipiell minderwertig bzw. regierungsunfähig, sie konfrontiert die Regierung nur mit Alternativen der Regierung und wartet ansonsten auf den Wahlsieg. Mit anderen Worten: Es sind die »Bedingungen der Technisierung und die hochartifizielle Konstruktion des wiedereingeführten ausgeschlossenen Dritten – des Ausschlusses qua Code und der Wiedereinführung qua Programm«[29] bei einigen Funktionssystemen, die die Mann/Frau-Differenz nicht erfüllt und es deshalb unmöglich macht, selber auch zu einem Funktionscode zu avancieren. Zugleich beschreibt Luhmann die Frauenbewegung aber selbst anhand der Unterscheidung von Code und Programm: »Ihr Code ist die Unterscheidung von Frau und Mann. Ihr Programm ist die Gleichstellung.«[30] Insofern erfüllt diese Differenz ihre Funktion mehr oder weniger erwartungsgemäß und scheint sich damit als durchaus funktionsfähig zu erweisen.

Diese Ambiguität in der Beschreibung der Binnenstruktur sozialer Bewegungen schlägt sich schließlich auch in einer relativ ambivalenten Systembestimmung nieder:

> Soziale Bewegungen sind zugleich autopoietische und epigenetische Systeme: sie gehen von ihrer Definition der Situation aus, sie proklamieren ihre Ausgangsunterscheidung (draw a distinction) und folgen der damit

28 Vgl. Luhmann 1994: »Insofern ist es also kein binärer Code in dem strikten Sinne eines selbstreferentiellen Schematismus, wo der positive Wert immer auf einer Negation des negativen Werts beruht und umgekehrt« (54).

29 Luhmann 1988: 63; vgl. auch Luhmann 1987c: »Im Prinzip wiederholen diese Bewegungen nur das, was ohnehin der Fall ist: sie geben sich selbst Differenzcodes (derzeit vor allem: Krieg/Frieden und Mann/Frau), ohne diese jedoch bis zum re-entry rationalisieren zu können. Der Stil ist derselbe, eben deshalb löst er sich durch Langeweile und Negation rasch wieder auf; aber er gewinnt keine Rationalitätsformen, die als Ersatz für etwas Geltendes ernst genommen werden könnten« (170).

30 Luhmann 1988: 64. Bemerkenswert ist, daß Luhmann mit dem Aufweis von Gleichheit als Programm der Frauenbewegung vom »Paradox der Ununterscheidbarkeit des Unterschiedenen« (56) spricht, da Gleichheit nur so lange als Ziel formuliert werden kann, wie es Ungleichheit gibt, und die Frauenbewegung insofern Orientierung erhält über das, was sie eigentlich ablehnt.

angesetzten Logik. Aber die Gesellschaft stellt ihnen dafür nur die Form sozialer Bewegung zur Verfügung, wenn und weil es sich nicht um Unterscheidungen handelt, die sich als Codes für Funktionssysteme eignen.[31]

Nichtsdestotrotz tendiert aber auch die Frauenbewegung »zur Universalisierung ihrer Leitdifferenz« (61). Denn die Identität sozialer Bewegungen ist »nicht in den Zielen, sondern in den Unterscheidungen zu finden, mit denen die Bewegung ihre Informationsverarbeitung strukturiert« (67).

1991 äußert sich Luhmann im Rahmen seiner Risikosoziologie erneut zu sozialen Bewegungen. Dabei beginnt er mit einer Definition von Protest: »Proteste sind Kommunikationen, die an *andere* adressiert sind und *deren* Verantwortung anmahnen.«[32] Denn Protesten geht es keineswegs darum, selber Hand anzulegen, sondern vornehmlich »um Ausdruck von Unzufriedenheit, um Darstellung von Verletzungen und Benachteiligungen, nicht selten auch um wildes Wünschen« (136). Daraus folgert Luhmann, daß die Form des Protestes immer eine andere Seite voraussetzt, die auf den Protest zu reagieren hat. Zudem sei zu unterscheiden zwischen Protest und Protestbewegung, die erst dann entsteht, wenn sich ein Protestgeschehen als Katalysator zur Systembildung eignet. Die Systembildung selbst genügt dann jedoch – theoriekonsequent – den Anforderungen der Autopoiesis:

> In diesem Sinne kann man Protestbewegungen als autopoietische Systeme beschreiben. Der Protest ist die Form, das Thema der Inhalt und beides zusammen setzt eine Reproduktion darauf bezogener Kommunikationen in Gang und ermöglicht es dem System, zugehörige und nichtzugehörige Aktivitäten zu unterscheiden. ›Autopoietisch‹ – das heißt auch, daß die Bildung und Strukturierung des Systems nicht auf Außeneinwirkung zurückgeht. Protest ist kein Sachverhalt, der aus der Umwelt in das System importiert wird; sondern er ist eine Konstruktion des Systems selbst, deren Gründe dann in die Umwelt verlagert werden (136 f.).

Protestbewegungen beobachten und beschreiben sich selbst anhand ihrer Themen; dadurch identifizieren sie sich selbst, und dadurch differenzieren sie sich auch voneinander und von ihrer

31 Luhmann 1988: 61; gleichfalls dort: »Soziale Bewegungen beobachten die funktional differenzierte Gesellschaft mit Hilfe eigentümlicher Leitdifferenzen, die sich nicht zur Codierung von Funktionssystemen eignen und eben deshalb für eine noch nicht vorprogrammierte Beobachtung freigegeben sind.«

32 Luhmann 1991: 135.

Umwelt. Zugleich sind sie aber auch angewiesen auf die Differenz von Erwartung und Enttäuschung[33], d. h. auf die Diskrepanz zwischen dem Anspruch, den ihre Themen erheben, und der Wirklichkeit, die ihm nicht gerecht wird: »Protestbewegungen sind und bleiben auf Differenzerhaltung angewiesen« (138). Geht diese Differenz verloren, ob aus Erfolg oder Mißerfolg, verlieren Protestbewegungen ihre Anschlußfähigkeit. Wegen der eingebauten Eigendynamik von Protestthemen, mit der in einer Mediengesellschaft immer zu rechnen ist, verfügen Protestbewegungen nur über eine temporäre Systembildung, die sich nicht in die Form einer Organisation bringen und damit auf Dauer stellen läßt.

Was die Systembestimmung sozialer Bewegungen betrifft, so hält Luhmann es angesichts der Reichhaltigkeit möglicher Themen für Proteste und der Situationsabhängigkeit einer erfolgreichen Kopplung von Thema und Protest für sehr schwierig, allein von den Themen her einen Überblick oder gar eine aufschlußreiche Typologie von Protestbewegungen zu gewinnen. Er schlägt deshalb vor, sich nicht an den Themen der Protestbewegungen, sondern am »Problem der sozialen Kosten von Zeitbindungen« als »Dauerquelle möglicher Proteste« (139) zu orientieren. Damit sind bestimmte Entscheidungen gemeint, die sozial diskriminieren, also Ungleichheit schaffen. Da aber auch diese Bedingung noch zu allgemein formuliert ist, muß man zusätzlich »immer auch auf historische Situationen und Gelegenheiten achten, die als Fremdauslöser der Selbstauslösung von Protestbewegungen dienen« (140). Hierbei unterscheidet Luhmann zwischen sozialen Bewegungen in traditionellen Gesellschaften, die an Normkonflikten angesetzt haben, und der »Protestbewegung des ›Sozialismus‹« (143) in der modernen Gesellschaft des 19. Jahrhunderts, der es um die Knappheitsproblematik, also um die ungleiche Verteilung von Gütern und Leistungen ging. Beide Strukturprobleme haben ihre Aktualität aber auch heutzutage noch nicht völlig eingebüßt: »All dies sind jedoch Marginalien zum Wohlfahrtsstaat« (146).

Schließlich macht Luhmann für die neuen sozialen Bewegungen des 20. Jahrhunderts die zwar historisch nicht unbekannte, aber in Art und Umfang der Auswirkungen durchaus neue *Risikoproblematik* aus:

Das eigentlich Neue der Protestbewegungen unserer Tage liegt jedoch

33 Vgl. Hellmann 1994.

nicht in diesen zersplitterten Resten einer einst mächtigen Anmahnung von Rechtlichkeit und ökonomischer Solidarität, sondern es liegt in einem neuen Typ von Protesten: in der Ablehnung von Situationen, in denen man das Opfer des riskanten Verhaltens anderer werden könnte.[34]

Dabei unterscheidet Luhmann zwischen drei Bedingungen, die für die Entstehung und autopoietische Entwicklung von Protestbewegungen maßgeblich sind. Die erste betrifft die Tatsache, daß in der modernen, funktional differenzierten Gesellschaft fortwährend riskante Entscheidungen getroffen werden, die als solche auch ersichtlich sind. Das führt zweitens aber dazu, daß die Wahrscheinlichkeit von Protesten ständig zunimmt. Schließlich hängt es von den spezifischen Qualitäten eines Protestthemas ab, ob daraus auch eine Protestbewegung wird: »Die erste Unterscheidung formuliert eine strukturbedingte Lage, die zweite situationsabhängige Auslöser, die dritte systemgenerierende Erfordernisse, ohne die es bei einer kurzfristigen Verärgerung bleibt« (149). Vor diesem Hintergrund entwickelt Luhmann dann – nochmals die Frage nach der Einheit der Protestbewegungen angesichts der Mannigfaltigkeit ihrer Protestthemen aufgreifend – eine interessante Analogie, ja funktionale Äquivalenz zwischen Funktionssystemen und Protestbewegungen: »Wie in den Funktionssystemen eine Codierung Programme erfordert, die die Zuweisung der positiven bzw. negativen Werte regeln, so erfordert die Form des Protestes Themen, die spezifizieren, weshalb und wogegen protestiert wird« (147). So ist es – außer dem Risikoproblem als der spezifischen Problemstruktur der neuen sozialen Bewegungen – die nicht-kontingente Form des Protestes auf der Codeebene, die den Protestbewegungen ihre Einheit vermittelt[35], während ihre kontingenten Themen als komplementäre Einrichtung auf der Programmebene die Möglichkeit eröffnen, sich thematisch nicht festlegen zu müssen, um ihre Einheit trotz Themenkonjunktur nicht zu verlieren. »Die Themen entsprechen der Form des Protestes wie Programme einem Code.«[36]

34 Luhmann 1991: 146. Bemerkenswert ist in diesem Zusammenhang, daß Luhmann schon 1986 mit der »Differenz von Risiko und Gefahr« (Luhmann 1987a: 124), die allein die neuen sozialen Bewegungen zur Beobachtung der Gesellschaft benutzen würden, argumentiert hat.

35 Vgl. Luhmann 1995: »Die Einheit des Systems einer Protestbewegung ergibt sich aus ihrer Form, eben dem Protest« (392).

36 Luhmann 1995: 393.

Schließlich geht es Luhmann, nachdem er sich bis dahin mehr den Entstehungsbedingungen und der Binnenstruktur sozialer Bewegungen zugewandt hatte, zuletzt noch um die Funktion von Protest und Protestbewegungen. Hier nennt Luhmann einmal die Selbstbeschreibung der Gesellschaft, die für die Gesellschaft – wie für jedes System – unverzichtbar ist. Eben das leisten die Protestbewegungen, wenn auch aus einer ausgewiesen kontingenten Perspektive heraus. Dazu beleuchtet Luhmann insbesondere das Verhältnis der Protestbewegungen und ihrer Themen zu den Massenmedien und der öffentlichen Meinung, die sie sowohl stärken und durch entsprechende Resonanzverstärkung geradezu aufbauen, aber auch schwächen, ihrer Themen berauben und sie verschleißen können. Ferner schreibt Luhmann den Protestbewegungen »das historische Verdienst« zu, unter diesen Bedingungen die unersetzliche Funktion zu haben, Probleme zu thematisieren, die anderswo keine Berücksichtigung finden.[37] Mit anderen Worten: Die Protestbewegungen »kompensieren deutliche Reflexionsdefizite der modernen Gesellschaft«.[38]

Kehrt man nach dieser kursorischen Darstellung einiger Arbeiten Luhmanns zu sozialen Bewegungen wieder an den Anfang der Fragestellung zurück, so ist zweierlei festzuhalten: Zum einen kann nicht ernsthaft bestritten werden, daß Luhmann auch im Falle sozialer Bewegungen dem Universalitätsanspruch der Systemtheorie gerecht geworden ist; er hat sich ihnen in mehreren Veröffentlichungen zugewandt und weist ihnen auch gesellschaftstheoretisch eine besondere Bedeutung zu. Da der systemtheoretischen Beschäftigung mit sozialen Bewegungen bisher we-

37 Vgl. Luhmann 1992d, wo er davon spricht, daß Protestbewegungen »eine wichtige Funktion im Erzeugen von Aufmerksamkeit für vernachlässigte Probleme« (98) erfüllen und von daher – »Warntätern« (1986a: 245) gleich – einen »Frühwarneffekt« (Luhmann 1990a) auslösen können. Insofern trifft die Beobachtung von Rucht/Roth auch nicht zu, daß Luhmann sozialen Bewegungen keine »originäre Funktion« (26) zuordne.

38 Luhmann 1991: 153. Luhmann illustriert diese funktionale Beschreibung zum Schluß sogar noch mittels einer Metapher, die den Protestbewegungen sicherlich nur bedingt gefällt: »Wie Wachhunde haben sie das starke Bedürfnis, Ordnung wiederherzustellen oder zumindest eine Verschlimmerung zu verhindern. Und wie Wachhunde haben sie nur die Möglichkeit, zu bellen und zu beißen« (154).

nig Aufmerksamkeit geschenkt worden ist, verbindet sich mit der vorliegenden Veröffentlichung auch der Anspruch, den systemtheoretischen Forschungsstand gerade der Bewegungsforschung näherzubringen.
Zum anderen dürfte aber auch deutlich geworden sein, daß die Auseinandersetzung der Systemtheorie mit sozialen Bewegungen bislang wenig systematisch erfolgte, was Luhmann auch unumwunden zugesteht.[39] Es lassen sich jedoch zumindest Spuren einer Systematik ausmachen, die die einzelnen Arbeiten der letzten Jahre übergreift und somit einen spezifischen Forschungsstand der Systemtheorie hinsichtlich sozialer Bewegungen anzeigt.

›Eigenwerte‹ der Forschung

Der Versuch einer Systematisierung jener Arbeiten Luhmanns, die sich mit sozialen Bewegungen beschäftigen, sollte nicht dazu verleiten, zwanghaft Einheit herzustellen, wo Vielfalt herrscht. Denn unschwer läßt sich feststellen, daß eindeutige Aussagen neben mehrdeutigen stehen, Argumente in einigen Punkten konvergieren, in anderen divergieren, manche Formulierungen immer wiederkehren, andere dagegen vereinzelt bleiben und daß sich theoriebekannte Annahmen mit eher exotischen abwechseln. Gleichwohl sind gewisse Linien sichtbar, an denen sich eine Systematisierung orientieren kann: (1) Der gesamtgesellschaftliche Bezugspunkt, (2) die funktionale Bestimmung und (3) der Systemstatus sozialer Bewegungen.
(1) Als Ausgangspunkt für eine erste Systematisierung wird hier die Annahme vertreten, daß sämtliche Arbeiten Luhmanns zu Protestbewegungen im Rahmen seiner Gesellschaftstheorie anzusiedeln sind. So ist der primäre Bezugspunkt, an dem sich soziale Bewegungen ausrichten, moderne Gesellschaft und deren primäres Formprinzip, funktionale Differenzierung. Funktionale Differenzierung bedeutet, daß Gesellschaft nach Maßgabe gesamtgesellschaftlich relevanter Funktionen in spezifische Teilsysteme ausdifferenziert ist, denen je für sich die universale Zuständigkeit zukommt, diese Funktion in der Gesellschaft adäquat zu erfüllen. Nur Recht spricht Recht, nur Erziehung erzieht. Mit anderen Worten: Sämtliche Funktionssysteme sind autonom, d. h., sie be-

39 Vgl. Luhmann 1994: 69.

stimmen selber, was für sie relevant ist und was nicht. Diese Autonomie wird durch binäre Codes gewährleistet. Die Funktion binärer Codes ist es, Welt jeweils unter einem besonderen Gesichtspunkt zu beobachten und zu behandeln. Der Code eines Systems sorgt dabei für dessen Einheit und ist daher unersetzlich: Nur anhand der Unterscheidung von Wahrheit/Falschheit organisiert sich Wissenschaft; geht diese Unterscheidung verloren, verliert das System seine Selektivität, d. h. Anschlußfähigkeit. Demgegenüber ist das Programm eines Funktionssystems austauschbar, ohne damit auch die funktionale Autonomie des Systems, und das heißt: funktionale Differenzierung als solche zu gefährden. So gibt es in der Politik mehrere Parteien, die sich aber alle an der Unterscheidung von Regierung und Opposition orientieren. Immer jedoch muß ein Code mit einem bestimmten Programm gekoppelt sein: Wechselnde Programme sorgen für Offenheit und Innovationsfähigkeit der Kommunikation, während der Code konstant gehalten wird. Denn während der Code nur entscheidet, was für das System informativ ist und was nicht, ist das Programm für die weitere Bearbeitung dieser Information zuständig.

Diese Form von Autonomie hat zur Folge, daß kein Funktionssystem direkten Einfluß auf ein anderes auszuüben vermag, ohne damit funktionale Differenzierung insgesamt in Frage zu stellen. Wirtschaft hat sich ebensowenig in Wissenschaft einzumischen wie Religion in Politik. Geschieht dies trotzdem, gerät das gesamte Gefüge aus dem Gleichgewicht, und es droht Entdifferenzierung.[40] Funktionale Differenzierung steht und fällt also damit, daß die einzelnen ausdifferenzierten Funktionssysteme über funktional eigenständige Codes verfügen, die unabhängig voneinander bestehen und auch unabhängig bleiben. Das betrifft insbesondere das Verhältnis von Independenz und Interdependenz der Funktionssysteme untereinander: Es gibt keinen *primus inter pares*, kein Kontroll- oder Steuerungszentrum für funktionale Differenzierung und damit für die moderne Gesellschaft, sondern nur die Vielheit der Funktionssysteme, die allein in der Einheit ihrer Differenzierung moderne Gesellschaft repräsentieren. Es fehlt an einer einheitlichen Selbstbeschreibung der modernen Gesellschaft. »›Die‹ Gesellschaft hat keine Adresse.«[41]

40 Vgl. Haupt 1990; Gerhards 1991.

41 Vgl. Luhmann 1992c: 152.

Mit funktionaler Differenzierung sind besondere Folgeprobleme verbunden. Da jedes Funktionssystem Gesellschaft nur unter einem bestimmten Gesichtspunkt betrachtet, werden funktionssystemspezifische Folgeprobleme, die in keinen Zuständigkeitsbereich eines der Funktionssysteme fallen, von ihnen nicht wahrgenommen. Umweltzerstörung läßt sich zwar der Wirtschaft zurechnen, taucht dort als Kostenfaktor aber nicht auf, sofern keine Monetarisierung dieser Schäden erfolgt; ebenso sind Partizipationsprobleme für das politische System selbst von geringem Irritationswert – auch wenn die ›Partei‹ der Nichtwähler stetig anwächst –, solange diese sich nicht zu Lasten nur einer Partei auswirken. Dadurch aber, daß die moderne Gesellschaft eines übergeordneten Kontroll- oder Steuerungszentrums entbehrt, werden diese Folgeprobleme funktionaler Differenzierung systematisch ignoriert; über sie berichten allenfalls noch die Massenmedien[42] – gäbe es nicht auch soziale Bewegungen.

(2) Sozialen Bewegungen kommt die Funktion zu, mit ihrem Protest gegen funktionale Differenzierung und ihre Effekte auf bestimmte Folgeprobleme funktionaler Differenzierung aufmerksam zu machen. Sie leisten außerdem eine Selbstbeschreibung moderner Gesellschaft, wie sie sonst nicht zur Verfügung steht, wenn auch mit gravierenden ›Theoriedefiziten‹.[43] Dabei bietet es sich an, zwischen moderaten Bewegungen, die nur das Programm eines Funktionssystems in Frage stellen, und radikalen Bewegungen, die den Code selbst angreifen, zu unterscheiden. Im ersteren Fall geht es nur darum, daß etwa für Politik gefordert wird, das Regierungsprogramm auszutauschen, indem die Opposition an die Regierung kommt. Im letzteren Fall wäre dagegen die Unterscheidung von Regierung und Opposition selbst in Frage gestellt, was letztlich funktionale Differenzierung als Formprinzip der modernen Gesellschaft betrifft und im Endeffekt auf Entdifferenzierung zielt.[44] Abgesehen von dieser internen Differenzierung ist

42 Vgl. Luhmann 1992b: 142f.

43 Vgl. auch Luhmann 1992e.

44 Vgl. Mehlich 1983. Siehe auch Luhmanns funktionale Bestimmung der APO angesichts des Versagens von Politik (1992a: 28); generell zur APO im Sinne eines Rejektionswertes, der das ausgeschlossene Dritte in der politischen Codierung Regierung/Opposition durch Zurückweisung derselben thematisiert und zugleich zu repräsentieren sucht, gewissermaßen die These der APO als APO-Theose – aus der Sicht der

aber festzuhalten, daß soziale Bewegungen eine Selbstbeschreibung der modernen Gesellschaft leisten, wie sie innerhalb des Schemas funktionaler Differenzierung sonst nicht vorgesehen ist:

> Mit diesen besonderen Merkmalen leistet die protestierende Reflexion etwas, was sonst nirgends geleistet wird. Sie greift Themen auf, die keines der Funktionssysteme, weder die Politik noch die Wirtschaft, weder die Religion noch das Erziehungswesen, weder die Wissenschaft noch das Recht, als eigene erkennen würde. Sie stellt sich quer zu dem, was auf Grund eines Primates funktionaler Differenzierung innerhalb der Funktionssysteme an Selbstbeschreibungen anfällt.[45]

Von besonderer Bedeutung ist dabei die Risikothematik, da das Risikopotential in der modernen Gesellschaft soweit zugenommen hat, daß immer mehr Entscheidungen anfallen, die mit hoher Wahrscheinlichkeit die Möglichkeit von Schäden beinhalten (z. B. Hochtechnologie). Insofern spielen gerade die neuen sozialen Bewegungen »Betroffenheit gegen Entscheidung« (148) aus.[46]
Vor diesem Hintergrund kommt sozialen Bewegungen eine Funktion zu, die innerhalb der modernen Gesellschaft kein funktionales Äquivalent kennt, ohne daß soziale Bewegungen deshalb schon die »Deutlichkeit eines Funktionssystemarrangements«[47] im Sinne funktionaler Differenzierung erkennen lassen.[48] Dabei

APO: Auf der einen Seite das Problem (genannt ›Schweinesystem‹), auf der anderen die Lösung (zumindest als Verheißung), vgl. Luhmann 1989: 18f.

45 Luhmann 1991: 153.

46 Dabei stellt sich die Frage, ob es sich bei dieser Unterteilung jeweils um ›Zentralkonflikte‹ einer bestimmten Gesellschaft handelt, an die sich soziale Bewegungen dann anhängen. Klaus Peter Japp hat bestritten, daß diese Möglichkeit zumindest für die neuen sozialen Bewegungen noch in Frage komme, vgl. Japp 1986a: 317. In neueren Arbeiten von Japp/Halfmann liegt die Kombination von Risikoproblematik und ›Zentralkonflikt‹ dagegen nahe, vgl. Halfmann/Japp 1993, und generell bleibt zu fragen, ob die Unterscheidung von Betroffenheit und Entscheidung nicht für alle sozialen Bewegungen gleichermaßen gilt.

47 Luhmann 1994: 56.

48 So wie man sagen kann, daß es die Funktion sozialer Systeme ist, Komplexität zu reduzieren, ohne daß deshalb schon jedes Sozialsystem auch ein Funktionssystem darstellt, werden soziale Bewegungen zwar als funktional für moderne Gesellschaft beschrieben, fungieren selbst aber nicht als Funktionssysteme, vergleichbar mit Recht, Wissenschaft oder Wirtschaft. Dabei könnte man fragen, ob soziale Bewe-

sieht Luhmann selbst in sozialen Bewegungen ein durchaus positives Phänomen, was über die Jahre immer deutlicher zum Ausdruck kommt[49]: »Die Protestbewegungen können sich das historische Verdienst zuschreiben, Themen entdeckt und ins Gespräch gebracht zu haben.«[50] Einerseits geht es also um »deutliche Reflexionsdefizite der modernen Gesellschaft«[51] und den Aufweis von Folgeproblemen funktionaler Differenzierung, die innerhalb des bestehenden Differenzierungsschemas keine Relevanz gewinnen, wenngleich sie mannigfaltige Resonanzeffekte erzeugen. Andererseits geht es um eine Selbstbeschreibung moderner Gesellschaft, die über den »Protest gegen funktionale Differenzierung und ihre Effekte« die Einheit moderner Gesellschaft gerade unter diesem Problemaspekt thematisiert, wenn auch ›von außen‹, so als ob der Protest nicht dazugehören würde. Anders ist hier eine Selbstbeschreibung der modernen Gesellschaft nicht vorstellbar, als daß ein Teilsystem der Gesellschaft Gesellschaft als Ganzes beschreibt und dabei für sich eine Sonderstellung beansprucht. Die Alternative wäre allenfalls eine Theorie selbstreferentieller

gungen sich nicht gerade deshalb auf jene Probleme einlassen, »die die Funktionssysteme strukturell nicht lösen können oder schlecht lösen« (Luhmann 1994: 63), weil es sich dabei speziell um Aspekte handelt, »die mit den Codes der Funktionssysteme verdrängt oder sonstwie nicht zureichend berücksichtigt sind« (Luhmann 1988a: 61). In diesem Sinne könnte die Systembildung sozialer Bewegungen als eine Art Negativversion funktionaler Differenzierung beschrieben werden, die vor allem aus den »Dysfunktionen der Funktionssysteme« (Luhmann 1994: 63) resultiert und damit quasi einem Formprinzip *dysfunktionaler* Differenzierung folgt. Von daher ließe sich auch von einem funktionalen Äquivalent zu sozialer Hilfe sprechen, die gleichfalls funktional auf Folgeprobleme funktionaler Differenzierung bezogen ist, vgl. Baecker 1994.

49 Das gestehen auch Rucht/Roth zu, vgl. Rucht/Roth 1992: 26/31, wenngleich Luhmann noch 1988 das Erbe der Studentenbewegungen mit Njet-Set und Terror-Desperados abtat – »biographisch gestörte, verirrte, verwirrte Individuen hinterlassend« (Luhmann 1992c: 149).

50 Luhmann 1991: 153. Dazu gehört für Luhmann vor allem das »Ernstnehmen der ökologischen Problematik« (Luhmann 1992c: 155); siehe auch Froschauer/Lueger 1993.

51 Luhmann 1991: 153. Japp führt diese Funktionsprobleme dagegen auf ›Rationalitätsdefizite‹ zurück, vgl. Japp 1986a: 330; 1986b: 183; 1987: 543.

Systeme – über diese Alternative verfügen die ›Alternativen‹ aber nicht.[52]

Eine weitere Funktionsbestimmung liegt mit dem Begriff des Immunsystems vor:

Das System immunisiert sich *nicht gegen das Nein*, sondern *mit Hilfe des Nein*; es schützt sich *nicht gegen Änderungen*, sondern *mit Hilfe von Änderungen* gegen Erstarrung in eingefahrenen, aber nicht mehr umweltadäquaten Verhaltensmustern. Das Immunsystem schützt nicht die Struktur, es schützt die Autopoiesis, die geschlossene Selbstreproduktion des Systems.[53]

Soziale Bewegungen reagieren somit auf kommunikative ›Antigene‹ in der Gesellschaft, indem sie Strukturen in Frage stellen, die die Autopoiesis der Gesellschaft gefährden, um den gesellschaftlichen Prozeß im ganzen zu sichern – ein paradoxer Effekt aus der Sicht der Bewegungen, die die Gesellschaft zumeist ja nicht erhalten, sondern radikal verändern, wenn nicht in der bestehenden Form abschaffen wollen. »All das ermöglicht selbstreferentielle Systeme eines eigenartigen Typus, die mit hoher Widerspruchs- und Konfliktbereitschaft Funktionen im Immunsystem der Gesellschaft übernehmen können.«[54]

(3) Hinsichtlich der Bestimmung sozialer Bewegungen als soziale Systeme bieten sich nach der ›autopoietischen Wende‹ zwei Kriterien an, die gleichwohl aufeinander verweisen: (a) Zum einen die Kombination von Codierung und Programmierung, die in dieser Form die Einheit des Systems zu verbürgen sucht; zum anderen (b) der Aufweis operativer Letztelemente. Dabei soll Autopoiesis heißen, daß die Elemente, aus denen ein autopoietisches System

52 Vgl. Luhmann 1986b; siehe auch Luhmann 1991: 150.

53 Luhmann 1984: 507; vgl. Luhmann 1995: »Wollte man auch für Protestbewegungen noch eine Funktion angeben, so könnte man sagen: es geht darum, die Negation der Gesellschaft in der Gesellschaft in Operationen umzusetzen« (397).

54 Luhmann 1984: 548. In diesem Zusammenhang ist interessant, wie Luhmann die Arbeitsteilung zwischen Recht und sozialer Bewegung beschreibt: Während Recht sich nur auf geltende Tatbestände beziehen kann, vermag soziale Bewegung auch Konfliktfälle, die noch nicht im Katalog geltender Konfliktfälle offiziell aufgenommen wurden, in die Öffentlichkeit zu bringen und damit fürs Recht auf die Liste zu regelnder Konfliktfälle mit Dringlichkeitsstufe zu setzen; siehe hierzu Bergmann 1987: 386ff.

besteht, ebendiese Elemente selber produzieren. Ein autopoietisches System reproduziert sich somit nur durch sich selbst und macht sich insofern unabhängig von der Umwelt, wobei auch die Systemelemente selbst die Einheit des Systems anzeigen; denn Autopoiesis liegt nur dann vor, wenn von Operation zu Operation Anschlußfähigkeit gelingt. Insofern wird die Strukturvariante durch eine Prozeßvariante ergänzt.

(a) Einen Anhaltspunkt, soziale Bewegungen über Codes und Programme zu identifizieren, bietet Luhmann, wenn er z. B. sagt, daß die Unterscheidung von Mann und Frau der Code der Frauenbewegung ist und Gleichheit ihr Programm. Eine allgemeinere Bestimmung führt die Idee des Konfliktsystems fort, indem der Protest sozialer Bewegungen als eine Form beschrieben wird, die zwei Seiten hat: Auf der einen Seite diejenigen, die protestieren, auf der anderen Seite diejenigen, an die sich dieser Protest richtet.[55] Damit wäre aber eine Art Codierung angesprochen, während das Programm das jeweilige Thema umfaßt, das sich eine soziale Bewegung zum Anlaß und Gegenstand des Protestes wählt: »Das System ist, so könnte man eine bekannte Formel variieren, offen in bezug auf Themen und Anlässe, aber geschlossen in bezug auf die Form des Protestes.«[56]

(b) Bezüglich der Bestimmung sozialer Bewegungen als autopoietische Systeme anhand operativer Letzteinheiten, die die operationale Geschlossenheit sozialer Bewegungen gewährleisten, gibt es schließlich den Vorschlag Luhmanns, den er aber bald wieder fallen gelassen hat[57], von Angstkommunikation als operativer Letzt-

55 Werner Bergmann hat dagegen die Überlegung angestellt, daß der Moralkommunikation Codefunktion zukomme, vgl. Bergmann 1987: 374 ff.

56 Luhmann 1991: 148. Dagegen begnügt sich Japp einmal sogar nur mit einem Programmhinweis, ohne jede Codebestimmung, vgl. Japp 1986b: 181. Speziell zur Form des Protestes siehe dagegen Japp 1993.

57 So hatte Luhmann Mitte der 80er Jahre eine Phase, in der er sozialen Bewegungen sogar »eine in der Rhetorik aufgekochte Angst ohne empirisches Fundament« (Luhmann 1987a: 111 f.) nachsagte, vgl. auch Luhmann 1986a, 1986b, 1987a. Dieser Zug verlor sich dann aber bald wieder und taucht in neueren Veröffentlichungen gar nicht mehr auf. Insofern erscheint die diesbezügliche Kritik von Rucht/Roth doch etwas überzogen, zumindest nicht zeitgemäß, vgl. Rucht/Roth 1992: 27 ff.

einheit der Bewegungen auszugehen. Insbesondere Klaus Peter Japp hat diese Überlegung aufgegriffen[58]: »Selbstreferentielle Schließung wird ermöglicht über selbstselektive Verkopplung von angstbasierten Kommunikationen als basale (Letzt-)Einheiten des Systems.«[59] Das würde freilich bedeuten, daß jede Kommunikation, die Angst zum Thema hat, eine soziale Bewegung anzeigt – eine unscharfe Begrenzung, zumal sich dann auch die Frage stellt, woher gerade diese Angst rühren könnte.[60]

In Anbetracht der insgesamt unvollständigen ›Ausstattung‹, die soziale Bewegungen von systemtheoretischer Seite bisher erfahren haben, wird dennoch davon ausgegangen, daß soziale Bewegungen »ein eigenständiger Typ von sozialen Systemen«[61] sind. Fragen bleiben freilich im Detail, vor allem, weil gerade im Vergleich mit Funktionssystemen für die sozialen Bewegungen nur ungenügend nachgewiesen ist, wie die Autopoiesis im einzelnen vor sich geht. Vielleicht ist Luhmann auch deshalb zu der Feststellung gekommen, daß soziale Bewegungen aufgrund ihrer prekären Kon-

58 Vgl. auch Japp 1987: 542. Aber auch Japp hat in neueren Veröffentlichungen davon wieder Abstand genommen (Halfmann/Japp 1993). In diesem Zusammenhang ist auch der Vorschlag Heinrich W. Ahlemeyers bemerkenswert, Mobilisierung als operatives Letztelement sozialer Bewegungen hervorzuheben, wobei Mobilisierung verstanden wird als Aufforderung zum Mitmachen, die nicht nur andere verpflichten soll, sondern vor allem selbstbindend wirkt. Eine soziale Bewegung läge damit immer dann vor, wenn Mobilisierung erfolgt: »Mobilisierung mobilisiert Mobilisierung« (Ahlemeyer 1989: 188), also immer dann, wenn jemand jemanden dazu auffordert, bei etwas mitzumachen, auch unter Androhung von Pressionen (183). Vgl. hierzu Ahlemeyers nunmehr in ungekürzter Fassung endlich allgemein zugängliche Habilitationsschrift (Ahlemeyer 1995: 88 ff.) mit einer Fülle weiterer interessanter Aspekte zum Phänomen *Soziale Bewegung*.

59 Japp 1986b: 178 f.

60 Japp hat hierzu das Konzept der Lebenschancen von Ralf Dahrendorf aufgegriffen und die Risikothematik mit einer Identitätsthematik verbunden, vgl. Japp 1986a, 1987, Halfmann/Japp 1993. In gewisser Hinsicht findet man dazu auch bei Luhmann Ansätze, wenn er von einem Bedürfnis nach sicherer Identität angesichts unsicherer Zukunftsperspektiven spricht und hinsichtlich der Protestanlässe sagt, diese »Anlässe sind Benachteiligungen oder die Nicht-Inklusion, die faktische Nicht-Inklusion von Personen« (Luhmann 1994: 61).

61 Luhmann 1994: 59.

struktionsweise nur ›temporär‹ in Erscheinung treten und ihnen damit nur eine bedingte Lebensdauer zukommt.[62] Jedenfalls verbleibt aus dieser Perspektive ein noch relativ unbestimmtes Bild der Systembestimmung sozialer Bewegungen. Das betrifft auch ihre Einbindung in die Unterscheidung von Interaktion, Organisation und Gesellschaft, die trotz mannigfacher Vorschläge[63] noch immer nicht gelungen ist: Weder handelt es sich bei sozialen Bewegungen bloß um Interaktionssysteme, da Anwesenheit im strengen Sinne niemals gegeben ist, noch ist der Organisationsbegriff allein geeignet, das Spezifische sozialer Bewegungen adäquat zu erfassen, da Bewegungsteilnehmern nicht Mitgliedschaft, sondern allenfalls Anhängerschaft zukommt.[64] Von daher bliebe noch Gesellschaft als Bezugspunkt übrig.[65] Es bleibt der Eindruck zurück, als seien soziale Bewegungen – gemessen an der Unterscheidung von Interaktion, Organisation und Gesellschaft – gewissermaßen »ortlos«[66]. Überdies ist zu fragen, wie es um relevante Umweltbedingungen steht, da es eine rein kausale Erklä-

62 Vgl. Japp 1986a: 317.

63 Etwa der Versuch Japps, soziale Bewegungen aus einer Kombination von Interaktion und Organisation zu beschreiben, vgl. Japp 1986a: 328; siehe auch Neidhardt 1985: 194f. Allgemein zu der Unterscheidung von Interaktion, Organisation und Gesellschaft siehe Luhmann 1975. Möglicherweise sollte versucht werden, soziale Bewegungen als klassenähnliche Systeme zu beschreiben, die wesentlich über »Interaktionsregulierung« (Luhmann 1985: 132) laufen, aufgrund der heterogenen Sozialstruktur jedoch über keine stabile soziale Basis verfügen; vgl. Hellmann 1995.

64 Vgl. Luhmann 1995: »Es handelt sich um eine Art autopoietischer Systeme, die weder auf das Prinzip Anwesenheit (Interaktion) noch auf das Prinzip Mitgliedschaft (Organisation) zu bringen ist. Aber es handelt sich natürlich um gesellschaftliche Subsysteme – und nicht etwa um eine Möglichkeit, außerhalb der Gesellschaft zu kommunizieren« (397).

65 Vgl. Luhmann 1995: »Ich würde zuerst einmal das Phänomen soziale Bewegung auf der Gesellschaftsbasis, aber nicht auf der Interaktions- oder Organisationsbasis einordnen. Es ist ein in der Gesellschaft sich bildendes System, das Organisationen und Interaktionen nach Maßgabe seiner Eigentümlichkeiten in Anspruch nimmt« (60). Interaktionen und Organisationen wären dabei unersetzlich, aber nicht maßgeblich zur eigentlichen Erfassung sozialer Bewegungen.

66 Rucht/Roth 1992: 32.

rung sozialer Bewegungen zwar nicht geben mag, gleichwohl aber nicht ohne Belang sein dürfte, wie die konkrete soziale Situation beschaffen ist, in der Mobilisierung gelingt – oder eben nicht. In diesem Zusammenhang wäre schließlich auch die Frage nach dem Verlust primärer Bindungen, nach eventuellen Kompensationsgeschäften und nach der insbesondere von Japp ins Gespräch gebrachten Identitätsfunktion, die vor allem die neuen sozialen Bewegungen für ihre Teilnehmer wahrnehmen, von Bedeutung – um nur einige Gesichtspunkte aufzugreifen.

Festzuhalten ist, daß trotz der nicht systematischen Beschäftigung Luhmanns mit Protestbewegungen davon ausgegangen werden kann, daß es einige zentrale Momente gibt, an die die systemtheoretische Beschreibung sozialer Bewegungen immer wieder anschließt. Dazu gehören sicherlich der Gesellschaftsbezug, die Funktionsbestimmung und der Systemstatus sozialer Bewegungen. Ob diese freilich für eine vollständige und in sich konsistente Beschreibung sozialer Bewegungen ausreichen, kann im Rahmen dieser Arbeit nicht untersucht werden.[67] Zumindest folgt die Beschäftigung Luhmanns mit sozialen Bewegungen einer bestimmten Logik, die sich vor allem im Rahmen der Gesellschaftstheorie erschließt.

In diesem Kontext dürfte ein kurzer Blick auf die Soziologie sozialer Bewegungen (»Bewegungsforschung«) von Interesse sein, die sich – im Unterschied zur Systemtheorie – gleich mehrerer Theorien bedient, um soziale Bewegungen soziologisch zu begreifen. Für die Bewegungsforschung könnte es von Nutzen sein, sich mit der systemtheoretischen Beschäftigung mit Protestbewegungen auseinanderzusetzen. Dem soll im folgenden Abschnitt nachgegangen werden.

Bewegungsforschung und Systemtheorie

Aufgrund der Tatsache, daß die Soziologie sozialer Bewegungen nicht von einer spezifischen Theorie ausgeht, sondern die Einheit des Faches über ihren Gegenstand zu konstituieren sucht, stellt sich der Stand der Bewegungsforschung – sogar in der Selbstbe-

67 Vgl. Hellmann 1993, 1996.

schreibung der Bewegungsforscher – als relativ disparat dar. Da die Bewegungsforschung selbst über keine eigene Theorie verfügt, ist sie gezwungen, auf Theorieangebote von außen zurückzugreifen. So finden sich neben sozialpsychologischen Konzepten, denen es auf der Mikroebene um die Motivation und Mobilisierung von Individuen geht, auch strukturanalytische Theorien, die auf der Makroebene nach gesamtgesellschaftlichen Bedingungen der Möglichkeit von Protest fragen. Schließlich sind noch handlungstheoretische Erklärungsansätze aufzuführen, die aus der Interaktionsperspektive an den Entstehungs- und Eskalationsprozessen sozialer Bewegungen ansetzen. Im Grunde ist innerhalb der Bewegungsforschung nahezu alles zu finden, was es an soziologischen Theorieansätzen überhaupt gibt, nur eben mit spezieller Anwendung auf soziale Bewegungen. Das macht nicht nur für das Fach die Orientierung auf den Gegenstand und seine Bestimmung schwer. Dennoch beginnt Bewegungsforschung sich als ›normale Wissenschaft‹ zu begreifen, auch wenn ein einheitliches Paradigma noch nicht in Sicht ist.[68] Seit geraumer Zeit sind zumindest ›Aufräumungsarbeiten‹ (Kuhn) im Gange, die den Stand der Forschung bilanzieren, Gemeinsamkeiten feststellen und Defizite aufspüren, die es zu beheben gilt.

Entscheidend für diesen Konsolidierungsprozeß ist eine Reihe von Kritiken und Korrekturen an und zwischen den etablierten Forschungsansätzen innerhalb der Soziologie sozialer Bewegungen. So machte etwa der Ressourcenmobilisierungsansatz, der bei der Beobachtung sozialer Bewegungen vor allem *Social Movement Organizations* (*SMOs*) im Auge hat und mit *Rational Choice*-Überlegungen operiert, darauf aufmerksam, daß es nicht

68 Zwar sprechen Klandermans/Tarrow bei ihrer Diskussion des amerikanischen Ressourcenmobilisierungsansatzes und des europäischen Ansatzes ›Neue Soziale Bewegungen‹ gleich von »two major new paradigms«, vgl. Klandermans/Tarrow 1988: 2. Doch gerade Neidhardt/Rucht meinen, daß »the theoretical substance of both approaches has been too weak to form a solid paradigm«, vgl. Neidhardt/Rucht 1991: 442; siehe auch Melucci 1989: 42. Vielleicht sollte man es in Anbetracht des Forschungsstands mit Melucci halten und von einem »›sceptical paradigm‹« (Melucci 1989: 22) sprechen, ganz abgesehen davon, daß es eigentlich überraschen muß, wie wenig schon auszureichen scheint, damit aus einer ›partial theory‹ und einem ›concept‹ gleich zwei Paradigmen werden.

ausreiche, lediglich auf ›strukturelle Spannungen‹ und ›relative Deprivationen‹ hinzuweisen, die in jeder Gesellschaft zu allgegenwärtig sind, um Entstehung und Entfaltung sozialer Bewegungen zu erklären.[69] Dazu bedürfe es weitergehender ›constraints‹, die auf günstige bzw. ungünstige Bedingungen verweisen, über die soziale Bewegungen auf der einen Seite selber verfügen – wie Geld, Qualifikation, Zeit etc. –, die auf der anderen Seite aber in deren Umwelt vorhanden sind – wie Massenmedien, Partizipationsrechte, demokratische Herrschaftsordnung usw. Demnach ist die Entstehung und Entfaltung sozialer Bewegungen besonders davon abhängig, »how burgeoning movement organizations seek to mobilize and routinize – frequently by tapping lucrative elite sources of support – the flow of resources to ensure movement survival«.[70] Vor allem nach der Einführung und rasanten Verbreitung des Ressourcenmobilisierungsansatzes setzten dann verstärkt Anstrengungen ein, die Einheit des Fachs durch eine Annäherung bzw. Abgleichung zwischen den beiden Ansätzen *Collective Behavior* (*CB*) und *Resource Mobilization (RM)* in Angriff zu nehmen.[71] Konsolidierungstendenzen waren gleichwohl schon vorher festzustellen.[72]

In den 80er Jahren folgten dann Vorschläge, die im wesentlichen auf eine Synthese des in Amerika verbreiteten RM-Ansatzes mit dem in Europa entwickelten *New Social Movement-Approach* (*NSM*) drangen.[73] Hierbei ging es vorrangig darum, das rationale Kalkül wieder mit sozialpsychologischen Annahmen zu versöhnen. Diese Bemühungen um Verständigung wurden zuletzt auch von RM-Theoretikern unterstützt.[74] Daneben kam es aber auch zu einer Reihe von Abwehrreaktionen gegenüber dem RM-Ansatz, die sich zumeist gegen die Vereinnahmung oder gar Ersetzung des Bewegungsbegriffs – mit besonderer Verengung auf den Bereich des Politischen – durch den Begriff der Bewegungsorganisation aussprachen und demgegenüber betonten, daß SMOs allein niemals eine soziale Bewegung als solche ausmachten, son-

69 Vgl. McCarthy/Zald 1977: 1215.
70 McAdam 1988: 126.
71 Vgl. Turner 1981; Zurcher/Snow 1981.
72 Vgl. Killian 1973.
73 Vgl. Cohen 1985; Melucci 1985.
74 Vgl. McAdam/McCarthy/Zald 1988.

dern allenfalls einen Teil davon.[75] »As a consequence, a single organization, whatever its dominant traits, is not a social movement.«[76] Mehr noch: Es wurde wieder Wert darauf gelegt, daß soziale Bewegungen zu einem nicht unwesentlichen Teil aus spontanen Massenereignissen bestehen, die nur bedingt, wenn überhaupt, mit SMOs in Verbindung gebracht werden können. Gerade das unorganisierte, plötzliche Auftreten sozialer Bewegungen wurde in den Vordergrund gestellt wie in den Hochzeiten des *Collective Behavior*-Ansatzes.[77] Schließlich wurden auch die Stimmen derjenigen lauter, die selbst in der Verbindung von *Resource Mobilization* und *New Social Movements* noch Defizite sahen und Ergänzungsvorschläge aus dem ›Social Construction‹-Umfeld als weiteren Aspekt ins Gespräch brachten.[78] Dazu sind vor allem die ›Frame Alignment‹-Arbeiten von David A. Snow et al. zu zählen, aber auch der ›Political Discourse‹-Ansatz von William A. Gamson.[79] Nicht zuletzt liegen auch erste Arbeiten zu einer umfassenden Systematisierung sämtlicher Ansätze vor, die es in der Bewegungsforschung bisher zu einem gewissen Renommée gebracht haben.[80]

Angesichts dieser Entwicklung stellt sich die Frage, in welcher Form sich die Einheit des Fachs überhaupt erfassen läßt. Zum einen könnte man dazu sicherlich auf das Mikro/Makro-Schema zurückgreifen, wie es etwa bei Doug McAdam, John D. McCarthy und Mayer N. Zald Anwendung fand.[81] Johann August Schülein illustriert die Unterscheidung von Mikro- und Makroebene anhand der Unterscheidung einer »›Froschperspektive‹, die aus der Optik konkreter Interaktionen analysiert«, von einer »›Vogelperspektive‹, die aus der Optik der Gesellschaft als ganzer analysiert«.[82] Was hinter dieser Unterscheidung steckt, ist die Metapher von Ganzem und Teil: Während die ›Vogelperspektive‹ das Ganze

75 Vgl. Jenkins 1983; Marwell/Oliver 1984; Ferree/Miller 1985; Kitschelt 1991.
76 Diani 1992: 14.
77 Vgl. Zygmunt 1986; Oliver 1989.
78 Vgl. Turner 1981; Klandermans/Tarrow 1988; Melucci 1988; Morris/Mueller 1992.
79 Vgl. Snow/Rochford/Worden/Benford 1986; Gamson 1988.
80 Vgl. Raschke 1985; Neidhardt/Rucht 1991.
81 Vgl. McAdam/McCarthy/Zald 1988: 698.
82 Schülein 1983: 14.

in Augenschein nimmt, begnügt sich die ›Froschperspektive‹ mit einem Teil davon. Mit dieser Unterscheidung operiert auch James S. Coleman. Coleman unterscheidet zwischen zwei Ebenen: dem System als Einheit und seinen Komponenten.[83] Dabei konstituieren die Komponenten, etwa Individuen, auf der Mikroebene, was sich auf der Makroebene, etwa Gesellschaft, als die Einheit des Systems darstellt. Das Verhältnis von Mikro- und Makroebene entspricht somit der Metapher von Teil und Ganzem: Das Ganze besteht aus seinen Teilen, die Teile verweisen immer aufs Ganze. Mit der einfachen Mikro/Makro-Unterscheidung ist es in der Bewegungsforschung insgesamt jedoch nicht getan. So unterscheiden McAdam/McCarthy/Zald noch eine dritte Ebene, »intermediate between the macro and the micro«[84], oder wie Hanspeter Kriesi es ausdrückt: »The notion of the ›social movement‹ provides us with an ›intermediary‹ conceptual tool facilitating the link between the macro- and the micro-levels.«[85] Friedhelm Neidhardt und Dieter Rucht sprechen von »meso-level«[86]; Jürgen Gerhards und Dieter Rucht haben der ›Mesomobilization‹ sogar eine eigene Untersuchung gewidmet.[87]

Eine Vielzahl von Studien sucht auf der Makroebene nach gesamtgesellschaftlichen Ursachen für die Entstehung sozialer Bewegungen.[88] Dazu gehört letztlich auch das Konzept der politischen Gelegenheitsstruktur.[89] Demgegenüber wurde auch auf der Mikroebene beträchtlicher Aufwand getrieben, um individuelle Ursachen und Gründe aufzufinden, die gleichermaßen die Entstehung und Entfaltung sozialer Bewegungen zu erklären versprechen.[90] Hier entspricht das Mikro/Makro-Schema also der Unterscheidung von Individuum und Gesellschaft. Zugleich gibt es Untersuchungen, die sich mit der Frage beschäftigen, wie soziale Bewegungen etwa Anhänger werben und mobilisieren.[91] Hier würde das Mikro/Makro-Schema der Unterscheidung von Indivi-

83 Vgl. Coleman 1991: 2.
84 McAdam/McCarthy/Zald 1988: 709.
85 Kriesi 1988: 354.
86 Neidhardt/Rucht 1991: 448.
87 Vgl. Gerhards/Rucht 1992.
88 Vgl. Habermas 1981; Brand/Büsser/Rucht 1986; Berking 1990.
89 Vgl. Tarrow 1991; Kriesi 1991.
90 Vgl. Zurcher/Snow 1981, Raschke 1985; Meyer/Müller 1989.
91 Vgl. Klandermans 1984; Snow/Rochford/Worden/Benford 1986.

duum und Bewegung entsprechen. Weitere Arbeiten haben das Verhältnis von Bewegung und Gesellschaft zum Thema, so daß sich die Bewegung diesmal auf der Mikroebene befinden würde – neben anderen Akteuren im intermediären Feld wie Parteien und Verbände[92] – und Gesellschaft auf der Makroebene.[93] Was hier passiert, ist ein Wechsel der Systemebene, die erst entscheidet, was Ganzes und was Teil ist. Einmal ist das Ganze die Gesellschaft und das Teil ein Individuum, dann ist das Ganze die soziale Bewegung und das Teil wieder ein Individuum, schließlich ist das Ganze wieder die Gesellschaft und die soziale Bewegung ein Teil davon. Es gibt somit drei Ebenen, auf denen die Bewegungsforschung sich zumeist bewegt: die *Mikroebene der Individuen*, die *Mesoebene der sozialen Bewegungen* und die *Makroebene der Gesellschaft*, wobei die mittlere Ebene der sozialen Bewegungen je nach Bedarf einmal aus der ›Froschperspektive‹ und dann wieder aus der ›Vogelperspektive‹ wahrgenommen wird.[94]

Neben dieser vertikalen Unterscheidung nach dem Mikro/Meso/Makro-Schema ließe sich zum anderen an die eher horizontal angelegte Einteilung Joachim Raschkes anschließen, der zwischen einem strukturanalytischen, einem sozialpsychologischen und einem interaktionistischen Ansatz unterscheidet.[95] Danach gibt es Arbeiten, die soziale Bewegungen aus objektiv bestehenden Problemlagen, die in der Sozialstruktur einer Gesellschaft potentiell vorhanden sind, zu erklären suchen.[96] Doch ist diesem Unternehmen nur zum Teil Erfolg beschert, da es immer mehr Anlässe gibt, die die Systembildung sozialer Bewegungen objektiv nahelegen, als tatsächlich umgesetzt werden: »Die Geschichte der Gesellschaften ist eine Geschichte von sozialen Bewegungen, die nicht stattgefunden haben – obwohl die Probleme ihrer Gesellschaften gute Gründe zur Mobilisierung gaben.«[97] Insofern be-

92 Vgl. Rucht 1991.
93 Vgl. Touraine 1981, 1988.
94 Die Mesoebene schließt hier die Sozialstruktur der neuen sozialen Bewegungen, d.h. die neue Mittelschicht, mit ein.
95 Vgl. Raschke 1985: 124ff.
96 Vgl. Hirsch/Roth 1980; Habermas 1981; Brand/Büsser/Rucht 1986; Melucci 1985; Berking 1990.
97 Neidhardt 1985: 198; siehe auch Etzioni 1975: »Zu jeder Zeit gibt es viel mehr Ideen und viel mehr ›Zellen‹ als Mobilisierungskampagnen mit gesamtgesellschaftlichen Konsequenzen« (422).

darf es zusätzlicher Bedingungen, die zur Erklärung sozialer Bewegungen beitragen, um die Kontingenz des Erklärungsversuchs einzuschränken. Zumindest muß gewährleistet sein, daß vermeintlich objektiv gegebene Problemlagen auch subjektiv wahrgenommen werden, etwa als konkrete Betroffenheit und akute Identitätskrisen, gewissermaßen der »Rohstoff individueller Mobilisierungsgründe«[98], damit es überhaupt zur Mobilisierung sozialer Bewegungen kommt.[99] Doch auch der sozialpsychologische Ansatz hat mit dem Kontingenzproblem zu kämpfen: »Grievances are everywhere, movements not.«[100] Einen Ausweg verspricht die Überlegung, ob objektive Problemlagen, die auch subjektiv wahrgenommen werden, zu guter Letzt nicht dazu führen, daß man sich verständigt und sich darüber Mobilisierungseffekte einstellen.[101] »But if (this) dissatisfaction is shared by, and communicated to, others in the society, a social movement may develop.«[102] Das schließt nicht aus, daß es möglicherweise auch zu Problemdefinitionen ohne Problem kommt. In jedem Fall kann diese Form der Problemkonstruktion und Mobilisierungskommunikation ebenso auf der Ebene einfacher Interaktionen stattfinden, in der Kneipe, unter Freunden oder an der Universität, wie über zentral organisierte Werbekampagnen, die zur Teilnahme an Demonstrationen aufrufen (was sich insbesondere den SMOs zurechnen ließe), oder durch Massenmedien initiiert. Mit anderen Worten: Mit dem handlungstheoretischen Ansatz[103] wäre folglich ein Stadium erreicht, in dem es endlich zu gelingen scheint, eine lose Kombination von Bedingungsfaktoren, die je für sich durchaus notwendig sind, aber nur zusammen hinreichen, um die Ent-

98 Neidhardt/Rucht 1993: 307.

99 Vgl. Killian 1973; Zurcher/Snow 1981; Koslowski 1987.

100 Japp 1984: 316.

101 Vgl. Klandermans 1984; Snow/Rochford/Worden/Benford 1986.

102 Killian 1973: 20; siehe auch Neidhardt 1985: »Soziale Bewegungsmöglichkeiten entstehen erst dann, wenn diese Erfahrungen und Gefühle über Gruppen- und Netzwerkzusammenhänge aggregiert, kollektiviert und dann auch sozial bearbeitet werden können« (198).

103 Ich ziehe es vor, im Rahmen des Modells Raschkes von einem handlungstheoretischen und nicht interaktionistischen Ansatz zu sprechen, um auch den Ressourcenmobilisierungsansatz mit einzubeziehen, dem letztlich ein Rational Choice-Konzept zugrunde liegt, was ihn der handlungstheoretischen Denkweise zuweist.

stehung und Entfaltung sozialer Bewegungen auch angemessen zu erklären, in eine rigide Form zu überführen, die die anfängliche Unbestimmtheit der Erklärungsleistung quasi durch ein kumulatives Rekonstruktionsverfahren (›value added‹-Modell) überwindet. Von Ansatz zu Ansatz schließt sich der Kreis, immer mehr Facetten ergänzen das Bild, und am Schluß könnte es gelingen, die Entstehung und Entfaltung sozialer Bewegungen lückenlos zu erklären: *Ein Kontinuum von den Bedingungen der Möglichkeit bis zur Mobilisierung sozialer Bewegungen* – eine Utopie gleichwohl.

Indes bleibt die Frage, wie es um die Vereinbarkeit all dieser Paradigmen, Ansätze, Schemata und Unterscheidungen bestellt ist. Betrachtet man etwa den Anlaß, der dem frühen *Relative Deprivation-Ansatz* (*RD*) zugrunde lag, so kann man diesen am *Irrationalismus-Vorwurf* gegenüber sozialen Bewegungen festmachen: RD unternahm den Versuch, sozialen Bewegungen mehr rationales Kalkül zuzutrauen, als dies vor allem im *Collective Behavior-Ansatz* der Fall war.[104] Der Ressourcenmobilisierungsansatz begegnete dem RD-Ansatz wiederum mit dem *Kontingenz-Vorwurf*: Allein die Tatsache von Erwartungsenttäuschungen, denen sich im Grunde jeder ausgesetzt sieht, erkläre nicht, weshalb es überhaupt zur Mobilisierung sozialer Bewegungen komme. Dagegen sieht sich der RM-Ansatz selbst dem *Rationalismus-Vorwurf* gegenüber, da dieser sozialen Bewegungen mehr Rationalität unterstelle, als ihnen tatsächlich zukomme.[105] Dem *Selbsterzeugungsargument* läßt sich schließlich entgegenhalten, daß strukturelle Voraussetzungen gleichwohl »eine entscheidende Variable mit eigenständigem Gewicht«[106] bilden. Letztlich geht es also um die Frage, welche Theorie dem Phänomen soziale Bewegung am ehesten gerecht wird, ob es nur einer oder mehrerer bedarf, und wenn mehrerer, wie sich mehrere Theorien angemessen miteinander kombinieren lassen.

Fest steht einerseits, daß eine Reihe von Theoriearbeiten ihre Brauchbarkeit für Bewegungsforschung durchaus unter Beweis gestellt haben. So ist davon auszugehen, daß sich Strukturtheorien in Teilbereichen ebenso bewährt haben wie sozialpsychologische

104 Vgl. Gurney/Tierney 1982: 44.
105 Vgl. Japp 1984: 314.
106 Neidhardt 1985: 198.

oder handlungstheoretische Theoriefiguren. Andererseits heißt es bei Raschke: »Es gibt keine auf gegenwärtige Gesellschaft bezogene Gesellschaftstheorie, die eine Systemanalyse sinnfällig verknüpfte mit einer Analyse der Sozialstruktur, geschweige denn mit einer Analyse kollektiver Akteure auf der Handlungsebene.«[107] Auch Gerald Marwell und Pamela Oliver nehmen kein Blatt vor den Mund: »The concept ›social movement‹ is a theoretical nightmare.«[108] Von daher konstatieren Neidhardt/Rucht bei der Bestandsaufnahme der Bewegungsforschung auch eine »disproportion between the sheer quantity of publications and their relevance for the cumulation of theoretical and analytical knowledge«.[109]
Geht man von dieser Bestandsaufnahme aus, könnte die systemtheoretische Beschäftigung mit sozialen Bewegungen zumindest als Chance für die Bewegungsforschung verstanden werden, ihre Probleme anders zu lösen als bisher. Das betrifft zum Beispiel die Möglichkeit, sich an einer universalen Theorie zu orientieren, da sich Kompatibilitätsprobleme zwischen unterschiedlichen Theorieansätzen dadurch erübrigen würden. Man könnte dann an der Frage nach der Einheit von Gegenstand, Begriff und Fach ganz anders ansetzen, sofern man das Selbsterzeugungsargument aufgreifen und soziale Bewegungen als autopoietische Systeme beschreiben würde, die sich mittels der Form des Protestes ohne von außen bedingte Notwendigkeit selbstselektiv reproduzieren: »Nicht die ›Ursache‹ für den Konflikt ist demnach für die Entstehung zumindest der ›neuen‹ sozialen Bewegungen entscheidend – sie kann relativ beliebig, geringfügig oder gar nicht mehr identifizierbar sein –, sondern der sich selbst selektiv entfaltende Konfliktprozeß.«[110] Das würde freilich voraussetzen, daß die ›social unit‹ der Gesellschaft nicht mehr Menschen sind, sondern mit Parsons als Handlungen oder schließlich als Kommunikationen begriffen werden, die vor allem von psychologischen Erwägungen weitgehend freigestellt sind. Es wäre aber auch zu überlegen, ob nicht die Unterscheidung von Interaktion, Organisation und Gesellschaft für die Mikro/Meso/Makro-Schematik anschlußfähig

107 Raschke 1985: 413.
108 Marwell/Oliver 1984: 4.
109 Neidhardt/Rucht 1991: 436.
110 Bergmann 1987: 371; vgl. auch Luhmann 1991: 149f., und Japp 1984: 322.

ist oder inwieweit die funktionale Bestimmung sozialer Bewegungen bezüglich moderner Gesellschaft in dieser Form Parallelen findet in der Bewegungsforschung. Hier schließt auch die Diskussion um Modernisierung und Individualisierung an, da zum einen die direkte Koppelung an funktionale Differenzierung als dem primären Formprinzip der modernen Gesellschaft gegeben ist, auf deren Folgeprobleme sich soziale Bewegungen manifest beziehen, zum anderen aber gerade auch funktionale Differenzierung die Individuen aus ihren traditionellen Bindungen freisetzt und damit Bedingungen schafft, die allein schon von diesem Blickwinkel her die Bildung sozialer Bewegungen nahelegen. Aber man wird sehen müssen, welche Resonanz die verstärkte Rezeption der Systemtheorie innerhalb der Soziologie sozialer Bewegungen erzeugt und ob sich wechselseitig Anschlußfähigkeiten ergeben.

Warum ›Protest‹?

Der Anlaß für die Herausgabe von Arbeiten Luhmanns, die sich mit sozialen Bewegungen beschäftigen, hat zwei Gründe: Zum einen die leichtere Zugänglichkeit jener Arbeiten, die – bis auf zwei Ausnahmen – bisher nur verstreut in Zeitschriften bzw. Zeitungen vorliegen, ergänzt um zwei noch unveröffentlichte Texte. Der zweite, gewichtigere Grund betrifft die Tatsache, daß bisher kaum bekannt zu sein scheint, daß Luhmann überhaupt zu sozialen Bewegungen veröffentlicht hat. Dies ist um so mehr von Bedeutung, als man Luhmann mitunter mit dem Vorwurf begegnet, er würde sich – anders etwa als die Kritische Theorie[111] – mit bestimmten Ereignissen gar nicht erst auseinandersetzen, etwa mit der Kritik der modernen Gesellschaft. Zudem stellen soziale Bewegungen einen interessanten Testfall für den Universalitätsanspruch der Systemtheorie dar, weil sie sich den gängigen Zugriffsweisen entziehen und damit eine besondere Herausforderung an die Theorie darstellen. Hier überall Bewegung ins Spiel zu bringen, ist die erklärte Absicht dieses Bandes.[112]

111 Vgl. Görg 1992; Metzner 1993.

112 Ich danke Jürgen Bruchhaus, Barbara Gundermann, Volker Haupt und Ansgar Klein für technische Unterstützung und wertvolle Anregungen.

Literatur

Ahlemeyer, Heinrich W. 1989: Was ist eine soziale Bewegung? Zur Distinktion und Einheit eines sozialen Phänomens, in: Zeitschrift für Soziologie, Jg. 18, Heft 3, 175-191.

– 1995: Soziale Bewegungen als Kommunikationssystem. Einheit, Umweltverhältnis und Funktion eines sozialen Phänomens. Opladen.

Baecker, Dirk 1994: Soziale Hilfe als Funktionssystem der Gesellschaft, in: Zeitschrift für Soziologie, Jg. 23, Heft 2, 93-110.

Bergmann, Werner 1987: Was bewegt die soziale Bewegung? Überlegungen zur Selbstkonstitution der »neuen« sozialen Bewegungen, in: Baekker, Dirk et al. (Hg.): Theorie als Passion. Niklas Luhmann zum 60. Geburtstag. Frankfurt/M., 362-393.

Berking, Helmuth 1990: Die neuen Protestbewegungen als zivilisatorische Instanz im Modernisierungsprozeß?, in: Dreitzel, Hans Peter/Stenger, Horst (Hg.): Ungewollte Selbstzerstörung. Reflexionen über den Umgang mit katastrophalen Entwicklungen. Frankfurt/M., 47-61.

Brand, Karl-Werner/Büsser, Detlef/Rucht, Dieter 1986: Aufbruch in eine andere Gesellschaft. Neue soziale Bewegungen in der Bundesrepublik. Frankfurt/M.

Cohen, Jean L. 1985: Strategy or Identity: New Theoretical Paradigmas and Contemporary Social Movements, in: Social Research, Bd. 52, Nr. 4, 663-716.

Coleman, James S. 1991: Grundlagen der Sozialtheorie. Band 1: Handlungen und Handlungssysteme. München.

Dammann, Klaus/Grunow, Dieter/Japp, Klaus P. (Hg.) 1994: Die Verwaltung des politischen Systems. Mit einem Gesamtverzeichnis der Veröffentlichungen Niklas Luhmanns. Opladen.

Diani, Mario 1992: The concept of social movement, in: The Sociological Review, Bd. 40, Nr. 1, 1-25.

Etzioni, Amitai 1975: Die aktive Gesellschaft. Eine Theorie gesellschaftlicher und politischer Prozesse. Opladen.

Ferree, Myra Marx/Miller, Frederick D. 1985: Mobilization and Meaning: Toward an Integration of Social Psychological and Resource Perspectives on Social Movements, in: Sociology Inquiry, Bd. 55, Nr. 1, 38-61.

Froschauer, Ulrike/Lueger, Manfred 1993: Ökologie als blinder Fleck: Funktionale Differenzierung und Ökologiebewegung, in: Österreichische Zeitschrift für Soziologie, Jg. 18, Heft 2, 17-31.

Gamson, William A. 1988: Political Discourse and Collective Action, in: Klandermans, Bert (Hg.): International Social Movement Research, Bd. 1, 219-244.

Gerhards, Jürgen 1991: Funktionale Differenzierung der Gesellschaft und Prozesse der Entdifferenzierung, in: Fischer, Hans R. (Hg.): Autopoiesis. Eine Theorie im Brennpunkt der Kritik. Heidelberg, 263-279.

Gerhards, Jürgen/Rucht, Dieter 1992: Mesomobilization: Organizing and Framing in Two Protest Campaigns in West Germany, in: American Journal of Sociology, Bd. 98, Nr. 3, 555-595.
Görg, Christoph 1992: Neue Soziale Bewegungen und Kritische Theorie. Eine Aufarbeitung gesellschaftstheoretischer Erklärungsansätze. Opladen.
Gurney, Joan Neff/Tierney, Kathleen J. 1982: Relative Deprivation and Social Movements: A Critical Look at Twenty Years of Theory and Research, in: The Sociological Quarterly, Bd. 23, 33-47.
Habermas, Jürgen 1981: Neue soziale Bewegungen. Ein Exkurs, in: Ästhetik und Kommunikation, Heft 45/46, 158-161.
Halfmann, Jost/Japp, Klaus P. 1993: Modern social movements as active risk observers: a systemtheoretical approach to collective action, in: Social Science Information, Bd. 32, Nr. 3, 427-446.
Haupt, Volker 1990: Zwischen Stasimorphie und Entfesselung. Die Sowjetunion auf dem Weg in die ausdifferenzierte Gesellschaft, in: Kommune, Nr. 4, 40-45.
Hellmann, Kai-Uwe 1993: Soziale Bewegungen unter dem ›Systemskop‹. Erträge und Probleme systemtheoretischer Bewegungsforschung, in: Forschungsjournal Neue Soziale Bewegungen, Jg. 6, Heft 3-4, 139-158.
– 1994: Zur Eigendynamik sozialer Probleme, in: Soziale Probleme, Jg. 5, Heft 3/4, 144-167.
– 1995: Soziale Bewegungen und kollektive Identität. Zur Latenz, Krise und Reflexion sozialer Milieus, in: Forschungsjournal Neue Soziale Bewegungen, Jg. 8, Heft 1, 68-81.
– 1996: Systemtheorie und neue soziale Bewegungen. Identitätsprobleme in der Risikogesellschaft. Opladen.
Hirsch, Joachim/Roth, Roland 1980: ›Modell Deutschland‹ und neue soziale Bewegungen, in: Prokla, Heft 40, 14-39.
Japp, Klaus P. 1984: Selbsterzeugung oder Fremdverschulden. Thesen zum Rationalismus in den Theorien sozialer Bewegungen, in: Soziale Welt, Jg. 35, 313-329.
– 1986a: Neue soziale Bewegungen und die Kontinuität der Moderne, in: Berger, Johannes (Hg.): Die Moderne. Kontinuitäten und Zäsuren. Soziale Welt, Sonderband 4, 311-333.
– 1986b: Kollektive Akteure als soziale Systeme?, in: Unverferth, Hans-Jürgen (Hg.): System und Selbstproduktion. Frankfurt/M., 166-191.
– 1987: Neue soziale Bewegungen: Technisierung und Identität, in: Lutz, Burkart (Hg.): Technik und sozialer Wandel. Verhandlungen des 23. Deutschen Soziologentages in Hamburg 1986. Frankfurt/M., 534-544.
– 1993: Die Form des Protests in den neuen sozialen Bewegungen, in: Baecker, Dirk (Hg.): Probleme der Form. Frankfurt/M., 230-252.
Jenkins, J. Craig 1983: Resource Mobilization Theory and the Study of Social Movements, in: Annual Review of Sociology, 527-553.

Killian, Lewis M. 1973: Social Movements: A Review of the Field, in: Evans, Robert R. (Hg.): Social Movements. A Reader and Source Book. Chicago, 9-53.
Kitschelt, Herbert 1991: Resource Mobilization Theory: A Critique, in: Rucht, Dieter (Hg.): Research on Social Movements. The State of the Art in Western Europe and the USA. Frankfurt/Boulder, 323-347.
Klandermans, Bert 1984: Mobilization and Participation: Social-Psychological Expansions of Resource Mobilization Theory, in: American Sociological Review, Bd. 49, 583-600.
Klandermans, Bert/Tarrow, Sidney 1988: Mobilization into Social Movements: Synthesizing European and American Approaches, in: International Social Movement Research, Bd. 1, 1-38.
Koslowski, Peter 1987: Die postmoderne Kultur. Gesellschaftlich-kulturelle Konsequenzen der technischen Entwicklung. München.
Kriesi, Hanspeter 1988: The Interdependence of Structure and Action: Some Reflections on the State of the Art, in: Klandermans, Bert (Hg.): International Social Movement Research, Bd. 1, 349-368.
– 1991: The Political Opportunity Structure of New Social Movements: Its Impact on Their Mobilization. Discussion Paper FS III 91-103. WZB.
Luhmann, Niklas 1970: Soziologie als Theorie sozialer Systeme, in: ders.: Soziologische Aufklärung. Bd. 1: Aufsätze zur Theorie sozialer Systeme. Opladen: Westdeutscher Verlag, 113-136.
– 1971: Universalität und Begründbarkeit der Systemtheorie, in: Habermas, Jürgen/Luhmann, Niklas: Theorie der Gesellschaft oder Sozialtechnologie – Was leistet die Systemforschung? Frankfurt/M., 378-398.
– 1975: Interaktion, Organisation, Gesellschaft, in: ders.: Soziologische Aufklärung Bd. 2. Aufsätze zur Theorie der Gesellschaft. Opladen, 9-20.
– 1978: Soziologie der Moral, in: Luhmann, Niklas/Pfürtner, Stephan H. (Hg.): Theorietechnik und Moral. Frankfurt/M., 8-116.
– 1984: Soziale Systeme. Grundriß einer allgemeinen Theorie. Frankfurt/M.
– 1985: Zum Begriff der sozialen Klasse, in: ders. (Hg.): Soziale Differenzierung. Zur Geschichte einer Idee. Opladen, 119-162.
– 1986a: Ökologische Kommunikation. Kann die moderne Gesellschaft sich auf ökologische Gefährdungen einstellen? Opladen.
– 1986b: Alternative ohne Alternative. Die Paradoxie der »neuen sozialen Bewegungen«, in: Frankfurter Allgemeine Zeitung vom 2. Juli 1986; in diesem Band S. 75-78.
– 1987a: Das trojanische Pferd, in: ders.: Archimedes und wir. Interviews. Berlin, 108-124; zuvor unter dem Titel Systemtheorie und Systemkritik. Interview mit Heidi Renk und Marco Bruns, in der tageszeitung vom 21.10.1986 veröffentlicht; in diesem Band S. 64-74.
– 1987b: Tautologie und Paradoxie in den Selbstbeschreibungen der mo-

dernen Gesellschaft, in: Zeitschrift für Soziologie, Jg. 16, Heft 3, 161-174; in diesem Band S. 79-106.
– 1987c: Widerstandsrecht und politische Gewalt, in: ders.: Soziologische Aufklärung. Bd. 4: Beiträge zur funktionalen Differenzierung der Gesellschaft. Opladen, 161-170.
– 1988: Frauen, Männer und George Spencer Brown, in: Zeitschrift für Soziologie, Jg. 17, Heft 1, 47-71; in diesem Band S. 107-155.
– 1989: Theorie der politischen Opposition, in: Zeitschrift für Politik, Jg. 36, 13-26.
– 1990a: Dabeisein und Dagegensein. Anregungen zu einem Nachruf auf die Bundesrepublik, in: Frankfurter Allgemeine Zeitung vom 22. August 1990; in diesem Band S. 156-159.
– 1990b: Umweltrisiko und Politik; in diesem Band S. 160-174.
– 1991: Protestbewegungen, in: ders.: Soziologie des Risikos. Berlin, 135-154.
– 1992a: Status quo als Argument, in: ders.: Universität als Milieu. Kleine Schriften. Bielefeld, 16-29.
– 1992b: Die Selbstbeschreibung der Gesellschaft und die Soziologie, in: ders.: Universität als Milieu. Kleine Schriften. Bielefeld, 137-146.
– 1992c: 1968 – und was nun?, in: ders.: Universität als Milieu. Kleine Schriften. Bielefeld, 147-157; zuvor in einer von Luhmann nicht autorisierten Fassung unter dem Titel Njet-Set und Terror-Desperados in der tageszeitung vom 4. August 1988 veröffentlicht.
– 1992d: Immer noch Bundesrepublik? Das Erbe und die Zukunft, in: Rammstedt, Otthein/Schmidt, Gert (Hg.): BRD ade! Vierzig Jahre in Rück-Ansichten von Sozial- und Kulturwissenschaftlern. Frankfurt/M., 95-100.
– 1992e: Ökologie des Nichtwissens, in: ders.: Beobachtungen der Moderne. Opladen, 149-220.
– 1994: Systemtheorie und Protestbewegungen. Ein Interview, in: Forschungsjournal Neue Soziale Bewegungen, Jg. 7, Heft 2, 53-69; in diesem Band S. 175-200.
– 1995: Protestbewegungen (Auszug aus ›Die Gesellschaft der Gesellschaft‹, in Vorbereitung); in diesem Band S. 201-215.
Mannheim, Karl 1985: Ideologie und Utopie. Frankfurt/M.
Marwell, Gerald/Oliver, Pamela 1984: Collective Action Theory and Social Movements Research, in: Research in Social Movements, Conflict and Change, Bd. 7, 1-27.
McAdam, Doug 1988: Micromobilization Contexts and Recruitment to Activism, in: International Social Movement Research, Bd. 1, 125-154.
McAdam, Doug/McCarthy, John D./Zald, Mayer N. 1988: Social Movements, in: Smelser, Neil J. (Hg.): Handbook of Sociology. London, 695-737.
McCarthy, John D./Zald, Mayer N. 1977: Resource Mobilization and

Social Movements: A Partial Theory, in: Annual Journal of Sociology, Bd. 82, Nr. 6, 1212-1241.
Mehlich, Harald 1983: Politischer Protest und gesellschaftliche Entdifferenzierung, in: Grottian, Peter/Nelles, Wilfried (Hg.): Großstadt und neue soziale Bewegungen. Berlin/Basel/Boston, 134-153.
Melucci, Alberto 1985: The Symbolic Challenge of Contemporary Movements, in: Social Research. Bd. 52, Nr. 4, 789-816.
– 1988: Getting Involved: Identity and Mobilization in Social Movements, in: Klandermans, Bert (Hg.): International Social Movement Research, Bd. 1, 329-348.
– 1989: Nomads of the Present. Social Movements and Individual Needs in Contemporary Society. Philadelphia.
Metzner, Andreas 1993: Probleme sozio-ökologischer Systemtheorie. Natur und Gesellschaft in der Soziologie Luhmanns. Opladen.
Meyer, Thomas/Müller, Michael 1989: Individualismus und neue soziale Bewegungen, in: Leviathan, Jg. 17, Heft 3, 357-369.
Morris, Aldon D./Mueller, Carol McClurg (Eds.) 1992: Frontiers in Social Movement Theory. New Haven/London.
Neidhardt, Friedhelm 1985: Einige Ideen zu einer allgemeinen Theorie sozialer Bewegungen, in: Hradil, Stefan (Hg.): Sozialstruktur im Umbruch. Karl Martin Bolte zum 60. Geburtstag. Opladen, 193-204.
Neidhardt, Friedhelm/Rucht, Dieter 1991: The Analysis of Social Movements: The State of the Art and Some Perspectives for Further Research, in: Rucht, Dieter (Hg.): Research on Social Movements. The State of the Art in Western Europe and the USA. Frankfurt/Boulder, 421-464.
– 1993: Auf dem Weg in die ›Bewegungsgesellschaft‹? Über die Stabilisierbarkeit sozialer Bewegungen, in: Soziale Welt, Jg. 44, Heft 3, 305-326.
Oliver, Pamela E. 1989: Bringing the Crowd back in: The Nonorganizational Elements of Social Movements, in: Research in Social Movements, Conflict and Change, Bd. 11, 1-30.
Raschke, Joachim 1985: Soziale Bewegungen. Ein historisch-systematischer Grundriß. Frankfurt/M.
Rucht, Dieter 1991: Parteien, Verbände und Bewegungen als Systeme politischer Interessenvermittlung. Discussion Paper FS III 91-107. WZB.
Rucht, Dieter/Roth, Roland 1992: »Über den Wolken...«. Niklas Luhmanns Sicht auf soziale Bewegungen, in: Forschungsjournal Neue Soziale Bewegungen, Jg. 5, Heft 2, 22-33.
Schülein, Johann August 1983: Mikrosoziologie. Ein interaktionsanalytischer Zugang. Opladen.
Snow, David A./Rochford, E. Burke Jr./Worden, Steven K./Benford, Robert D. 1986: Frame Alignment Processes, Micromobilization and Movement Participation, in: American Sociological Review, Bd. 51, 464-481.

Tarrow, Sidney 1991: Kollektives Handeln und politische Gelegenheitsstruktur in Mobilisierungswellen: Theoretische Perspektiven, in: Kölner Zeitschrift für Soziologie und Sozialpsychologie, Jg. 43, Heft 4, 647-670.
Touraine, Alain 1981: The Voice and the Eye. An Analysis of Social Movements. Cambridge.
– 1988: Return of the Actor. Social Theory in Postindustrial Society. Minneapolis.
Turner, Ralph H. 1981: Collective Behavior and Resource Mobilization as Approaches to Social Movements: Issues and Continuities, in: Research in Social Movements, Conflict and Change, Bd. 4, 1-24.
Zurcher, Louis A./Snow, David A. 1981: Collective Behavior: Social Movements, in: Rosenberg, M./Turner, R.H. (Hg.): Social Psychology. Sociological Perspectives. New York, 447-482.
Zygmunt, Joseph F. 1986: Collective Behavior as a Phase of Societal Life: Blumer's Emergent Views and Their Implications, in: Research in Social Movements, Conflicts and Change, Bd. 9, 25-46.

Kann die moderne Gesellschaft sich auf ökologische Gefährdungen einstellen?

I. Moral oder Theorie?

Das Thema, über das ich zu sprechen habe, ist ganz neu. Erst seit etwa zwanzig Jahren spricht man im Tone steigender Besorgnis und mit Aussicht auf katastrophale Entwicklungen von ökologischen Problemen. Zur Zeit ist »Ökologie« geradezu Formel 1 für alle, die sich am politischen und wissenschaftlichen Rennen beteiligen. Man denke an die vielen Themen, zum Beispiel an Erschöpfung nicht wiederherstellbarer Ressourcen, einschließlich landwirtschaftlich nutzbaren Bodens; an die Eliminierung zahlreicher Arten von Lebewesen; an die mögliche Evolution medizinisch nicht mehr bekämpfbarer Krankheitserreger; an die Überbevölkerung der Erde; und vor allem an die Umweltverschmutzung: an die Placierung von Materie an Stellen, wo sie nicht hingehört.
Neu ist natürlich nicht das Interesse an Natur und das Wissen um beschränkte Möglichkeiten, mit ihr umzugehen; aber die Einsicht, daß ein durch die Gesellschaft ausgelöster Umgang mit der Natur auf die Gesellschaft selbst zurückwirkt und daß dies dramatische Formen annehmen kann, hat die traditionelle Orientierung entscheidend verändert.
Bis in die jüngste Zeit hatten zwei Momente zusammengewirkt. Die alteuropäische Philosophie und die Soziologie hatten, darin übereinstimmend, die Gesellschaft als einen Sachverhalt für sich betrachtet. Sie hatten sie als Objekt besonderer Theorien für besondere Studien ausgegrenzt. Von Umwelt war nicht, oder kaum, die Rede. Noch heute ist zum Beispiel das, was die Soziologie unter dem Etikett »soziale Probleme« erforscht, auf sozial verursachte Probleme beschränkt. Die durch Umwelt ausgelösten Probleme finden, wenn man einmal von der sogenannten Desasterforschung absieht, keine Beachtung.
Andererseits, und das ist das zweite Moment, hatte man auch die Natur für sich behandelt. Man streitet heute, ob dafür christliche und stoische oder nur frühneuzeitlich-wissenschaftliche Motive den Ausschlag gegeben haben, und man streitet, ob und wieweit

die *dominium terrae*-Doktrin der rücksichtslosen Naturnutzung den Weg bereitet hat. Wie dem auch sei: der ökologische Zusammenhang von Natur und Gesellschaft wurde nicht thematisiert, und die Begriffe »Natur« und »Gesellschaft« forcierten die Differenz, nicht den engen, möglicherweise fatalen Zusammenhang. Eine so alte, so tief verankerte historische Semantik läßt sich nicht in wenigen Jahrzehnten umstellen. Es kann deshalb kaum überraschen, daß jegliche theoretische Vorbereitung auf das neuartige Thema fehlt. Die Gesellschaft selber gefährdet sich selbst dadurch, daß sie auf ihre Umwelt einwirkt! Mit welchen theoretischen Konzepten soll das begriffen werden? Und wie kann man einigermaßen kontrolliert abschätzen, ob und wie man diesem Problem praktisch begegnen kann?

Das Neue liegt nicht in der Forderung, mit der Natur pfleglich umzugehen, sondern in der Einsicht, daß die Gesellschaft sich auf dem Umwege über die Natur selbst ruinieren kann. Wenn früher von destruktiven Tendenzen die Rede war, dachte man an Streit, oder man analysierte mit Hilfe des Schemas von Altruismus und Egoismus. Heute sind die Probleme auf diese Weise nicht mehr zu fassen. Man braucht nicht unsozial zu sein, um die Gesellschaft zu ruinieren, ja vielleicht führt man das Unglück gerade dadurch herbei, daß man zu sozial ist.

Es liegt auf den ersten Blick nahe zu sagen: Wenn die Gesellschaft sich selbst gefährde, so solle sie das eben lassen und notfalls die Schuldigen finden und zur Rechenschaft ziehen. Aber wen und weshalb? Es handelt sich zwar nicht um Schrecknisse wie Sonnenfinsternisse oder Erdbeben; aber die Befürchtungen und die Reaktionen sind ähnlich unspezifisch. Und da die Ursachen ganz mit Recht in der Gesellschaft selbst gesehen werden, lautet die einfache Forderung, die Ursachen zu blockieren, ohne Rücksicht auf weitere Folgen. Das Umweltproblem wird zum Ausgangspunkt für einen *innergesellschaftlichen* Konflikt. Die Umwelt rächt sich gewissermaßen an der Gesellschaft in der Gesellschaft.

Kein Wunder, daß es dann – nicht nur, aber auch – zu fieberhaften emotionalen Abwehrreaktionen kommt. Man greift zu einer Moralisierung des Problems, die immer auch eine Behandlung des Gegners impliziert, fordert eine neue Umweltethik oder setzt auf eine Bewußtseinsveränderung der Menschen. Aber ist ein solches Programm überhaupt einlösbar? Die Gesellschaft ist ein hochkomplex strukturiertes System. Hat nicht Moral notwendigerweise einen Trivialisierungseffekt, wenn sie auf so komplexe Strukturen auftrifft? Wie kann man ernsthaft glauben, daß eine neue Moral sich in umweltadäquates Verhalten umsetzen ließe, ohne ringsum mit anderen Erfordernissen zu kollidieren? Rechtsnormen haben nicht zuletzt den Sinn, gegen Zumutungen zu schützen, die andere für vernünftig und für moralisch zwingend halten. Und auch das Geld hat seit alten Zeiten seine geistige Überlegenheit über die Moral auf vielfältige Weise bewiesen.

Aber wichtiger noch: kann man mit Sicherheit ausschließen, daß eine Moralisierung der ökologischen Probleme nicht vielleicht schlimmere Folgen auslöst als die ökologischen Veränderungen selbst? Moral ist ein streitbares Prinzip, besonders in der Politik. Vergessen wir nicht, daß der Apfel, den man nicht essen sollte, das moralische Urteil in die Welt setzte! Er war nicht vom Baum des Lebens.

Vielleicht ist eine aggressive, selbstgerechte Moralisierung ökologischer Probleme aber nur ein Symptom für ein tiefliegendes Theoriedefizit. Man weiß nicht so recht, was möglich ist und mit welchen Folgen, und kommt dann zu der Vorstellung, alles sei möglich, man müsse es nur wollen und etwaige Widerstände aus dem Weg räumen. Mein Vorschlag ist, den entgegengesetzten Weg einer Revision der theoretischen Grundlagen zu beschreiten. Auch das ist eine Möglichkeit, das Problem der ökologischen Gefährdungen ernst zu nehmen und darauf mit der nötigen Radikalität zu reagieren. Erst wenn theoretische Konzepte entwickelt sind, kann man die Strukturen einer historisch völlig neuartigen Problemlage erkennen. Erst wenn die paradoxe Struktur eines sich selbst gefährdenden Systems und die eigentümliche Hilflosigkeit in einer solchen Lage begriffen sind, kann man Mögliches und Unmögliches auseinanderdividieren und die für ein solches System rationalen Erwartungen formulieren.

Bei allem ökologischen Pessimismus: in bezug auf Theorie ist Optimismus angebracht. Die interdisziplinäre Diskussion in Bereichen wie Evolutionstheorie, Systemtheorie, Kybernetik, Logik selbstreferentieller Verhältnisse, Informations- und Kommunikationstheorie, um nur einiges zu nennen, bietet sehr viel mehr Möglichkeiten, die moderne Gesellschaft zu begreifen, als gemeinhin bewußt ist. Ich kann dies in einem kurzen Vortrag natürlich nicht angemessen verdeutlichen, geschweige denn begründen. Ich muß mich damit begnügen, einige Ausgangspunkte thesenförmig zu markieren und sie sodann in einige ihrer Konsequenzen hinein weiter zu verfolgen.

2. Resonanz

Zur Abkürzung und Vereinfachung der folgenden Darstellung ziehe ich komplizierte systemtheoretische Vorüberlegungen auf einen einzigen Begriff zusammen: auf den Begriff der *Resonanz*. Dieser Begriff ist interdisziplinär verwendbar – von der Physik bis zur Soziologie. Er besagt, daß Umweltereignisse ein System nur unter den besonderen Bedingungen seiner Eigenfrequenzen in Schwingungen versetzen können. Oder, um es weniger physikalisch und abstrakter auszudrücken: Umweltereignisse führen nur dann zu einer Sequenz von Reaktionen im System, wenn dies nach den eigentümlichen Strukturbedingungen dieses Systems möglich ist. Resonanz ist also immer: beschränkte Resonanz, strukturabhängige Resonanz. Dabei läßt der Begriff offen, was durch Resonanz im System bewirkt wird: ob es zu einem sogenannten Aufschaukeln der Reaktionen kommt, die das System schädigen oder sogar zerstören können; oder ob die Resonanz wieder abklingt bzw. in normale Systemprozesse überführt werden kann.
Begrenzung der Resonanzfähigkeit ist gleichbedeutend mit Ausdifferenzierung eines Systems; denn wenn ein System nicht filtern könnte, sondern durch alle Umweltereignisse intern betroffen wäre, wäre es kein System. In anderen systemtheoretischen Formulierungen spricht man auch von »Grenzerhaltung«[1] als primärer Systemfunktion oder von »order from noise«[2] oder von

1 Vgl. z. B. Parsons, Talcott 1951: The Social System. Glencoe Ill., 482 f.; Herbst, P. G. 1961: A Theory of Simple Behaviour Systems, in: Human Relations 14, 71-94, 193-239: 78 ff.; Easton, David 1965: A Framework for Political Analysis. Englewood Cliffs, N. J., insb. 14 f., 60 ff.; Barker, Roger G. 1968: Ecological Psychology: Concepts and Methods for Studying the Environment of Human Behavior. Stanford, Cal., insb. 11 ff.

2 So Foerster, Heinz von 1960: On Self-Organizing Systems and Their Environments, in: Yovits, Marshall C./Cameron, Scott (Hg.): Self-Organizing Systems: Proceedings of an Interdisciplinary Conference. Oxford, 31-50. Vgl. auch Atlan, Henri 1972: Du bruit comme principe d'auto-organisation, in: Communications 18, 21-36; auch in: ders. 1979: Entre le cristal et la fumée. Paris, 39 ff.

»couplage par clôture«[3], die keine spezifische Direktion des Systems von außen zuläßt, sondern nur Irritationen und Störungen, die nach Maßgabe interner Strukturen aufgegriffen und normalisiert werden. Das sind begriffliche Formulierungen von hoher theoretischer Reichweite. Gemeinsam ist ihnen allen die Einsicht, daß nur durch scharfe Reduktion von Umweltkomplexität systeminterne Komplexität aufgebaut werden kann, die dann wiederum eine spezifische Empfindlichkeit für Umweltereignisse ermöglicht und steigert.

Diesen systemtheoretischen Ausgangspunkt lege ich einer Analyse der ökologischen Problematik der modernen Gesellschaft zugrunde. Ich gehe deshalb nicht von der Annahme eines umfassenden Ökosystems aus, das Natur und Gesellschaft übergreift und sich in einem heute gestörten Gleichgewicht befindet.[4] Statt dessen kommt es mir auf die Differenz von System und Umwelt an, und »Ökologie« wird dann zum Terminus für die Analyse von Zusammenhängen, für die kein umfassendes, nach außen abgrenzbares System mehr angegeben werden kann.

Die Frage lautet dann: Wie bestimmt und beschränkt die moderne Gesellschaft ihre Resonanz auf Umweltveränderungen, und was folgt aus diesen Beschränkungen für die weitere Evolution dieses Gesellschaftssystems?

3 So Varela, Francisco 1983: L'auto-organisation: de l'apparence au mécanisme, in: Dumouchel, Paul/Dupuy, Jean-Pierre (Hg.): L'auto-organisation: de la physique au politique. Paris, 147-164.

4 Anders als die vielleicht überwiegende Auffassung in der Ökologie, die jedoch Mühe hat, externe Grenzen eines Ökosystems anzugeben, und Systemanalyse im wesentlichen als Analyse von Gleichgewichtszuständen oder von Variablenmodellen begreift. Dabei ist man jedoch auf problematische Weise gezwungen, mit einer Auswahl von Variablen und mit Annahmen über »near-decomposability« (ceteris paribus) zu arbeiten und kann in der Theorie nicht darstellen, wie die wirkliche Welt ihre eigene Hyperkomplexität und Unbestimmbarkeit wahrnimmt und verschluckt.

3. Gesellschaft als Kommunikationssystem

Mein Ausgangspunkt ist, daß die Gesellschaft ein *soziales System* ist, das heißt: ein System, das *aus Kommunikationen und nur aus Kommunikationen besteht*. Die Gesellschaft besteht, mit anderen Worten, nicht aus Menschen. Sie ist nicht als eine Gesamtheit biologischer und psychologischer Tatsachen zu begreifen. Dies wäre ein theoretisch unhandlicher Begriff, der auch mit dem biologischen und psychologischen Wissensstand unseres Jahrhunderts kollidiert. Arsen im Blut oder Wut im Kopf sind als solche noch keine gesellschaftlichen Tatsachen: Sie werden erst gesellschaftlich, wenn sie in Kommunikationen umgesetzt werden; *und ob und wie das möglich ist, regelt das Gesellschaftssystem selbst*. Die Gesellschaft muß Kategorisierungsmöglichkeiten, Sprachformen und situative Anlässe für Kommunikation bereitstellen. Sie muß die Erwartung festigen, daß andere eine Kommunikation verstehen und darauf annehmend oder ablehnend reagieren können; sonst bleibt das Arsen eine biochemische und die Wut eine psychologische Tatsache, für die es an gesellschaftlicher Resonanz fehlt.

Die erste Bedingung für Resonanz ist mithin Kommunikation, und das verweist auf ein hochkomplexes Netz von strukturellen Vorbedingungen. Sie wirkt außerordentlich selektiv. Man denke nur daran, wie wenig wir davon wissen, was in unseren Körpern an chemischer und biologischer Kleinstarbeit von Minute zu Minute vor sich geht, und wie wenige Anlässe wir, wenn wir es wüßten, fänden, darüber mit anderen zu reden. Selbst Ärger wird normalerweise heruntergeschluckt. Selbst Angst muß kommunikable Tatsachen präzisieren, an die sie sich anhängen, mit denen sie sich plausibel machen kann.

Der nächste Schritt besteht in der Dekomposition des Gesamtsystems Gesellschaft in verschiedene Teilsysteme, die ihre eigene Resonanzfähigkeit selbst organisieren. Für die moderne Gesellschaft ist hier, beginnend im späten Mittelalter, eine Strukturentscheidung von weittragender Bedeutung gefallen. Die primären Teilsysteme der Gesellschaft sind nicht mehr auf der Basis von Familien und Wohngemeinschaften und auch nicht auf der Basis von Schichtung gebildet. Sie orientieren sich an spezifischen Funktionen, die sie für das Gesellschaftssystem erfüllen, also an Politik oder Wirtschaft, Wissenschaft oder Religion, Recht oder

Erziehung, Krankenbehandlung oder Intimkommunikation, vielleicht Kunst und anderem mehr.

Alle bedeutsame, folgenreiche Kommunikation wird solchen Funktionssystemen zugeordnet. Das heißt nicht, daß nur funktionsspezifische Kommunikation möglich ist und daß jede Kommunikation einem und nur einem Funktionssystem angehören muß. Aber wenn weittragende Folgewirkungen, rationale Kontrollierbarkeit und Anschlußfähigkeit gesichert sein sollen, muß sich eine Kommunikation den Strukturbedingungen der Funktionssysteme fügen, und es sind von der Gesamtordnung her gesehen »Zufälle«, wenn eine wissenschaftliche Entdeckung zugleich politisch und zugleich wirtschaftlich relevant ist oder umgekehrt eine politische Entscheidung Prosperität bedeutet oder für Wahrheiten die Augen öffnet.

Dieses funktionale Arrangement unterscheidet die moderne Gesellschaft von ihren historischen Vorläufern, und es führt die gesellschaftliche Evolution in eine Lage, mit der wir noch kaum Erfahrungen haben. Die gegenwärtige Krisen- und Katastrophenstimmung bringt, auf sehr übertriebene Weise freilich, zum Ausdruck, daß dieses Prinzip der Systemdifferenzierung nicht so problemlos ist, wie die Fortschrittsideologen der Modernität vom 17. bis zum 19. Jahrhundert zunächst meinten. Irgendwie müssen wir lernen, mit dieser Gesellschaft zurechtzukommen. Es ist keine andere in Sicht. Und wie man schon im 18. Jahrhundert zu ahnen begann, bringt ihre eigentümliche Dynamik mehr Vorteile und mehr Nachteile mit sich als jede frühere Gesellschaftsformation. Die Büchse der Europa ist, wenn man Fabeln so vermischen darf, geöffnet, und Segen wie Flüche verteilen sich über die Welt.

Für unser konkretes Thema der ökologischen Selbstgefährdung sind vor allem die folgenden Konsequenzen dieser evolutionären Strukturentscheidung wichtig:

(1) Die funktionale Differenzierung beschränkt gerade dadurch, daß sie auf Funktionen abstellt, die Redundanz des Systems. Multifunktionale Einrichtungen, vor allem Familien und Moralen, rücken in den zweiten Rang. Die damit verbundenen Sicherheiten werden abgebaut. Keines der Teilsysteme kann jetzt für ein anderes einspringen. Weder kann die Politik die Probleme der Wirtschaft lösen noch die Wirtschaft die Probleme der Wissenschaft, noch die Wissenschaft die Probleme der Religion, noch die Religion die Probleme der Erziehung und so weiter in allen Zwischen-

systembeziehungen – und dies, obwohl zugleich gilt, daß diese Funktionssysteme mehr voneinander abhängen als je zuvor. Aber die wechselseitige Abhängigkeit garantiert gerade nicht, daß diese Systeme füreinander einspringen, einander ersetzen oder entlasten könnten. Sie ist nur ein Ausdruck des erhöhten strukturellen Risikos und der hohen Störanfälligkeit dieses Gesellschaftssystems.

(2) In Kompensation dieses Verzichts auf Redundanz und Sicherheit, dieses Verzichts auf Mehrfachabsicherung der Funktionen, wird die Leistungsfähigkeit, die Lernfähigkeit und die Anpassungsfähigkeit der Funktionssysteme erhöht. Metaphern wie »Markt« oder »Demokratie« oder Hoffnungen, die sich mit dem Prinzip der Konkurrenz und des Leistungsvergleichs verbinden, bringen dies etwas unbeholfen zum Ausdruck. Der Grund des Zuwachses an Effizienz und Leistungsfähigkeit und an Tempo der Änderung von Strukturen ist die funktionale Spezifikation – oder, wie man im 18. und 19. Jahrhundert mit einem zu engen Begriff sagte, die Arbeitsteilung. Hier liegt der Grund für die gewaltigen ökologischen Auswirkungen, vor allem von Wissenschaft, Technik und Wirtschaft. Aber liegen in dieser Dynamik selbst auch Gründe für Hoffnungen auf eine bessere Kontrollierbarkeit der zurückschlagenden Gefährdungen des Gesellschaftssystems? Sie können eigentlich nur hier liegen, denn:

(3) Diese Gesellschaft muß auf jede Zentralisierung ihrer Umweltbeziehungen verzichten. Es gibt keine Repräsentation der Einheit des Systems im System, keine *repraesentatio identitatis,* um einen alten Terminus aufzugreifen. Kein Einzelsystem kann behaupten, die Gesellschaft im ganzen durch eine Einzelfunktion zu vertreten. Es gibt keine Einzelfunktion, die wesentlich wichtiger wäre als alle anderen. Jedes Funktionssystem hält die eigene Funktion zwar für wichtiger als alle anderen; aber ein solcher funktionaler Primat gilt eben nur für das Funktionssystem selbst und nicht für die Gesellschaft im ganzen. Ich weiß: dem wird oft widersprochen – sei es durch den Marxismus im Hinblick auf Wirtschaft, sei es durch neuere Staatstheorien im Hinblick auf Politik. Dem liegt dann aber jeweils eine allzu einfach angesetzte Gesellschaftstheorie zugrunde, die einen solchen Vorrang einfach nur behauptet. Politisch gesehen führt eine solche These geradewegs zum Totalitarismus; und selbst Totalitarismus führt, als Prinzip in die Gesellschaft eingeführt, nicht zur Einheit, sondern zur Differenz von Regime und Gegnern des Regimes.

Die Konsequenz aus diesen Überlegungen ist, daß die Resonanz des Gesellschaftssystems auf ökologische Gefährdungen über die einzelnen Funktionssysteme läuft und nicht zentral gesteuert werden kann. Weder eine Spitze noch ein Zentrum, weder eine soziale Elite noch eine Hauptstadt können in der Gesellschaft die Beziehungen zur Umwelt gegenüber allen Funktionserfordernissen vertreten. Vor allem: es gibt keine rein politische Lösung für unser Problem, die allein von politischer Willensbildung und Durchsetzungsfähigkeit abhinge. Wenn das bestritten wird, rückt gerade die Erfahrung des Details und der Machtlosigkeit der Politik gegenüber dem Detail das Urteil wieder zurecht.
Diese Analyse verbietet von vornherein einfache Zugriffe und Durchgriffe, postulatives Aufbegehren und Aufstauen von Aggressionen gegen die, die vermeintlich nichts oder zu wenig tun. Die Gesellschaft reagiert auf vielerlei, jeweils limitierte Weisen auf Umweltveränderungen, und man muß zunächst einmal sehen, wie dies geschieht, bevor man beurteilen kann, ob und wie es besser und wirksamer geschehen könnte.

4. Codierung und Programmierung

So verschieden die einzelnen Funktionssysteme reagieren und so verschieden die strukturellen Bedingungen ihrer Resonanzfähigkeit festgelegt sind, eines ist allen voll entwickelten Funktionssystemen gemeinsam: sie prozessieren ihre Kommunikationen nach Maßgabe eines binären Codes, der jeweils einem und nur einem Funktionssystem zugeordnet ist. Im Wissenschaftssystem geht es immer um wahr oder unwahr; im Rechtssystem um Recht oder Unrecht; im Wirtschaftssystem um die Frage, wer Eigentum hat oder nicht hat, und im Anschluß daran um zahlen oder nicht zahlen. Die Politik ist heute zentriert auf legalen Gebrauch staatlicher Autorität zu kollektiv bindendem Entscheiden, und in bezug darauf kann man an der Regierung sein oder in der Opposition. Das Erziehungssystem selegiert für Karrieren (innerhalb und außerhalb des Systems) und entscheidet deshalb dauernd anhand eines Selektionscodes von Lob und Tadel, besseren bzw. schlechteren Zensuren, Versetzungen, Schulübergängen, Abschlüssen. Im Religionssystem geht es heute wohl kaum noch um den moralischen Code von Heil und Verdammnis (schon Matthäus 25, 31 ff. sah in dieser Hinsicht ja Ärger und Überraschungen voraus), sondern um den Code von Immanenz und Transzendenz. Funktionssysteme können Informationen nur prozessieren, wenn sie einen Bezug zu solchen Dualen gewinnen können, und über den binären Code, der benutzt wird, entscheidet sich die Zugehörigkeit zu dem einen und nicht zu einem anderen Funktionssystem.

Das hat sehr wichtige Konsequenzen, an denen man sowohl Ähnlichkeit als auch Unterschiedlichkeit der Funktionssysteme ablesen kann. Alle Codes haben eine binäre Struktur, so daß prägnant erkennbar wird, daß die Zuordnung zum einen Wert die Zuordnung zum anderen Wert negiert. Was Recht ist, kann nicht Unrecht sein – so jedenfalls nach der Auffassung des Rechtssystems. Zugleich operieren diese Codes unter der Prämisse des ausgeschlossenen Dritten. Die Differenz von Recht und Unrecht darf nicht, wie in der Literatur über »Staatsräson«, durch Erwägungen des größeren Nutzens oder der politischen Opportunität relativiert werden. In der Figur des ausgeschlossenen Dritten ist zugleich gegenwärtig, daß die Funktionssysteme nicht interpenetrieren und nicht füreinander einspringen können. Statt dessen ergeben sich Paradoxien, wie man seit Epimenides weiß, die jedoch im System selbst abgedunkelt und ignoriert werden können.

Die wohl wichtigste Folge der Ausdifferenzierung von Funktionssystemen unter spezifischen Codes ist jedoch, daß die Vorstellungen über richtiges Verhalten dadurch mediatisiert werden. Codewerte wie Wahrheit oder Eigentum, legitime politische Macht oder Recht, Schönheit oder gute Zensuren sind nicht zugleich Kriterien des Richtigen (denn auch der Gegenwert muß ja richtig zugeteilt werden). Man muß deshalb zwischen Codierung und Programmierung eines Systems unterscheiden. Programme sind Strukturen, die es ermöglichen, richtiges und unrichtiges (oder brauchbares und unbrauchbares) Verhalten zu unterscheiden – zum Beispiel Theorien im Bereich der Wissenschaft; Gesetze und Verträge im Bereich des Rechts; individuelle Kunstwerke im Bereich der Kunst; Investitionen in Produktionsunternehmen im Bereich der Wirtschaft. Erst anhand von Programmen kann man in den Funktionssystemen sinnvoll kommunizieren. Die Codes selbst sind zugleich tautologisch und paradox. Nach ihnen ist alles und nichts möglich, und sie bedürfen eben deshalb der Ergänzung durch Programme, die die Codes enttautologisieren und entparadoxieren. Diese Programme werden aber auf den Kontext je eines spezifischen Codes spezialisiert. Sie verlieren den kosmologischen und moralischen Rückhalt, den sie im vorneuzeitlichen Denken hatten. Sie kulminieren nicht länger in großen Perfektionsideen wie die Transzendentalien des Einen, des Wahren, des Guten. Sie dienen sehr spezifisch und genau der Zuteilung des positiven bzw. negativen Wertes des jeweiligen Codes. Mehr als alles andere scheint diese Differenzierung und Rekombination von Codierung und Programmierung das Ende der alteuropäischen Ideenwelt bewirkt zu haben und eine neue Semantik zu erfordern, die wir nur recht bruchstückhaft entwickelt haben und in der wir uns, einstweilen jedenfalls, gar nicht recht wohlfühlen. Alles muß neu gedacht werden – und zwar nicht mehr im Ausgang von Einheit, sondern im Ausgang von Differenz.

Stellen wir zusätzlich zum Prinzip der funktionalen Differenzierung jetzt diese neuartige Strukturentwicklung innerhalb der Funktionssysteme mit in Rechnung, dann wird einiges von den Schwierigkeiten beim Prozessieren von ökologischen Informationen erkennbar: Die Codes sind nicht nur von Funktionssystem zu Funktionssystem verschieden, sie sind außerdem auch auf Programmierungen angewiesen, die relativ kurzfristig, im Rahmen von Abschreibungsfristen, von Fristen für politische Wahlen oder von Moderhythmen, wechseln können, ohne daß eine Koordination zwischen den Funktionssystemen möglich wäre. Mal sind es Preise, die den Engpaß bilden, mal Wahlstimmenkalküle, mal bestehende Gesetze oder Verträge, mal theoretisch fixierbares Nichtwissen. Eine Reflexionsformel »der« Gesellschaft im Verhältnis zu »der« Umwelt ist nicht in Sicht; und gäbe es sie, müßte sie auf jede Präzision, auf jede operative Anschlußfähigkeit, auf jede Ergiebigkeit verzichten. Die Beweglichkeit, die wir für das Austauschen von Regierung und Opposition, für das Verschieben von Kapitalien, für einen Paradigmawechsel in der Wissenschaft oder für die laufende Neuregulierung des positiven Rechts gewonnen haben, ist abhängig von vorgängigen Reduktionen; und das Ausmaß solcher Strukturänderungen ist abhängig davon, daß Funktionsperspektiven isoliert werden können und anderes in der gesellschaftlichen Umwelt des Systems provisorisch konstant bleibt.

5. Rechtliche Regulierung

Die bisherigen Analysen mußten eine ungewöhnlich hohe Abstraktionslage einhalten. Ich konnte und wollte Ihnen das nicht ersparen, denn nur so kann man einigermaßen adäquat die Blickrichtung auf die Gesellschaft im ganzen beibehalten und zugleich über ein differenziertes System sprechen. Ich möchte nun aber eines dieser Funktionssysteme für eine exemplarische Analyse herausgreifen, und zwar das Rechtssystem. Ich hoffe, daß damit etwas deutlicher wird, wie ökologische Impulse in die Funktionssysteme einsickern und dort die merkwürdigsten Blasen treiben.

Natürlich kann man das Rechtssystem, kausal gesehen, nicht isoliert betrachten. Interdependenzen liegen auf der Hand, zumal ja die anderen Funktionsbereiche als innergesellschaftliche Umwelt des Rechtssystems auf dieses einwirken. Es genügt, daran zu erinnern, daß Kernkraftwerke nur deshalb *wirtschaftlich* eingeführt werden konnten, weil *es politisch* erreichbar war, eine *rechtliche* Haftungsbeschränkung für Unfallschäden vorzusehen. Und trotzdem kommuniziert das Rechtssystem ausschließlich unter dem eigenen Code und weist wirtschaftliche und politische Argumente, die sich nicht juristisch formulieren lassen, ab. Das ist, historisch und vergleichend gesehen, eine Anomalie. Normalerweise ist ein Rechtssystem korrupt, das heißt unmittelbar zugänglich für die Interessen der Reichen und Mächtigen, weil es andernfalls gar nicht gesellschaftlich integriert werden könnte.

Bereits seit einer Reihe von Jahren kann man beobachten, daß und wie Umweltprobleme in das Recht eindringen. Die Maschinerie des Umsetzens von nichtjuristischen in juristische Probleme läuft bereits auf vollen Touren und bietet daher besonders günstige Beobachtungsmöglichkeiten.

Zunächst und vor allem: das Recht kann nur anhand des vorhandenen Rechts Neuerungen aufnehmen. Es geht nicht um Neuland, das erstmals mit einem Netz von Normen zu überziehen wäre, sondern um Polizeirecht, Gewerberecht, Raumordnungsrecht, Abgabenrecht und immer wieder: Verfassungsrecht. Jede Neuerung muß ihre Anschlußfähigkeit im System sichern, sonst würde sie technisch nicht funktionieren bzw. unvorhersehbare Effekte auslösen. Würde man, wie in Brüssel geplant, eine allgemeine »Umweltverträglichkeitsprüfung« einführen, würden die Juristen dafür rasch die Bezeichnung UVP bereitstellen; aber um

genauer zu wissen, ob und was diese Neuerung bedeutet, müßten sie durchprüfen, was im Hinblick darauf konkret geändert oder auch neu benannt werden muß, kann oder auch nicht kann.
Es ist deshalb zu erwarten, daß das Einbringen von Umweltperspektiven ins Recht eine Springflut von Neunormierungen auslösen wird. Was sich in der politischen Programmatik gut nebeneinanderstellen läßt, wird sich in der Praxis als Widerspruch erweisen: Man fordert Entrechtlichung, Vereinfachung, Straffung des Rechts und betreibt aus ebenso guten Gründen das Gegenteil.
Dies ist aber noch nicht das Hauptproblem. Das Recht ist, von seiner Funktion her, eine Regulierung *sozialer* Verhältnisse. Umweltprobleme haben gerade diese Qualität zunächst nicht. Bei ihnen handelt es sich um psychische, chemische, biologische Fakten und deren Interdependenzen. Die Typik juristischer Problemwahrnehmung – etwa das Schema »Freiheit versus Zwang« oder »Erlaubnis und Verbot« – ist darauf nicht eingestellt. Mein allgemeiner Eindruck ist, und das kann man an schon sichtbaren Entwicklungen belegen, daß infolgedessen die Willkürkomponente in den rechtlichen Regelungen zunimmt. Es müssen künstliche Schwellen und Fristen definiert werden. Es müssen Meßeinheiten bestimmt werden. Es muß vor allem eine Einstellung zu Risiken fixiert werden, für die es keine Berechnungssicherheiten und auch keine sozial konsentierte Risikotoleranz gibt. Da werden Kinderpyjamas angeboten mit einem hohen Maß an Feuerbeständigkeit, bei denen jedoch nicht mit letzter Sicherheit ausgeschlossen werden kann, daß sie krebserregend wirken. Eine typische Struktur: ein gewisser, nicht zu vernachlässigender Vorteil mit einer extrem geringen Wahrscheinlichkeit katastrophaler Folgen. Auf welche Rechtsprinzipien soll das Recht sich hier stützen?
Gerade dort, wo es um Natur geht, funktioniert das Naturrecht nicht. Und auch Konsens, eine Art mobiles Ersatznaturrecht, ist nicht erreichbar. Man weiß heute, daß bei sehr unwahrscheinlichen Ereignissen die Einschätzung der Wahrscheinlichkeit sehr subjektiv wird, so daß rechtliche Festlegungen als Willkür empfunden werden. Die sozialwissenschaftliche Risikoforschung kann außerdem sagen, daß Risikoneigung sehr stark streut und durch die Regulierung selbst verändert wird. Die Menschen rasen über die Autobahnen und kaufen Aktien, füllen ihre Lungen mit Rauch, gehen Ehen ein, amüsieren sich in Spiellokalen oder als Hell's Angels: Wenn ihnen aber ein Risiko zugemutet wird, wenn

über ihre Köpfe hinweg Flugzeuge landen oder in der Nähe eine chemische Fabrik errichtet wird, protestieren sie oder versuchen zumindest, ihre Risikobereitschaft so teuer wie möglich zu verkaufen.

Solche Probleme hat es in gewissem Umfange immer schon gegeben, aber im Umweltrecht nimmt dieser Willküranteil der Regulierungen zu. Gewiß: der Jurist kann alle ihm vorgelegten Fragen entscheiden. Die Frage ist, ob er sie auf spezifisch juristische Weise entscheiden kann, ob er argumentativ überzeugen kann oder ob er sich einfach auf eine politisch vorgegebene Regulierung berufen wird. Das wiederum würde heißen, daß das Recht nicht mehr, wie wir es in unserer rechtsstaatlichen Tradition gewohnt sind, eine Entlastungsfunktion für Politik erfüllen kann, sondern im Gegenteil: durch seine Detailliertheit zu lauter Miniproblemen führt, die politisch entschieden und neu entschieden werden müssen.

6. Zuwenig und zuviel Resonanz

Dies Ergebnis sollte uns eigentlich nicht sonderlich überraschen. Es liegt genau auf den Linien, die man in der Abstraktionslage der Systemtheorie als typisch und als normal ausmachen kann. Begriffe wie Ausdifferenzierung und Grenzerhaltung, Resonanz, order from noise, couplage par clôture signalisieren ja, daß mit eng begrenzten und weithin inadäquaten Reaktionen auf Umweltveränderungen zu rechnen ist. Evolution ist entgegen einer verbreiteten Meinung nicht auf Anpassung an eine vorgegebene Umwelt angewiesen. Schon lebende Systeme und erst recht Gesellschaften können in hohem Maße unangepaßt evoluieren, sofern sie nur ihre Reproduktion fortsetzen können. Insofern darf es nicht überraschen, daß die Analyse nicht zu Antworten, geschweige denn zu praktischen Ratschlägen geführt hat, die dem Format der Probleme entsprechen. Es ist nicht sicher, daß es so weitergeht wie bisher; aber viel anders und vor allem schnell anders kann es nur durch Veränderungen werden, die man gemeinhin als Katastrophe beschreibt.

Ist das eine entmutigende Theorie? Das wird davon abhängen, welche Erwartungen man für sinnvoll und für realistisch hält. Man kann darauf zufrieden oder, was wahrscheinlicher ist, enttäuscht reagieren. Wichtiger ist es mir, am Schluß noch zwei Warnsignale zu setzen, die sich unmittelbar aus dem Befund eng begrenzter Resonanzfähigkeit ergeben.

Vor allem muß man beachten, daß für jedes Funktionssystem in der Gesellschaft auch die Gesellschaft im übrigen Umwelt ist. Dabei gibt es keine Garantie, auch keine gesamtgesellschaftliche Garantie, für – sagen wir – »maßvolle Verhältnisse«. Vielmehr können relativ belanglose Veränderungen in einem System überproportionale Veränderungen in anderen Systemen auslösen oder, umgekehrt: wichtige Veränderungen eines Systems von anderen glatt absorbiert werden. Der politische Effekt der Flickzahlungen steht in keinem Verhältnis zu ihrem ökonomischen Wert. Der wissenschaftliche Beweiswert der Aufsprengung von Atomkernen ist eine Sache, die militärische und ökonomische Nutzung dieser Möglichkeit eine andere. Die Ausgliederung des Arbeitskampfrechts aus dem normalen Rechtsgefüge kann wirtschaftlich immensen Schaden stiften und ist vielleicht nur deshalb angebracht, weil dies politisch ein zu heißes Eisen wäre. Diese Beispiele mögen genügen, um zu zeigen, daß und wie kleine Auslöser, die das auslösende System kaum verändern, enorme Wirkungen in anderen Systemen haben können. Mit Modellen, die nur lineare und in ihren Ursachen kontrollierbare Kausalitäten vorsehen, sind solche Verhältnisse nicht zu beschreiben. Überraschungen dieser Art werden normal, sobald die Gesellschaft sich auf funktionale Differenzierung und auf selbstreferentielle, autonome, dynamische Funktionssysteme umstellt.

Es gibt in dieser Ordnung deshalb nicht nur zuwenig Resonanz, es kann auch zuviel Resonanz geben. Die Art, wie ein System auf Umweltveränderungen reagiert, kann in diesem System unproblematisch bleiben (und gerade die unproblematischen Lösungen werden ja bevorzugt gewählt), kann aber in anderen Systemen nicht mehr zu verkraftende Störungen auslösen. Die Katastrophe muß nicht dort eintreten, wo der primäre Umweltkontakt liegt, sie kann auch durch Problemverschiebung zustande kommen. Vor allem das politische System bietet sich heute als Problemverteiler an. Wenn das politische System es sich leicht macht, das heißt politisch konsensfähige Lösungen sucht, kann damit nicht ausgeschlossen werden, daß langfristig dadurch in anderen Systemen erhebliche Strukturänderungen und Funktionseinbußen auflaufen. Das Beispiel des Rechtssystems sollte auch dies zeigen. Angesichts der Typik funktionaler Differenzierung, also angesichts der Tatsache hochkomplexer, sich verstärkender oder abschwächender, zentral nicht kontrollierbarer Kausalitäten ist eine solche Entwicklung auf lange Sicht gesehen sogar wahrscheinlich. Und zumindest dies kann man wissen, wenngleich wissenschaftliches Wissen dieser Art vermutlich zu denjenigen Kausalitäten gehört, die in anderen Funktionssystemen als Störungen auftreten und rasch absorbiert werden.

7. Die Rhetorik der Angst und ihre Moral

Eine zweite Warnüberlegung geht davon aus, daß kommunikative Systeme selbstreferentielle Systeme sind. Sie kommunizieren immer auch über Kommunikation. Es kann dann nicht ausbleiben, daß auch über ökologische Probleme kommuniziert wird; und nicht nur über diese Probleme selbst, sondern auch darüber, wie, und wie unzulänglich, sie im Kommunikationssystem der Gesellschaft behandelt werden. Alles, was geschieht und was nicht geschieht, wird beobachtet und kommentiert. Alle Planung findet im System und unter Beobachtung durch andere Einheiten des Systems statt. Es gibt also nicht nur die Filtersequenzen der Funktionssysteme, ihrer Codes und ihrer Programme mit all ihren Details; sondern es gibt auch eine Kommunikation über diese Kommunikation und darüber, daß die in Aussicht genommenen Maßnahmen nicht ausreichen.

Die durch Funktionssysteme organisierte, an Preisen und Rechtsnormen, politischen Wahlen oder wissenschaftlichen Theorien orientierte Kommunikation ist also nicht die einzige Kommunikation. Man kann sie als dominante Kommunikation bezeichnen; aber gerade die Tatsache, daß sie vorkommt und die Szene beherrscht, ermöglicht auch die Kommunikation der Unzufriedenheit mit dieser Kommunikation. Die Gesellschaft erzeugt einerseits effiziente Kommunikation und andererseits Unzufriedenheit mit eben dieser Kommunikation. Ihre Selbstbeschreibung enthält ein Moment des Lamentierens – gerade weil soviel und sowenig möglich ist.

Ich meine nicht nur die breit fließende Kalamitätenliteratur und die Unglückspresse jeden Morgen. Ich sehe hier vielmehr einen Daueranlaß für die Entstehung von Protestbewegungen mit hoher

Plausibilität ihrer Ziele. Diese Bewegungen entstehen aus berechtigten oder jedenfalls verständlichen Enttäuschungen. Die Grünen haben also völlig recht, man kann ihnen nur nicht zuhören. Ihre Ziele lassen sich nicht, oder nur auf dem üblichen Weg des störenden Rauschens, in die Kommunikation der Funktionssysteme überführen.

Auch dies ist ein genaues Korrelat der Strukturen eines funktional differenzierten Gesellschaftssystems. Ein solches System ist unfähig, die Einheit des Systems im System selbst zu repräsentieren, da die Einheit selbst keine Funktion ist. Es gibt daher auch keine privilegierten Positionen, von denen aus Normen oder Perfektionsvorstellungen mit Verbindlichkeit für alle Funktionssysteme kommuniziert werden könnten. Als Ersatz dafür scheint sich die *Kommunikation von Angst* anzubieten. Die Kommunikation von Angst hat den Vorzug, immer *authentisch* zu sein (denn man kann niemandem, der sagt, daß er Angst habe, bestreiten, daß dies so sei). Sie kann sich anhand ökologischer Themen zugleich als *Angst für andere*, als stellvertretende Angst darstellen und so moralische Ansprüche erheben. Und Angst ermöglicht Unterscheidungen, also Schematisierungen anhand der Frage, ob etwas die Angst vermehrt oder vermindert.

Die Rhetorik der Angst bietet eine Position, von der aus man die Funktionssysteme in ihrer Resonanzfähigkeit, in ihrer Fähigkeit und in ihrer Unfähigkeit, beobachten kann. Wählt man diese Position, befindet man sich innerhalb der Gesellschaft und doch außerhalb der Funktionssysteme. Zugleich ist Angstmoral ein funktionales Äquivalent zur Prinzipienmoral. Sie bietet einen Ersatz an, wenn normative Prinzipien nicht mehr überzeugend kommuniziert werden können. Während man im Schema von Norm und Abweichung sich einfach an die Norm halten muß, um angstfrei, zum Beispiel seelenheilssicher, leben zu können, wird für die Angstmoral die Angst selbst zum Prinzip der Unterscheidung von Anhängern und Gegnern.

Die Differenz von dominanter (funktionsbezogener) und protestierender (angstbezogener) Kommunikation erklärt auch die eingangs erwähnte Tendenz zur Moralisierung und Emotionalisierung der ökologischen Themen. Sie gehört zur Struktur unseres Gesellschaftssystems ebenso wie die funktionale Differenzierung selbst, und sie reproduziert sich über das selbstreferentielle Kommunizieren über Kommunikation. Die Auslöser sozialer Bewe-

gungen sind nicht einfach Strukturdefizite in der herrschenden Ordnung oder mangelnde Berücksichtigung sozialer Interessen. Sie liegen viel tiefer darin, daß jede Kommunikation die Kontingenz der Kommunikation zum Ausdruck bringt und dem Widerspruch eine Chance und eine Form gibt. »Jedes ausgesprochene Wort erregt den Gegensinn«, heißt es in Ottiliens Tagebuche.[5]
Die Funktionssysteme sind der Angstrhetorik und ihrer Moral wehrlos ausgesetzt. Angst kann politisch nicht verboten werden, das wußte schon Shaftesbury;[6] Angst kann rechtlich nicht reguliert und wissenschaftlich nicht widerlegt werden. Wirtschaftlich gibt sie sich unverkäuflich, und aus dem Erziehungssystem wird berichtet, daß gute Schulleistungen die Unsicherheit der Selbstbewertung und die Leistungsangst eher steigern als mindern.[7] Die Funktionssysteme können und werden sich durch geringe Resonanz wehren. Das deutet darauf hin, daß wir einstweilen mit dieser Dualität von Angstkommunikation und Funktionskommunikation werden leben müssen.
Beklagenswert bleibt, daß die Theorien, mit denen diese neuen sozialen Bewegungen sich selbst begründen, oft so billig und unzulänglich ausfallen. Man denke nur an die Naivität der Kritik »des Kapitals« oder »der Herrschaft«. Ich weigere mich zu glauben, daß ein starkes Engagement sich durch Dürftigkeit des Denkens ausweisen muß. Dies ist aber nicht zuletzt auch ein genaues Gegenstück zur Unzulänglichkeit der offiziellen Gesellschaftstheorie. Das muß nicht so bleiben. Sowenig ein allgemeiner Vortrag wie dieser zu ausgewogenen praktischen Vorschlägen führen kann: auf der Ebene der Gesellschaftstheorie bin ich sicher: Wir können es besser machen.

5 Goethe, Johann Wolfgang 1793: Die Wahlverwandtschaften, zit. nach Goethes Werken (hg. von Ludwig Geiger). Berlin, 6. Aufl., Bd. 5, 500.
6 Vgl. Anthony, Earl of Shaftesbury 1714: Characteristicks of Men, Manners, Opinions, Times. o. O., 2. Aufl., Nachdruck Farnborough Hants., UK, Bd. 1, 16.
7 Freilich ist der Effekt, statistisch gesehen, nicht sehr groß. Vgl. Fend, Helmut 1984: Selbstbezogene Kognitionen und institutionelle Bewertungsprozesse im Bildungswesen: Verschonen schulische Bewertungsprozesse den »Kern der Persönlichkeit«?, in: Zeitschrift für Sozialisationsforschung und Erziehungssoziologie 4, 251-270.

Das trojanische Pferd
Ein Interview*

›Ökologische Kommunikation‹: Ist das ein Beitrag zum Thema, weil dies jetzt in der Diskussion ist, oder gibt es einen inneren Zusammenhang zwischen der Systemtheorie und der Auseinandersetzung um Ökologie?

Beides eigentlich. Die Systemtheorie ist aus meiner Sicht immer eine System/Umwelt-Theorie; dies bedeutet nicht etwa, daß Systeme besonders wichtig sind und die Umwelt weniger wichtig ist, sondern das Interesse gilt der Beziehung. Schon dadurch ist ja die Frage der Ökologie, wenn man sie nicht nur als einen Umweltsachverhalt sieht, als Umweltverschmutzung per se, sondern als eine Beziehung zwischen System und Umwelt, eigentlich – fast kann man sagen – *das* Thema für die Gesellschaftstheorie.

Der Umweltbegriff Ihrer Theorie ist aber doch ein anderer als der, den sich ein landläufiger Naturschützer oder Ökologe unter Umwelt vorstellt?

Viele Ökologen, die ich kenne, nehmen die Umwelt als alles, was nicht der Mensch ist, und denken Menschen als Körper und Geist, Körper und Seele, so wie wir hier sitzen. Dann sind die Sessel Umwelt. Das ist natürlich nicht der Begriff, den ich brauchen könnte.

Sie meinen also, trotz dieser Verständigungsschwierigkeiten gibt es eine Möglichkeit, dasselbe Thema so zu behandeln, daß es für beide Seiten fruchtbar ist?

Ich sehe überhaupt die Grenzen innerhalb des intellektuellen Kosmos nicht so scharf, wie dies bei Ihnen anklingt. Ich sehe viele Zusammenhänge und vor allem auf seiten der klassischen Ökologie auch gar keine eindeutige Theorie, es sei denn Gleichgewichtsmodelle, die wiederum systemtheoretischer Art sind, aber dann eben die ganze Umwelt als ein großes System begreifen.

In erster Linie, neben dieser systemtheoretischen Begrifflichkeit, ist die Assoziation zu dem Begriff Umwelt die von Gefühlen, die von Angst und Sorge ...

* Ein Interview von Heidi Renk und Marco Bruns mit Niklas Luhmann anläßlich der Veröffentlichung von ›Ökologische Kommunikation‹ 1986.

Für bestimmte ökologische Bewegungen mag das zutreffen, aber das ist dann ja zumindest aus soziologischer Sicht kein ökologisches Phänomen; die ökologischen Bewegungen sind kein ökologisches Phänomen.

Wenn sich die Systemtheorie mit der Ökologie beschäftigt, läßt dies auf politische Absichten schließen?

Dies muß eine vielleicht mehrstufige Antwort haben. Bei Politik assoziiere ich gleichsam automatisch Bonn und nicht Frankfurt, und Kohl oder seine Umgebung oder, wenn man will, Wehner, Brandt oder Schmidt, aber nicht Habermas. Wenn ich denken würde, daß eine Sache politische Bedeutung hat, dann würde ich die Adresse woanders suchen als in den ökologischen Bewegungen. Andererseits sind die ökologischen Bewegungen in sich selbst ein politisches Phänomen, aber schon ein relativ indirektes Moment, das man nur verstehen kann, wenn man die Empfindlichkeit des politischen Systems gegenüber sozialen Bewegungen und gegenüber den Einschränkungen der eigenen Sichtweise, also gegenüber klassischen Technologiepräferenzen oder derartigen Dingen, mit in Rechnung stellt. Dafür müßte man dann schon wieder eine Theorie des politischen Systems haben, um zu sehen, ob und in welchen Zusammenhängen die ökologischen Bewegungen politische Zukunft haben.

Ich habe mich aber eigentlich in der sprachlichen und begrifflichen Stilisierung des Buches von diesen Überlegungen relativ distanziert, und die Politik kommt ja in dem Buch vor als ein gesellschaftliches Moment, das sicherlich nicht zureichend ist, die gesellschaftlichen Probleme der Ökologie zu lösen, ob mit oder ohne Einfluß der ökologischen Bewegung auf diese Politik. Mein primäres Interesse ist daher die Frage, ob man nicht eine Gesellschaftstheorie braucht, um sich über die Limitationen der Politik in ökologischen Fragen verständigen zu können.

Könnte Systemtheorie den sozialen Bewegungen einen theoretischen Rückhalt bieten?

Ich würde zunächst einmal etwas vorsichtiger sagen: was man als Gemeinsames sehen kann, ist eine Art funktionaler Äquivalenz. Es ist ein Versuch, das Problem ernst zu nehmen und es mit einer Gesellschaftsbeschreibung zu verbinden, das heißt zu fragen, weshalb unsere Gesellschaft offenbar auf diese selbstgemachten Probleme aufläuft. Eine andere Frage ist die, ob eine so stark theoretisierte Beschreibung für diese anderen Bereiche überhaupt lesbar und brauchbar ist oder ob das besser auf Dauer ein zweigleisiges Verfahren bleiben muß; ob die ökologische Bewegung nicht in ihrer eigenen Motivgrundlage zerstört werden würde, wenn sie die Theorie übernähme, so wie die Theologen ihre eigene Motivgrundlage, nämlich die Religion, zerstören würden, wenn sie eine soziologische oder systemtheoretische Beschreibung übernähmen. Wenn man aber einmal von einer solchen unüberbrückbaren Differenz ausgeht, bleibt doch immer noch die Frage, ob ein in der Gesellschaftstheorie beschriebener Sachbereich sich mit dieser Beschreibung vertraut machen und sich dann überlegen kann, wer bin ich eigentlich, ohne auf so ganz oberflächliche und unempirische Antikonzepte wie »bürgerliche Gesellschaft«, »bürgerliche Presse« usw. angewiesen zu sein, die ja in der Wirklichkeit kaum noch einen Rückhalt haben.

Sie haben über »Angst« geschrieben, sie sei Bedeutungsträger relativ unabhängig davon, was objektiv gegeben ist. Würden Sie dies nach Tschernobyl anders einschätzen?

Nein, Tschernobyl ist gerade ein direkter Beweis für bestimmte Thesen über Risikowahrnehmung, Risikoakzeptanz, Angst und dergleichen. Ich würde meinen, daß genau das, was ich diagnostiziert habe, nämlich eine in der Rhetorik aufgekochte Angst ohne empirisch verläßliches Fundament, daß das im großen und ganzen genauso vorher wie nachher gilt. Aber auch hier trifft jedenfalls die These zu, daß ein Risiko als ein im einzelnen sehr unwahrscheinliches Ereignis subjektiv sehr verschieden eingeschätzt werden kann und daß es darüber keine Konsensmöglichkeiten gibt.

Was ist der Informationsgehalt der Systemtheorie für Dritte angesichts des Umstands, daß ein solcher Übergang vom Möglichen zum Wirklichen, wie er im Fall Tschernobyl stattfand, ohne Bedeutung ist?

Ich habe nicht primär an Kernenergie gedacht. Das Thema ist natürlich jetzt über Tschernobyl stärker focussiert auf einen spezifischen Fall, wo man Angst haben könnte. Das läßt es möglich oder ratsam erscheinen, bestimmte wissenschaftliche Forschungen heranzuziehen, die genau dafür speziellen Erklärungsgehalt haben. Dabei gilt es, soziale Kommunikation von psychischer Realität zu unterscheiden. Wenn nach wie vor die Meinung über Kernenergie von Faktoren wie örtlicher Nähe, Gewinnmöglichkeiten oder nationalen Interessen abhängig ist, nimmt man natürlich an, daß es einen erheblichen Unterschied gibt zwischen der

Kommunikation über Angst oder auch der rhetorischen für oder gegen Angstquellen gerichteten Agitation einerseits und der psychischen Realität andererseits. Aus dieser Unterscheidung können praktische Folgerungen gezogen werden. Sie mögen in einer Richtung liegen, die Ihnen sicher wenig sympathisch ist, zum Beispiel: Wie kommuniziert man zweckmäßigerweise über Angstphänomene von seiten derjenigen, die die Angst politisch nicht auf dem Tablett haben wollen? Es gibt psychologische Beratungen von Energieunternehmen und ähnliches, und umgekehrt läßt sich aus derselben Wissenschaft natürlich auch für diejenigen etwas lernen, die eine andere Tendenz verfolgen. Nur bleibt das dann auf der Ebene der Rhetorik der alten Art: Wie erzeuge oder verhindere ich durch Kommunikation Effekte? Diese Richtung von Praxis hat mich nun zunächst gar nicht interessiert, weder in der einen noch in der anderen Hinsicht.

Was ist Ihre Intention? Gibt es bei Ihnen den Wunsch, Mißlichkeiten beseitigen zu helfen durch Theorie, durch deren Angebot?

Das ist genau die Frage, der ich in gewisser Weise gerade ausweichen wollte durch meine Antwort. Einerseits sehe ich die Ausarbeitung einer allgemeinen Gesellschaftstheorie als einen völlig absorbierenden Job. Wenn ich das je zu Papier bekomme, was ich mir vorstelle, dann habe ich genug getan. Da kann ich nicht noch jeden Freitag in Bonn sein. Insofern ist meine persönliche Intention sicher primär die, eine gute, dicht verwobene und auch kritikfähige Theorie auszuarbeiten, da ich auch in meinem Fach hier ein Hauptversagen vor den fachspezifischen Aufgaben sehe. Aber ich will das nicht verstanden wissen in dem Sinne, daß das nun keinen Kontakt zur Praxis hätte oder keine Veränderung erzeugen könnte oder sollte. Ich denke schon, daß sich Veränderungen ergeben, wenn eine Theorie eine gewisse Akzeptanzschwelle genommen hat und zu einer Beschreibung der Gesellschaft in der Gesellschaft geworden ist. Doch die Veränderungen, die sich daraus ergeben, kann man nicht direkt zum Ziel der Theorie machen, weil das sowohl positive als auch negative Effekte sein können, je nachdem, wie man es bewertet und von welchem Standpunkt aus man es sieht. Wenn eine Theorie nicht einfach verstecktes Buchwissen bleibt, verändert sie die Gesellschaft, die sie beschreibt, aber man würde für die Beschreibung dieses Effekts dann wieder eine neue Theorie brauchen, was jedenfalls nicht auf der Ebene einer vorwegprojizierten Zielkonstellation liegen kann.

Auch Adorno wollte weder freitags noch zu einem anderen Zeitpunkt nach Bonn, und Theorie selber kann natürlich politisch, kann emanzipativ gemeint sein, unabhängig davon, was aus ihr gemacht wird.

Ich denke, daß Intellektuelle heute sehen, daß diese Vorstellung einer Veränderungsintention, die die Theorie als Mittel dazu sieht, in gewisser Weise passé ist. Jedenfalls halte ich den Trend zur Selbstreferenz, zu dem Denken, das die Gesellschaft als ein autonom sich mit sich selbst beschäftigendes, sich selbst über Kommunikation forterzeugendes System sieht, für ein angemessenes Erklärungsniveau, eine Idee, die sowohl den Interventionisten wie den Planungstheoretikern und den Kritikern überall die gleichen Schwierigkeiten macht, weil man die Intention nicht mehr als externen Ansatz, der das Ganze verändert, sehen kann, sondern als Teil, der als Teil in das Ganze eingefügt ist und dann dort wieder neue Differenzen erzeugt. Diese theoretische Ausrüstung liegt jenseits der kritischen wie auch der planerischen Intention.

Wie erfahren Sie die Rezeption Ihres Produkts Systemtheorie? Welche Bedeutung hat für Sie die Verantwortung, die man übernimmt, wenn man eine Theorie produziert, die in anderweitigen Zusammenhängen ihren eigenen Lauf nimmt?

Ich sehe einerseits einen völlig unzulänglichen Umgang mit Floskeln, und zwar unabhängig vom politischen Lager, etwa mit dem Begriff »Reduktion von Komplexität«. Daneben aber gibt es ein auffälliges Interesse, teils in Deutschland, teils in Italien, im linken Spektrum der Politik, wo ich immer gefragt werde, wie ich mir das erkläre. Diese Frage hat natürlich nur einen Sinn, wenn man vermutet, daß ich rechts sei. Aber diese Vermutung teile ich selbst gar nicht, sondern kann dann einfach auch mit der Frage nichts anfangen, weil ich nicht das Gefühl habe, daß auf der rechten Seite des politischen Spektrums überhaupt eine Theorie ist, die in der Lage wäre, andere Theorien zu lesen. Da ist eher ein Zustand der Theorielosigkeit, so daß es eigentlich ganz natürlich ist, daß die linke Seite, die eine Theorie hat, die sich provoziert fühlen kann, engagierter liest als eine rechte, die mit Aperçus oder mit bestimmten mehr literarischen Leitideen zurechtkommt.

Was ich sehe als Verantwortung, ist zunächst einmal das handwerklich Saubere. Das heißt: nur Bücher zu zitieren, die man selber gelesen hat, und klar und genau zu denken, soweit man das fertigbringt. Was ich außerdem sehe, ist eine gewisse Notwendigkeit, sich in den Themen, die man aufgreift, nach dem zu richten, was teils Mißverständnisse ausräumen, teils Aktuelles aufgreifen kann. Es ist also dann eine Verantwortung nicht so sehr für die Inhalte als für die Auswahl dessen, was man bevorzugt ausarbeitet.

Ich möchte auf ›Liebe als Passion‹ und auf den Rezeptionskontext dieses Buchs zu sprechen kommen. Wie glücklich sind Sie darüber, daß das, worum es Ihnen geht, mit einer Frage wie zum Beispiel der nach der Geschlechterrollendifferenzierung konfrontiert wird, die doch von einem ganz anderen Hintergrund ausgeht?

Es irritiert mich gar nicht, wenn mit einem andersartigen Interesse an das Buch oder an irgendwelche Bücher herangegangen wird. Höchstens könnte ich sagen: wenn ich das vorausgesehen hätte, hätte ich bestimmte Passagen etwas deutlicher, etwas markanter ausgeführt. So gab es den Gedanken bei der Beschreibung der Temporalität der Liebe in der französischen Klassik, aber auch im 18. Jahrhundert – es fing langsam an und dann Steigerung und dann plötzlicher Abbruch, dann ist es eigentlich schon zu Ende –, daß dies genau das Erleben des Mannes im Geschlechtsverkehr reproduziert und nicht das der Frau. Das sind Überlegungen, die mir gekommen waren. Darüber hätte man etwas mehr sagen können. Ich denke, das Thema Mann/Frau hätte überhaupt einer ganz anderen, eigenen Abhandlung bedurft. Schwierig wird es erst, wenn man nicht als Gegner behandelt wird, sondern wenn man als Beleg für etwas genommen wird, was man eigentlich gar nicht sagen wollte. Das ist schon etwas irritierend.

Ihnen wird entgegengehalten, Sie seien zynisch, seien konservativ bis reaktionär, am Erhalt des Bestehenden interessiert.

Ich würde einen Unterschied zwischen Zynismus und Ironie machen, und mich irritiert in der deutschen, speziell auch gerade in der Frankfurter Wissenschaftslandschaft diese Humorlosigkeit, dieses sozusagen direkte Verhältnis zu den Dingen, dieses Dafür-oder-Dagegen. Eine leise Distanz mag auch einfach eine Geschmacksfrage sein. Wenn man das für positives Engagement für diese Gesellschaft halten würde, ist letztlich doch nichts dagegen zu sagen. Überhaupt die Frage der Affirmation des Bestehenden: Einerseits leben wir in dieser Gesellschaft, insofern hat es keinen Sinn, sich mit anderen Gesellschaften zu befassen. Andererseits ändert sich diese Gesellschaft so rapide, in so vielen Hinsichten, daß eine Identifikation mit ihr eine Identifikation mit Änderungen ist. Was ich dezidiert nicht habe und was wahrscheinlich auch vermißt wird, ist eine normative Vorstellung davon, wohin es gehen soll, um dann zu sagen: »Ihr müßtet eigentlich dorthin.« Das fehlt mir allerdings. Ich fühle mich gar nicht als ein Schulmeister für die Gesellschaft oder als jemand, der es besser weiß, wohin es gehen soll, sondern höchstens als jemand, der beobachtet, wie Änderungen laufen, und dann Defizienzen sieht, zum Beispiel Theorie-Defizienzen. Die Beschreibung kommt heute mit dem Tempo gesellschaftlicher Veränderungen nicht mit, sondern interpretiert oder modifiziert am liebsten alte Texte von Marx bis Weber. In einzelnen Fragen zu präzise umrissenen Themen gibt es natürlich sicher auch bei mir ideologische Optionen.

Im Augenblick gibt es zwischen Ihnen und Habermas keinen Versuch einer gemeinsamen Bearbeitung der divergenten Theorieansätze. Verdankt sich dies einer prinzipiellen Unverträglichkeit der Konzepte oder dem Beharren auf Positionen im Sinne eines von der Frankfurter Seite ausgehenden Glaubenskriegs?

Wenn ich Habermas provozieren will, dann läuft das immer über eine moralische Unterkühlung, aber abgesehen davon gibt es im Verhältnis zu Habermas die deutliche Parallele, daß man auf den Kommunikationsbegriff als Schlüsselfigur des eigentlich Sozialen abstellt. Dagegen kann ich mit dem Handlungskonzept nichts anfangen. Habermas ist einfach zu sehr von der Begründungsfrage ausgegangen, als daß er wirklich den Kommunikationsbegriff auf ein theoretisches Niveau gebracht hätte, das auch unbegründete Kommunikation genauso behandeln kann wie begründete und die Frage der Begründung als ein Sonderphänomen ausklammern würde. Bei Habermas fehlt mir eine theoretische Durcharbeitung, die er durch Diskussion immer anderer Gegner nicht ersetzen kann. Die Frage ist jetzt, ob Habermas sagen kann, warum er einen breiteren Kommunikationsbegriff nicht akzeptiert, außer gleich zu sagen, es ginge ihm um den Menschen. Insgesamt gibt es sowohl die Nichtbeachtung vieler Fragen bei Habermas als auch Parallelen zwischen uns; weder er noch ich können zu der Position kommen, die Natur sei ein pflegebedürftiges »Ding da draußen«.

Hat es Sie erstaunt, daß die Systemtheorie solchen Wirbel ausgelöst hat und weit über die Soziologie hinaus populär geworden ist?

Man gewöhnt sich natürlich im Lauf der Zeit daran. Andererseits habe ich bei Parsons gesehen, daß es eine merkwürdige Rolle ist, wenn man die Position einer universalistischen Theorie einnimmt und glaubt, es müßten viele Leute damit beschäftigt sein, eine allgemeine Theorie zu entwickeln, und es macht nur ein einziger. Das führt zu einer unverdienten Zentrierung von Aufmerksamkeit und zu einer unverdienten Zurechnung von Effekten. Wenn man dies anderen Soziologen sagt, antworten die zwar, daß allgemeine Theorie doch gerade das sei, was sie auch machen, aber faktisch ist es ein Markt ohne viel Konkurrenz. Das erklärt vielleicht einen Teil des Interesses. Ich versuche, eine für die gesamte Soziologie aussagefähige Theorie zu formulieren. Habermas will das nicht, wenn man seine eigenen Aussagen nimmt, und ich weiß nicht, wer dies nach Parsons unter Einsicht in den Anspruch sonst tut.

Halten Sie das für eine gut gelungene Kontroverse in der Gesellschaftstheorie, wenn Ihre Systemtheorie polarisiert wird zur Theorie des kommunikativen Handelns? Läuft da die Diskussion?

Nein. Zunächst einmal: Ich gewinne, was man bei einer guten Kontroverse müßte, eigentlich nicht viel bei der Lektüre von Habermas. Es interessiert mich natürlich, ich lese, was er schreibt, aber wenn ich nur strikt das lesen würde, was mich an einem bestimmten Punkt, und sei er noch so abstrakt, in meiner Theorieentwicklung weiterführen würde, würde ich gar nicht auf Habermas kommen. Das gilt auch für die Studenten. Habermas gehört zum Wissensbestand, mit dem man operiert, den man gelernt hat. Aber seine Theorie ist wie eine Insel, die nicht weiter verknüpfungsfähig ist. Die Frage ist aber, ob nicht die Systemtheorie ihrerseits Begründungsthemen aufgreifen kann, ohne sie natürlich dann als Herzensanliegen zu traktieren. Ich sehe einfach bei Habermas nicht die Möglichkeit einer wirklich umfassenden Theorie, die dann die Systemtheorie aus sich entläßt und ihr in sich einen Platz zuweist. Die Differenz zwischen System und Lebenswelt ist mir einfach zu grob. Sie wird den Möglichkeiten der Systemtheorie nicht gerecht. Das geht auch vom Lebensweltbegriff her nicht. Es ist ganz unmöglich zu sagen, ein System operiere außerhalb der Lebenswelt. Es ist doch Alltag überall, in jeder Bürokratie, in jeder Börse, bei jedem Aktienkauf.

Sie haben das subjektlose System, die »Gesellschaft ohne Zentrum« beschrieben, die die Folgen ihres eigenen Handelns nur auf der Ebene der Rückwirkungen auf das jeweilige Subsystem wahrnimmt, aber über keine zusammenfassende Reflexionsinstanz mehr verfügt, geschweige denn über eine eingriffsfähige, problemlösende Instanz. Nun beschreiben sie zwei Orte, an denen Versuche zur zusammenhängenden Reflexion doch noch stattfinden. Zusammenhängende Reflexion, das Verstehen des Ganzen, ist Kernstück des Projekts Aufklärung. Teilen Sie dieses Konzept der Aufklärung?

Die Ablehnung des Subjekts durch die Systemtheorie hängt eng mit der Vorstellung zusammen, daß die Welt nichts ist, was aus einem Punkt heraus beschrieben werden könnte. Der letzte Versuch, dies zu tun, war die Subjekttheorie.

Die Reflexionslage in bezug auf die ökologische Situation der modernen Gesellschaft ist die, daß man die Gesellschaft beschreibt als ein System, das über die Umwelt und über die eigene Beziehung zur Umwelt kommuniziert. Gesellschaft wird sich selbst zum Thema in der ökologischen Kommunikation und sieht trotzdem nicht, wie man das Moderne der Gesellschaft, die funktionale Differenzierung, beseitigen könnte, um ein anderes Verhältnis zur Natur herzustellen. Alles, was so als Gesellschaft formuliert wird, fällt schon in die Raster der funktionalen Perzeption, ist politisch, wirtschaftlich, rechtlich, theologisch, pädagogisch, wie auch immer, relevant. Dieses Wahrnehmungsmuster hat die Gesellschaft schon akzeptiert, und sie muß deshalb auch keine Angstthematik aufgreifen, weil man bei Schwierigkeiten funktionale Alternativen sich denken kann. Nun denke ich allerdings, daß die neuen sozialen Bewegungen eine Ausnahmestellung beanspruchen; sie beschreiben die Gesellschaft so, als ob es von außen sei. Mein Impuls an dieser Stelle ist zunächst ungläubiges Staunen; auffallend dann die Nicht-Zufälligkeit, daß hier Angst eine Rolle spielt, weil man ja nicht draußen sein kann, sondern drinnen ist. Wenn man über soziale Bewegungen die Gesellschaft als Ganzes thematisiert, sie an den Effekten funktionaler Differenzierung erkennt, etwas anderes will und das mit der Tatsache von Angst verquickt, das ist dann ein faszinierendes Phänomen. Die Frage ist nun aber: Geht das überhaupt? Geht das in der Form sozialer Bewegungen? Ist das eine Modeerscheinung, die umkippen wird von Tschernobyl auf Aids oder von Frauen auf andere Themen, oder ist das letztlich eine Position, die ihre Theorie sucht?

Was für ein Weltbild steckt hinter Ihrer Theorie? Ist das trostlos, ist das lebbar?

Einerseits ist die Theorie selbst schon das Weltbild, es steckt nicht mehr dahinter. Andererseits denke ich, man müßte alt- oder neueuropäische Vorstellungen von Veränderung aufgeben, weil die nur unnötige Aufregung verursachen und diagnostisch und therapeutisch nicht auf der Ebene der Realitäten sind. Ich sehe nicht, wie man ernstlich meinen kann, man sei in einer messianischen Position, es sei denn, daß man von vornherein ein Gesellschaftsbild aufbaut, das einem erklärt, wieso die anderen dagegen sind. Aber das ist ja nun ein Manöver, das wir schon so lange praktiziert haben und das uns auch in der Ökologie nicht weiterbringt. Dieses Weltbild ist auch überhaupt nicht hoffnungslos. Weshalb sollte man die Hoffnung oder auch nur die Möglichkeit, aktuell etwas besser zu machen, an die Vorstellung eines solchen Zentrums binden? Wieso sollte man nicht aus einer dichteren Beschreibung der Phänomene Einsichten gewinnen, die man dann zur Verbesserung der Verhältnisse umsetzt?

Aber diese Einsicht der Fehler des einen Systems in seiner Rückwirkung auf das andere ist *dieses Zentrum.*

Innerhalb der Gesellschaft vielleicht. Dann gibt es aber viele Zentren und keines, in dem die Gesamtgesellschaft zur Disposition steht. Man kann ja zum Beispiel der Meinung sein, daß die jetzige Atomtechnologie durch Präferenz für ein eingefahrenes Modell bestimmt worden ist, und kann diese Meinung in die Öffentlichkeit einbringen. Dazu bedarf es keines Reflexionszentrums, auch keiner Systemtheorie. Sensibel an die Dinge heranzugehen, punktuell zu ändern – das braucht keine Zentralidee für Verbesserung. Die Schwierigkeiten, wenn man praktisch orientiert ist, liegen in dem Nichtausschöpfen der Möglichkeiten. Hier kann man sich engagieren in Reichweiten, die fast nach Belieben gewählt werden können. Man kann dann solche Maximen haben wie die, die Elastizität in allen Bereichen zu fördern.

Ist Ihre persönliche reflexive Einheit, Ihre Moral eine »Philosophie der Bescheidenheit«?

Das ist Offes Einwand: Ich habe gegen die rasche Moralisierung der Wissenschaft gesprochen, und Offe sagte, das sei doch selbst eine moralische Idee. Gut, man kann natürlich alles moralisieren und auch diese Position wieder moralisch bewerten. Die Frage ist aber, inwieweit sie unabhängig davon informativ ist. Ob ich das persönlich für gut finde, ist keine Frage, die mit dem Informations- bzw. Orientierungsgehalt einer Idee verknüpft werden müßte. Das kann eine Marotte von mir sein, das Moralische runterzuspielen, oder auch nicht. Unabhängig davon will ich aber gerne zugestehen, daß man sich mit einer universalen Ethik beschäftigen kann, die alles moralisch bewertet.

Noch einmal zurück zur ›Ökologischen Kommunikation‹: Ist die Bedeutung, die soziale Bewegungen in diesem Text erhalten, Bestandteil einer Umorientierung der Systemtheorie? Man hat den Eindruck, da stehen zwei, die haben sich etwas zu sagen.

Bei allen Vorbehalten gegenüber der blasierten Selbstgerechtigkeit der Alternativbewegung ist sie doch der einzige bisher wirksame Versuch, die Gesellschaft nicht mehr bloß vom Kapitalismus her zu sehen, sondern in bezug auf die Tatsache, daß manche für ein lebbares Risiko halten, was für andere eine Gefahr ist. Anstelle der besseren Durchsetzungsfähigkeit bestimmter Interessen – immer noch sehr schmerzlich, aber man kann es ertragen – jetzt die Differenz von Risiko und Gefahr. Hier kommt eine ganz andere Konzeption auf, die mit der Beschreibung der Gesellschaft als funktional differenziert gekoppelt werden kann. Dies sehe ich als eine Möglichkeit, obwohl ich andererseits sehr skeptisch bin in bezug auf die Annahme, die Systemtheorie könne nun ein Leitmotiv sein. Immerhin ist die Möglichkeit der Orientierung an funktionaler Differenzierung statt an Bürgerlichkeit nicht zu verachten. Vielleicht ist es möglich, dies auf der Ebene in diese Bewegung einzubringen.

Die Orientierung der Bewegung ist eine andere.

Das stimmt, aber vielleicht kann die Beschreibung übernommen werden. Dann wird man schon durch die Übernahme der Beschreibung eines Besseren belehrt. Die Theorie wirkt dann, politisch, als trojanisches Pferd.

Alternative ohne Alternative
Die Paradoxie der »neuen sozialen Bewegungen«

Daß es nicht mehr nur um eine Kritik der Geldwirtschaft geht, die man »Kapitalismus« genannt hatte, ist klar. Der Sozialismus ist zu real geworden, als daß er noch einen Ausweg zeigen könnte. Die Kritik der kapitalistischen Wirtschaft ist damit nicht obsolet geworden, aber sie ist aufgehoben, ist eingebaut in eine breitere Strömung von Gegenmeinungen.

Man interessiert sich für Alternativen in der Annahme, daß eine Alternative auf jeden Fall besser sei als das, was vorliegt. Auf der deskriptiven Ebene bereitet dieses Phänomen der »neuen sozialen Bewegungen« jedoch Schwierigkeiten. Die Bewegungen sind so bunt, daß sie sich selbst schon so bezeichnen. Die ökologischen Themen sorgen für Auftrieb. Die Frauen ziehen mit. Krieg und Frieden sind ebenfalls Themen mit ökologischem Hintergrund angesichts der Möglichkeiten chemischer und atomarer Kriegführung. Die hypertrophe Technologie, das zunehmende Abhängigwerden von selbstfabrizierten Substituten, die selektive Maschinerie des Wohlfahrtsstaates, das zunehmende Abhängigwerden von selbstfabrizierten Problemen werden beklagt. Grauenvolle Bilder des an Apparaten hängenden, noch lebenden Menschen vermiesen die Medizin.

Überall sind es also Hochleistungsbereiche, gegen die sich der Affekt wendet. Und daß die Kapitalinvestition rein ökonomisch unter Gesichtspunkten der Rentabilität kalkuliert wird, ohne auf den Menschen Rücksicht zu nehmen, ist nur ein Beleg mehr dafür, daß das »System« auch hier nicht in Ordnung ist.

Die »neuen sozialen Bewegungen« beobachten und beschreiben die Gesellschaft, daran ist kein Zweifel. Aber warum fällt es so schwer, sie ihrerseits zu beschreiben?

Dies könnte daran liegen, daß die Beschreibung, wenn sie zum Grunde vorstoßen würde, auf eine Paradoxie stieße. Die »neuen sozialen Bewegungen« müssen ihr Beobachten und Beschreiben in der Gesellschaft praktizieren, sie tun es aber so, als ob es von außen wäre. Auch die Alternativpresse muß gedruckt werden und muß ihre Kosten einbringen oder Zuschüsse einwerben. Ihre

Kommunikation ist auf vielfältige Weise, positiv wie negativ, durch die Gesellschaft bedingt, gegen die sie sich wendet. Ihre Gegenöffentlichkeit befindet sich in ständigem Themenaustausch mit der »bürgerlichen« Öffentlichkeit, gegen die sich wendet. Sie ist also Moment einer selbstproduzierten Entzweiung. Sie ist, wogegen sie ist.

Achtet man auf die Stoßrichtung und hält man die Charakterisierung der Gegenseite als »bürgerliche Gesellschaft« für unzureichend, so scheint es auf einen Protest gegen die funktionale Differenzierung des Gesellschaftssystems hinauszulaufen; denn das ist das Prinzip, auf das sich die besonderen Leistungen und die problematischen Folgen der modernen Gesellschaft zurückführen lassen.

Für funktionale Differenzierung gibt es aber keine Alternative – es sei denn, man wollte auf eine segmentäre Differenzierung (von Wohngemeinschaften?) oder auf eine politbürokratische Hierarchisierung der Gesellschaft zurück. Die Alternativen sind also ohne Alternative. Sie können sich in kleinen oder großen Dingen (etwa in Fragen der Energieversorgung) Alternativen ausdenken und sie zur Wahl stellen; aber das ist nichts Besonderes, das tut das »System« sowieso.

Das Prinzip der Konstruktion von Alternativen kann nur die funktionale Äquivalenz sein; und dies ist eine Dauermöglichkeit der Variation, die im Prinzip der gesellschaftlichen Differenzierung selbst verankert ist.

Begreift man die Einheit dieser »neuen sozialen Bewegungen« in dieser Weise als paradox, klären sich viele Begleitphänomene. Die Paradoxie kann nicht unmittelbar zum Ausdruck kommen. Sie muß invisibilisiert werden. Man orientiert sich statt dessen an etwas anderem. Die Alternativen bedienen sich, um dies zu sein, der Stilmittel des unkonventionellen Auftretens. Ihre Schlipslosigkeit hat diesen tieferen Sinn. Auch die eigentümliche Ambivalenz ihres Räsonnements läßt sich daraus erklären. Auf der einen Seite banale öffentliche Artikulation mit gefühlten Begriffen, die jeder Analyse unzugänglich sind und nur von moralischen Invektiven leben. Auf der anderen Seite ernst zu nehmende Gewissensskrupel und eine eigentümlich hintertreppige Gedankenführung, die man auch als »strategisch« bezeichnen könnte. Diese beiden Seiten treten in der praktischen Politik ständig auseinander, müssen aber doch zusammengehalten werden. Ihre Einheit läßt sich jedoch nicht formulieren, weil eben dies die Paradoxie erscheinen lassen würde, von der die Bewegung zehrt, die sie aber nicht bezeichnen kann.

Dies alles könnte als eine rein negative, entlarvende, destruktive Kritik der »neuen sozialen Bewegungen« gelesen werden, gäbe es nicht ein ganz neuartiges Interesse für solche Paradoxien und für die Wege ihrer Entparadoxierung. Dies Interesse mag mit Veränderungen von Logik und Mathematik zusammenhängen, vor allem mit neuartigen Beziehungen zwischen Beweisverfahren und Computergebrauch. Jedenfalls geht man nicht mehr wie selbstverständlich davon aus, daß Paradoxien die Folge von fehlerhaften Zirkeln in Satzbau oder Argumentation sind und vermieden werden könnten, wenn solche Zirkel vermieden werden (so die einflußreiche Behandlung des Problems bei Bertrand Russell bis zum Ende der Hilbertschen Axiomatik). Vielmehr muß man von Paradoxien ausgehen, wenn die Welt in der Welt oder die Gesellschaft in der Gesellschaft beobachtet werden soll, und ein Circulus vitiosus ist nur eine fehlerhafte, allzu kurzschlüssige Weise der Entparadoxierung. Das führt zu der Frage, wie denn Paradoxien auf innovative, fruchtbare Weise entschlüsselt werden können.

Die »neuen sozialen Bewegungen« zeigen bisher wenig Neigung, sich mit dieser neuartigen Logik und Kybernetik der Paradoxie zu befassen. Das wäre auch nur möglich, wenn sie sich mit Systemtheorie befreunden würden. Umgekehrt kann sich aber die Systemtheorie mit den »neuen sozialen Bewegungen« befassen.

Wenn man auf dieser Grundlage nun wiederum beobachtet, wie die »neuen sozialen Bewegungen« die Gesellschaft beobachten, läßt sich die Paradoxie, die dem zugrunde liegt, bezeichnen. Die dafür nötige Sprache unterläuft die Semantik der »Alternativität« und der Gegenbürgerlichkeit, die diesen Bewegungen als natürlich und notwendig erscheint. Sie identifiziert sich nicht mit den Zielen dieser Bewegungen, sondern beschreibt sie als kontingente, artifizielle Formen der Selbstbeobachtung des Gesellschaftssystems.

Das schließt es nicht aus, sondern ein, darzustellen, daß und wie die »neuen sozialen Bewegungen« fruchtbar werden, Themen in die öffentliche Diskussion einführen, bürokratische Verheerungen aufzulösen versuchen oder zumindest sichtbar machen; und vor allem: daß sie dazu beitragen, erkennbar zu machen, wie sehr die moderne Gesellschaft eine Gesellschaft ist, die auf Risiko setzt und dafür einstweilen weder eine adäquate Logik noch eine Ontologie noch eine Ethik bereitstellt, mit der man begreifen und regulieren könnte, was geschieht.

Tautologie und Paradoxie in den Selbstbeschreibungen der modernen Gesellschaft

I.

Selbstreferentielle Systeme können sich selbst beobachten. Sie können ihre eigenen Operationen auf die eigene Identität richten, indem sie eine Differenz zugrunde legen, mit deren Hilfe sich die eigene Identität von anderem unterscheiden läßt. Dies mag ad hoc und aus wechselndem Anlaß mit sehr unterschiedlichen Unterscheidungen geschehen. Sobald ein Bedarf aufkommt, Selbstbeobachtung durch strukturelle Vorgaben zu steuern und sie nicht ganz der jeweiligen Situation zu überlassen, wollen wir von Selbstbeschreibung sprechen. Die Beschreibung fixiert eine Struktur, einen »Text« für mögliche Beobachtungen, die dadurch geführt und besser erinnert, besser tradiert, besser aneinander angeschlossen werden können. »Freie«, okkasionelle Selbstbeobachtungen werden dadurch nicht ausgeschlossen, aber marginalisiert. Gelegentliche Beobachtungen bilden dann einen »variety pool« für die Auswahl von Selbstbeschreibungen, die in der Ideenevolution getestet und traditionsfest fixiert werden. Das kann zum Festhalten von Traditionen der Selbstbeschreibung führen, die ihre Adäquität im Verhältnis zur strukturellen Komplexität des Systems verloren haben, aber in der Funktion einer Selbstbeschreibung nicht ersetzt werden können.

Es gibt mithin keine zwangsläufig synchronisierte Entsprechung von sozialstruktureller und semantischer Fixierung eines Systems im Verhältnis zu seiner Umwelt. Im großen und ganzen wird man aber vermuten können, daß Obsoleszenz von Selbstbeschreibungen und Fehlsteuerung von Selbstbeobachtungen schließlich auffallen; daß sie ein erhebliches Maß an Diskrepanz nicht lange ertragen können und daß ein Realitätsverlust in den Selbstbeschreibungen zu Korrekturen Anlaß gibt, auch wenn das Plausibilitätsniveau der Tradition nicht so rasch wiedergewonnen werden kann. Jedenfalls empfiehlt sich angesichts solcher Übergangszeiten eine weitgespannte Perspektive und eine entsprechend abstrakte Theorie, wenn man beobachten und beschreiben will, wie gesellschaftliche Selbstbeobachtungen und Selbstbeschreibungen sich als Reaktion auf strukturelle Transformationen des Gesellschaftssystems ändern.

Einfache segmentäre Gesellschaften hatten vergleichsweise wenig Mühe mit Selbstbeschreibungen, und der semantische Aufwand konnte gering gehalten werden. Das lag einerseits daran, daß die Lebenswichtigkeit vor allem in Kleinsteinheiten wie Haushalten, Horden, Siedlungen lag und größere Zusammenschlüsse nur gelegentlich funktionieren mußten. Es genügten dafür Raum- und Personenkenntnisse, gegebenenfalls mythische Erzählungen, die die gegebene Ordnung des Menschenlebens gegen unheimliche andere Möglichkeiten abgrenzten. Mythen und Kultformen konnten dabei mit ökologischen Bedingungen, Strukturen und Interessen in Einklang gebracht werden, ohne daß dies als kontingente Entscheidung oder auch nur als Zusammenhang sichtbar geworden wäre. John Middleton und David Tait stellen zum Beispiel fest: »Whereas the ancestral cult in particular is a ritualization of organization based on descent, the earth cult is a ritualization of organization based primarily on locality or community with a high degree of political interdependence of descent groups« (1958: 25).

Erst wenn die Gesellschaftsordnung in stärkerem Maße auf Asymmetrien und damit auf Ungleichheiten gebaut wird, wächst auch der semantische Aufwand. Die Unwahrscheinlichkeit der Ordnung wird spürbar, sie bedarf, wenn nicht der Rechtfertigung, so doch der Explikation. Das gilt, sobald sich die Differenz von Zentrum und Peripherie, vor allem von Stadt und Land herausbildet, besonders aber bei hierarchischer Stratifikation. Im Rückblick gesehen, mag es so scheinen, als ob Ungleichheiten dieser Art die privilegierten Positionen unter Legitimationsdruck setzen. Das ist jedoch faktisch wohl kaum der Fall gewesen. Wenn die Gesellschaftsstruktur diesem Differenzierungstypus folgt, ist dessen Legitimation nicht nötig, weil eine andersartige Ordnung realistischerweise gar nicht vorstellbar ist. Entsprechend wird man kaum von »Konsens« oder von »Konsensbedarf« ausgehen können, so als ob darüber gegen vorgestellte andere Möglichkeiten entschieden worden wäre. Jede Artikulation des Sinnes und der guten Formen gesellschaftlichen Lebens ist ein Oberschichtenphänomen bzw. ein städtisches Phänomen. Die Selbstbeschreibungen des Gesellschaftssystems – sei es auf der Linie *polis – civitas – civilitas – societas civilis*, sei es im religiösen Kontext des Corpus Christi oder der Sündergemeinschaft mit differentiellen Heilsaussichten, sei es im Kontext der Ständelehre und der durch sie codifizierten Moral –, jede dieser Selbstbeschreibungen nutzt die Möglichkeiten der asymmetrischen Struktur des Gesellschaftssystems selbst – sei es im Ausgang von dessen Zentrum[1], sei es als Imposition des Selbstverständnisses der Oberschicht.

Das auffälligste Merkmal dieser Ordnung des Zusammenhangs von Sozialstruktur und Selbstbeschreibung des Gesellschaftssystems liegt in der Möglichkeit einer konkurrenzfreien Repräsentation der Gesellschaft in der Gesellschaft. Es gibt nur eine Position, von der aus Selbstbeschreibungen entworfen und verbreitet werden können: die des Zentrums oder die der Spitze, die der Stadt oder die des Adels. Die Asymmetrie der gesellschaftlichen Differenzierung schließt andere Möglichkeiten glaubhaft und wirksam aus. Mit diesen Vorgaben können die Unterschiede zwischen einer primär religiösen und einer primär politischen Auffassung des Gesellschaftssystems nicht ausgeglichen werden. Sie werden in die Semantik selbst übernommen und dort zumeist ihrerseits hierarchisiert: Die Religion bekommt in der Semantik einen Vorrang, während sie sich faktisch an die politischen Zentren anschließen muß, um sich durchsetzen zu können. So wichtig diese Differenz für das zeitgenössische Erleben war: rückblickend gesehen ist sie nicht das, was Hochkulturen dieser Prägung von der heutigen Gesellschaft unterscheidet. Die historische Differenz zwischen damals und heute besteht vielmehr darin, daß mit dem Übergang zu einer primär an Funktionen orientierten Gesellschaftsdifferenzierung die Möglichkeit der konkurrenzfreien Repräsentation der Gesellschaft in der Gesellschaft aufgegeben werden mußte. Keines der Funktionssysteme kann diese privilegierte Position für sich reklamieren; jedes fertigt unter dem Gesichtspunkt des Primates der eigenen Funktion eine eigene Gesellschaftsbeschreibung an; aber keines kann sie den anderen oktroyieren, denn dafür sind die konkreten Operationen der einzelnen Funktionssysteme zu verschieden. Und selbst, wenn es daraufhin zu einer neuen Differenz kommt, nämlich zur Differenz der funk-

1 Shils hat deshalb zu Recht das Hauptproblem dieser Differenz in der Diffusion von Kultur gesehen.

tional ausdifferenzierten Systeme und des Protestes gegen sie, oder mit Habermas (1981) gesprochen: zur Differenz von System und Lebenswelt, ist nicht entscheidbar, von welcher der beiden Sichten aus die Gesellschaft gesamtverbindlich oder wenigstens repräsentativ beschrieben werden könnte.

Im historischen Vergleich ist mithin ein charakteristisches Merkmal der modernen Gesellschaft der Verlust der natürlichen Repräsentation oder, mit einem älteren Begriff formuliert: die Unmöglichkeit einer *repraesentatio identitatis*. Das nie ganz gegenwärtige Ganze kann nicht als Ganzes vergegenwärtigt werden. Die Rekonstruktion des Begriffs der Repräsentation als eines spezifisch politischen Begriffs ist die Folge, und sie besagt, daß nur noch in der funktionsspezifisch limitierten Sichtweise des politischen Systems Repräsentation organisiert werden kann. Das führt vor die Frage, wie dann eine Selbstbeschreibung des Gesellschaftssystems noch möglich ist.

II.

Die Hypothese der folgenden Darlegungen ist: daß die Gesellschaft auf den Verlust der natürlichen konkurrenzfreien Repräsentation mit einer Abstraktion des Identitätsproblems reagiert. Im 18. Jahrhundert hatte man es bekanntlich mit einer Apotheose der Vernunft versucht. Dieser Versuch ist jedoch gescheitert. Er ist deduktiv und normativ, theoretisch und praktisch unergiebig geblieben und erzeugt bei Einführung in die gesellschaftliche Realität kontraintuitive Effekte. Die Richtung auf Abstraktion entspricht dem Problem, entspricht in klassisch-soziologischer Formulierung der Notwendigkeit, auf stärkere Differenzierung mit Generalisierung der dann noch möglichen Einheitssymbolik zu reagieren (vgl. etwa Parsons 1960). Formalisierung und Prozeduralisierung der Vernunftprinzipien sind aber nur Notbehelfe in dieser Richtung, die, sobald die Auffüllung beginnt, keine konkreten Ergebnisse erwarten lassen. Es bleibt schließlich nur die Möglichkeit des kontrafaktischen Festhaltens an Vernunft, des Trotzes, der Klage, der Resignation. Ein Verzicht auf Vernunft fällt natürlich schwer. Aber vielleicht halten wir nur einem historisch eingeführten Markenartikel der Semantik die Treue, während die Wirklichkeit sich längst nach anderen Gesichtspunkten richtet. Jedenfalls dürfte es sich lohnen, nach Alternativen Ausschau zu halten, nach funktionalen Äquivalenten für die vernunftgeleitete Reflexion der Einheit des Gesellschaftssystems.

Erst recht gilt dies für die daran anschließende Apotheose des »Ich« im Deutschen Idealismus, vor allem im Anschluß an Fichtes Wissenschaftslehre. Dies war nun zwar schon sehr genau gedacht als Auflösung einer Paradoxie durch eine approximative Idee: Das Ich setzt die Differenz von Ich und Nicht-Ich und steigert sich selbst dann zu einem idealen Ich »über und innerhalb der Grenze« (Fichte 1962: 509). Aber mehr noch als bei der Orientierung an Vernunft geriet damit die Sozialdimension aus den Augen. Das Problem der Paradoxie wurde auf die Erkenntnis bezogen, nicht auf die Gesellschaft, und entsprechend war die Ausarbeitung der Theorie eher mit einer religiösen oder ästhetischen, eventuell mit einer bildungstheoretischen Perspektive befaßt, nicht aber mit Fragen der Wirtschaft und der Politik.

Wir überbieten zunächst den Formalismus der Vernunft und den Idealismus des Ich mit einer Extremreflexion. Für die Identität eines Systems kann es zwei verschiedene Reflexionsformen geben, eine tautologische und eine paradoxe. Entsprechend kann man sagen: Die Gesellschaft ist, was sie ist; oder: die Gesellschaft ist, was sie nicht ist. Beide Reflexionsangebote sind nicht anschlußfähig. Sie führen nicht weiter, sondern blockieren die Operationen des Systems. Beide sind, wie einst die Vernunft, deduktiv und normativ unergiebig. Ein Beobachter kann, da beide Versionen diesen Nachteil der Sterilität haben[2], weder erraten, welche gewählt wird, noch empfehlen, welche zu wählen ist, noch kann er prognostizieren, was für ein System daraus folgt, wenn es die eine oder die andere Version für seine Selbstbeschreibung wählt. Auch eine Beobachtung der Beobachtung oder eine Beschreibung der Beschreibung des Systems nimmt also an der Selbstblockierung teil und wird selbst tautologisch bzw. paradox, indem sie ihren Gegenstand so fixiert, daß sie weitere Aussagen über ihn unmöglich macht.

Diese Sperre läßt sich jedoch dadurch überwinden, daß man darauf achtet, wie das System selbst sie überwindet. Man kann das in einem sehr allgemeinen Sinne »Entfaltung« von Selbstreferenz

2 Vgl. zu einer solchen für den Beobachter entstehenden Unentscheidbarkeit Stockton 1969.

nennen (so im Anschluß an Lars Löfgren 1978 und 1979). Die (positive bzw. negative) Zirkularität der Selbstreferenz wird aufgebrochen und in einer letztlich nicht begründbaren Weise interpretiert. Das vielleicht bekannteste Beispiel ist die Typentheorie für das mengentheoretische Paradox. In jedem Falle erfordert die Operation der Enttautologisierung/Entparadoxierung eine »Invisibilisierung«[3] – sowohl der Operation selbst als auch ihres Problems. Es geht also nicht um Zwecke oder um Intentionen, und nur der Beobachter kann die Zuordnung vollziehen, die Funktion erkennen, das Nicht-sehen-Können sehen. Negativ formulierend, kann man auch sagen, daß es darum geht, »strange loops« oder »tangled hierarchies« (Hofstadter 1979) und deren Effekte wie »double bind« zu vermeiden, ohne daß es möglich wäre, Tautologien und Paradoxien als Identitätsprobleme selbstreferentieller Systeme zu eliminieren.

Die moderne Gesellschaft gesteht sich deshalb nicht ein, daß ihre Selbstbeschreibung auf ein Problem der Tautologie oder der Paradoxie stößt. Sie verschlüsselt ihre Identität und ist nur so in der Lage, Gesellschaftstheorien zu bilden. In diesem Verfahren der »Entfaltung« ergibt sich jedoch eine eigentümliche Ambivalenz. Es bilden sich nämlich sehr unterschiedliche Semantiken je nachdem, ob man (ohne es zu wissen und zu sagen) von Tautologie oder von Paradoxie ausgeht. Im einen Falle kommt man zu eher konservativen, im anderen Falle zu eher progressiven, wenn nicht revolutionären Selbstbeschreibungen. Das Grundproblem der Selbstreferenz entfaltet sich zu deren Gegensatz. Wird die Gesellschaft vorausgesetzt als das, was sie ist, kann es nur darum gehen, sie zu erhalten, ihre Probleme weiterhin und vielleicht besser zu lösen und ihr über neu aufkommende Schwierigkeiten hinwegzuhelfen. Ist die Gesellschaft dagegen etwas, was sie nicht ist, so muß man andersartige Theorien vorschlagen. Man kann zum Beispiel ihre Identität in eine Möglichkeit verlagern, deren Realisierung von bestimmten Kräften verhindert wird; man denke an populäre Varianten des Marxismus oder an den Cargo-Kult. Oder das Problem wird temporal asymmetrisiert. Man nimmt dann an, daß eine strukturlogische Entwicklung über Revolution oder Evolution das realisieren wird, was die Gesellschaft derzeit und vorläufig »noch nicht« ist.

3 Eine Formulierung von Yves Barel 1983: 468.

Jede Variante hat, als Theorie ausformuliert, ihre spezifischen Schwierigkeiten, die wir hier nicht weiter diskutieren müssen. Es interessieren hier nicht so sehr die Unterschiede oder gar das Ausmaß intellektuellen Raffinements, das aufgewandt wurde, sondern die Gemeinsamkeiten, die sich trotz dieser Bifurkation und gerade in ihr erkennen lassen. Wir können das Gemeinsame darin sehen, daß Gesellschaftsbeschreibungen unter diesen Bedingungen zu Ideologien werden.

Der Ideologiebegriff hat nach seiner Einführung um 1800 mehrfache Wandlungen erfahren (Dierse 1976 und 1982), und erst sehr allmählich wird er von der Vorstellung einer semantischen Steuerung der gesellschaftlichen Reproduktion durch Ideen über einen rein pejorativen und polemischen Gebrauch zu sozialwissenschaftlicher Verwendbarkeit geläutert. Den entscheidenden Anteil daran haben Marx und Engels, weniger in einem einwandfrei konzipierten Ideologiebegriff als in ihrer Theorie der kapitalistischen Gesellschaft, die dafür die Funktionsstelle angibt. Seitdem markiert dieser Begriff eine eigentümliche, beobachtungsresistente, der Kritik trotzende Reflexivität. Er postuliert eine Art Rückhalt, der verhindert, daß die Ideologie sich bei Aufklärung ihrer Funktion auflöst. Eine Ideologie wird dann eben als »parteilich« propagiert oder als praktisch-dirigierendes Wissen, als Praxis gewordene Theorie. Sie übernimmt damit die Funktion, Handeln anzuleiten und zu rechtfertigen; und sie wird, ohne durch Kritik destruierbar zu sein, in dieser Funktion ersetzbar, wenn sich andere Handlungslinien empfehlen.

Sinnfiguren eines solchen Praxisbezugs gehören zur Eigenausstattung der Ideologie, zu ihrer Selbsterklärung. Von der Position einer Beobachtung ideologischer Selbstbeschreibungen aus kann man jedoch ein kompliziertes Bedingungsgeflecht erkennen. Der Rückhalt jeder Ideologie liegt zunächst in der Inkommunikabilität ihres Bezugsproblems, in der Verschlüsselung ihrer Inspiration, in der Unsichtbarkeit ihres Ausgangspunktes. An die Stelle einer auf Tautologie oder Paradoxie zurücktreibenden Identitätsreflexion trifft die Reflexion auf den Gegensatz der Ideologien, der sich aus der Bifurkation ergibt. Jede Ideologie kann in dem Maße, als sie erklären kann, daß und wieso es andere Ideologien gibt, sich zu einer Gesamtkonstruktion aufrunden. In dem Maße, als dies gelingt – und das anspruchsvolle Vorbild hat natürlich Marx geliefert –, wird es unnötig, auf die Form zurückzugehen, in der die Gesellschaftsbeschreibung das Identitätsproblem fixiert. Die Ideologie stabilisiert sich selbst durch Einschluß der Gegenideologie; und es ist nur eine Variante dieser Lösung, wenn man sich auf konservativer Seite mit Gegenaufklärung begnügt und die eigene Position, um Selbstbetroffenheit zu vermeiden, nur durch Aperçus angibt.

Ideologie – es hätte natürlich nicht so getauft werden müssen, und auch das Themenbeschaffungsprogramm war von historischen Zufällen wie der Französischen Revolution oder von zeitbedingten Sozialproblemen, besonders von den Folgen der raschen Industrialisierung abhängig. Die neue Identifikationsweise griff sich Themen, wo und wie sie sie finden konnte. Das mußte zur Zeitabhängigkeit und zu allmählicher Obsoleszenz vieler Ansichten führen und trifft Liberalismus und Sozialismus gleichermaßen. Vom »Ende der Ideologien« zu sprechen war gleichwohl verfrüht. Vielmehr ist die intellektuelle Skepsis und mit ihr die Bereitschaft zu platten Moralisierungen gewachsen oder auch, wenn man auf Frankreich sieht, die Flucht in eine literarische Arcanistik. Grundlegend andere Formen der Selbstbeschreibung des Gesellschaftssystems haben sich jedoch, wie immer es um die spezifisch wissenschaftlichen Möglichkeiten steht, nicht etabliert. Die Altersschwäche der einst vorherrschenden Ideologien macht ihren jeweiligen Anhängern zu schaffen, führt aber nicht ohne weiteres zu neuen Angeboten.

Es mag sein, daß sich mit der Gewöhnung an eine systemtheoretische Beobachtung zweiter Ordnung, an eine Beobachtung und Beschreibung der Selbstbeobachtung und Selbstbeschreibung des Gesellschaftssystems, auf längere Sicht andersartige Resultate erzielen lassen. Derzeit läßt sich aber keine ausgebaute Semantik dieses Typs als ein schon vorhandenes gesellschaftliches Wissen beobachten. Man kann vorerst also nur die Tragweite dieser Betrachtungsweise zu klären und Ideologie in ihrer Sicht zu reformulieren versuchen, und das soll uns im folgenden in einigen weiteren Hinsichten beschäftigen.

Als Gerüst, in das ideologische Inhalte eingehängt werden, hatte das 19. Jahrhundert verschiedene Unterscheidungen entwickelt. Unterscheidungen müssen es sein, nicht Identitäten. Ein Angebot lag in der Unterscheidung von Staat und Gesellschaft auf der Basis der bereits im 18. Jahrhundert prominenten Unterscheidung von Gewalt und Eigentum. Nach Ablehnung des Versuchs Hegels, diese Unterscheidung wieder zur Einheit zu bringen und die dann zwangsläufig wiederauftauchende Paradoxie geistvoll zu unterdrücken – nach Ablehnung dieses Versuchs nahm man um die Mitte des 19. Jahrhunderts die Unterscheidung von Staat und Gesellschaft als einen faktischen, unbestreitbaren Sachverhalt.[4] Das ermöglichte es, dem Staat je nach ideologischer Prädisposition mehr oder weniger Verantwortungen zuzuschreiben, zugleich aber, im Vergleich zur mittelalterlichen Disposition, Religion durch Wirtschaft zu ersetzen und das Zeitalter in seinen Zukunftsaussichten von der Wirtschaft aus zu beschreiben (die eben deshalb »Gesellschaft« genannt wurde). Der Gesellschaftsbegriff war damit untergebracht, und die Position der Einheit der Differenz von Staat und Gesellschaft, die möglicherweise tautologische oder auch paradoxe Position, blieb unbesetzt. Im Zuge der Umstellung der Informationsverarbeitung von Einheit auf Differenz fand die alteuropäische *societas civilis*, an die Hegels Staat noch erinnerte, keine Nachfolge. Die Faszination durch die Differenz und durch ihre Möglichkeiten, Informationsverarbeitung zu dirigieren, blockiert den Durchblick auf die Einheit, und Identitäten werden innerhalb der Unterscheidung als Identitäten des Unterschiedenen mit Hilfe der Unterscheidung bestimmt – wie immer das auf dieser Ebene dann wieder tautologisch bzw. paradox ausfallen mußte (vgl. Luhmann 1985a).

Sosehr diese Unterscheidung den Gesellschaftsbegriff besetzt und ihn für die beginnende Soziologie fast unbrauchbar macht: die heimliche Theorie der Gesellschaft ist woanders zu suchen. Sie benutzt eine andere Differenz, die die Gesellschaft als soziales System transzendiert. Sie bezieht das Soziale, unter welchen Bezeichnungen immer, auf das Individuum und stellt sich das Individuum deshalb als eine extra-soziale Einheit vor.

Diese Theorieanlage ist in der neueren Bewußtseinsphilosophie und ihrem Subjektbegriff vorbereitet. Man kann sie auch an einem Begriff des Individuums erkennen, der von jeder sozialen Position und Inklusion des Individuums abstrahiert und voraussetzt, daß das Individuum sich selbst durch Bezug auf nichts anderes als auf die eigene Individualität identifiziert.[5] Einem solchen Individuum

4 Etwa seit von Stein 1850. Siehe dazu auch Böckenförde 1976.

5 Daß dabei die typischen Probleme selbstreferentieller Identifikation, nämlich Tautologie und Paradoxie, als Probleme des Individuums auf-

kann zugemutet werden, in pluralen Kontexten zu leben (Sciolla 1983). Semantisch ist dies Individuum, gleichsam zur Kompensation, mit der Fähigkeit ausgestattet, Klage zu führen – sei es über Entfremdung, sei es über nicht realisierte Freiheitsversprechen, sei es über Ungleichheit, sei es über die Unfähigkeit der Gesellschaft, sich nach den Kriterien zu richten, die nach Meinung des Individuums die Individuen für vernünftig halten. An all dem sieht man: das Individuum ist aus der Differenz zur Gesellschaft begriffen und nicht mehr, wie vordem, als ein eigenartiges Stück Natur. Umgekehrt kann dann in Differenz zum Individuum die Gesellschaft als Kollektiv begriffen werden.[6] Man kann dabei an sehr Verschiedenes denken – an die Population lebender Menschen, an Nationen, an soziale Ordnung oder auch an Ausprägungen, die historisch variieren (wie zum Beispiel »Kapitalismus«). Es kommt, verglichen mit heutigen Theorieansprüchen, weniger auf Begriffsschärfe an als auf die Differenz, die den Blickpunkt fixiert, der die Identifikation des Sozialen leitet: die Differenz zum Individuum. Daran kann eine Informationsverarbeitung, eine Transformation dieser Differenz in immer neue Formen anschließen. Man wird die Feststellung des Ungenügens der Gesellschaft immer neu treffen und immer wieder reaktualisieren können. Die Leitdifferenz garantiert, auf die Dauer gesehen, eine dafür ausreichende Hoffnungslosigkeit, ohne auszuschließen, daß Änderungen möglich wären. Sie ruiniert in der zweiten Hälfte des 19. Jahrhunderts schließlich den Glauben an einen natürlichen Fortschritt und gibt damit der nun entstehenden Soziologie die Anregung, sich um das Individuum unter den strukturellen Bedingungen der modernen Gesellschaft zu kümmern (Rammstedt 1985).

Vergleicht man die beiden Unterscheidungen Staat/Gesellschaft

tauchen müssen und daß auch dafür Strategien der Enttautologisierung und der Entparadoxierung, Strategien der Identitätsentfaltung und »Sinngebung« entworfen werden müssen, sei nur am Rande vermerkt. Man denke nur an die hier ansetzende semantische Karriere des »Unbewußten« als Individualitätsreferenz oder an Theorien über duale oder multiple, zum Beispiel personale und soziale Identitäten.

6 Zur sprachlichen Entgegensetzung von Individualismus/Kollektivismus kommt es erst in der zweiten Hälfte des 19. Jahrhunderts – wohl in dem Versuch, auf seiten der Gegenpositionen gegen Individualismus nochmals zu differenzieren (Sozialismus/Kommunismus/Kollektivismus). Vgl. dazu Rauscher 1976.

und Individuum/Kollektiv, so ist leicht zu sehen, daß beide dieselbe Funktion erfüllen: den Durchblick auf die Einheit der Differenz und damit auf Tautologie/Paradoxie-Probleme zu versperren und trotzdem Informationsverarbeitung zu ermöglichen. Das Prozessieren von Informationen in der laufenden Selbstbeobachtung des Gesellschaftssystems benutzt, bestätigt und transformiert diese »distinctions directrices«. Zur Information wird, was mit Hilfe dieser Unterscheidungen unterschieden werden kann. Während aber die Unterscheidung Staat/Gesellschaft innerhalb der sozialen Ordnung verbleibt und deshalb nur Subsysteme identifizieren kann, arbeitet die Unterscheidung Individuum/Kollektiv mit einer externen Referenz, mit einem Gegenüber, das zum Gesichtspunkt für die Beurteilung der sozialen Verhältnisse avanciert. Bis in die Zeiten der »Frankfurter Schule« produziert dieses Verfahren eine Gesellschaftstheorie, die von Differenz lebt. Erst mit Habermas und mit der Intersubjektivierung und Prozeduralisierung des Subjekts wird diese Grundlage aufgegeben und durch neue Differenzformeln wie Arbeit und Interaktion oder System und Lebenswelt ersetzt, die auf ihre Weise die Einheit verdecken, von der die Rede ist.[7]

7 Siehe dazu die eindringliche Kritik der Paradoxien eines am Subjekt orientierten Aufklärungsprogramms von Habermas 1985. So weit, so gut. Man gelangt damit aber nur bis zur Frage, ob es überhaupt ein paradoxiefreies Konzept geben kann, wie Habermas es für das neue Paradigma der Verständigung in Anspruch nimmt. Wo lägen dabei die paradoxieausschließenden Beschränkungen der Selbstreferenz? Die historische Fixierung des Problems am sich über sich selbst aufklärenden Subjekt und seinen Gegnern verhindert, wie mir scheint, eine hinreichend scharfe abstrakte Analyse der Paradoxieprobleme selbstreferentieller Systeme. Und um so unbefangener kann dann das Paradigma der Verständigung in der Form von Polemiken vorgetragen werden, die nicht gerade von der Intention auf Verständigung zeugen. Als Beschreibung gesellschaftlicher Selbstbeschreibungen wird die Operation selbst paradox. Genau diesem Problem stellt sich das Beobachtungsverfahren, das wir im Anschluß an Heinz von Foerster »second order cybernetics« nennen.

III.

Kehren wir aber noch einmal zum Ideologieproblem zurück. In seiner programmatischen Einleitung zum Wörterbuch »Geschichtliche Grundbegriffe« (Brunner/Conze/Koselleck 1972: XIII-XXVII) geht Koselleck davon aus, daß sich seit der Mitte des 18. Jahrhunderts ein tiefgreifender Bedeutungswandel der alteuropäischen sozialen und politischen Semantik vollzogen habe. Die Eigenart dieses Bedeutungswandels liege unter anderem in der Verzeitlichung und in der Ideologisierbarkeit vieler Begriffe. Diese Annahme läßt sich zu der These verdichten, daß die Ideologisierung selbst durch Verzeitlichung ausgezeichnet ist. Sie ersetzt den Bezug auf Natur durch den Bezug auf die historische Zeit und die gegenwärtige Lage des Gesellschaftssystems (vgl. hierzu auch Willke 1974). Verzeitlichung und Ideologisierung helfen sich gewissermaßen dort wechselseitig aus, wo es darum geht, den Realitätsverlust zu kompensieren, der unvermeidbar wird, wenn die Gesellschaftsstruktur keine bevorzugte natürliche Repräsentation mehr ermöglicht.

In erster Linie zeigt sich dies daran, daß der Unterschied von Enttautologisierung und Entparadoxierung durch die Differenz konservativer und progressiver Ideologien wiedergegeben wird. In dieser Differenz wird die Einstellung zur historischen Zeit thematisch. Die Erfahrung eines sich noch beschleunigenden gesellschaftlichen Wandels sabotiert dann zwar diese schlichte Entgegensetzung und transformiert sie in die Frage, ob man die Grundlagen der Eigendynamik des Gesellschaftssystems, etwa Marktwirtschaft und unzensierte wissenschaftliche Forschung, festhalten solle oder ob hier eine Dirigierung zur Bewahrung wesentlicher menschlicher Anliegen nötig sei. Es kann dabei zu einem Themenaustausch zwischen rechts und links kommen, so daß ehemals konservative Themen wie Kulturpessimismus, Technikkritik und Rückgriff auf den »Staat« sich jetzt hauptsächlich im linken Lager finden.[8] Aber immer noch ist der Zeitbezug auf die Interpretation der momentanen gesellschaftlichen Lage dasjenige Moment, das es ermöglicht, ideologische Optionen zu unterscheiden (denn sie dürfen sich ja nicht, daran sei erinnert, auf den

8 Vgl. für Technikkritik etwa Renn 1985 und für Positivität des Rechts und Staat Grimm 1980.

Unterschied einer eher tautologischen oder eher paradoxen Identitätsreflexion beziehen). Der Thementausch belegt, daß es auf substantielle semantische Bindungen weniger ankommt; sie dienen nur der Implementation eines Gegensatzes, der seinen Grund nicht verraten darf und der sich deshalb in der Form einer Interpretation der aktuellen Lage des Gesellschaftssystems immer neu auflädt.

Die Temporalisierung gesellschaftlicher Selbstbeschreibungen und die Wahrnehmung raschen gesellschaftlichen Wandels setzen vor allem der Unterscheidung konservativer und progressiver Richtungen zu. Die Konservativen beginnen mit Enttäuschung, die Progressiven enden mit Enttäuschung, alle leiden an der Zeit und kommen darin überein. Die Krise wird allgemein. Im Grenzfalle schrumpft dann die Selbstbeschreibung der Gesellschaft auf eine »Definition der Situation« zusammen. Diese läßt sich, auch bei eindeutiger Datenlage, immer kontrovers aufbauen. Ein gegebenes Wohlfahrtsniveau ist schon recht beachtlich oder nicht ausreichend – je nachdem, von welchen Erwartungen aus und mit welcher Absicht auf Gegnerschaft man es beurteilt. Das gleiche gilt für ökologische Themen. (Die Gesellschaft ist das, was sie ist, oder sie ist es nicht.) Man findet infolgedessen Anlaß, auf Kosten und Nebenfolgen eines Mehraufwandes hinzuweisen oder den Bedarf zu schüren, und die Differenz ergibt sich auch dann, wenn man sich über die Fakten einig ist. Parallel dazu verarmt auch die intellektuelle Reflexion. Der Streit um die »Postmoderne« ist dafür bezeichnend. Die progressive Fraktion beklagt, daß ihre Ziele nicht mehr ernst genommen werden, sie schaltet von »noch nicht« auf »nicht mehr« um; und die konservative Seite, von dieser Wendung begünstigt, kann sich eben deshalb weiteres Nachdenken ersparen. Eine so weitgehende Temporalisierung leistet immer noch das, was wir von Ideologien erwarten: sie entparadoxiert bzw. enttautologisiert die Identität. Sie sagt etwas aus und zieht die Konsequenzen. Nur wird sie, da sie nichts Neues in Aussicht nimmt und die Gegenwart vorbeiziehen läßt, rasch langweilig werden.

Diese Alternative von konservativen und progressiven Fraktionen und ihren Ideologien richtet sich bereits nach der historisch gewordenen Zeit. Sie gibt der Vergangenheit bzw. der Zukunft einen Primat über die Bestimmung der Gegenwart – einer Gegenwart, die sie selbst nicht anders verorten kann als durch Bekenntnis zu einem solchen Primat eines ihrer Zeithorizonte. Die Alternative setzt mithin stillschweigend voraus, daß die Gegenwart aus der Unterscheidung von Vergangenheit und Zukunft definiert wird. Aber wie?

Diese Frage führt auf ein derart schwieriges Terrain, daß es kein Wunder ist, wenn man sie nicht ohne weiteres beantworten kann. Neu ist bereits, daß man die Temporalstrukturen der Gesellschaft überhaupt in dieser Weise sich vor Augen führt. Die Tradition hatte Zeit nicht im Schema Vergangenheit/Zukunft, sondern im Schema vorher/nachher erlebt. Das hatte sie auf den Begriff der Bewegung (als der Einheit des Vorher und des Nachher) geführt und bei höherstufigem Denken dann auf die Unterscheidung von bewegt/unbewegt, fest/fließend, Bestand/Wandel etc. Dementsprechend wurde Zeit als Maß der Bewegung aufgefaßt oder auch als *tempus*, als Repräsentation des Ewigen in der von Bewegung durchsetzten Welt. Es konnte dann wenigstens eine Position geben, von der aus man Bewegungen aus dem Unbewegten heraus beobachten konnte; und für die Frage der Einheit der Differenz von bewegt und unbewegt konnte man auf den Begriff Gottes verweisen.

Dies ganze Denken wird in unbemerkter Weise obsolet, wenn man die zugrundeliegende Unterscheidung austauscht und statt von vorher/nachher von Vergangenheit/Zukunft ausgeht. Dann verliert der Begriff der Bewegung seine fundamentale Rolle. Es gibt ja keine »Bewegung« von der Vergangenheit durch die Gegenwart hindurch in die Zukunft, so als ob die Gegenwart ein Stück chronometrisch faßbarer Zeit zwischen Vergangenheit und Zukunft wäre. Vielmehr bekommt die Gegenwart selbst die Position, die einst der Bewegung zugedacht war. Sie ist das in die Zeit eingeschlossene ausgeschlossene Dritte, weder Zukunft noch Vergangenheit, aber zugleich auch das eine und das andere. Wie einst die Bewegung ist jetzt die Gegenwart die Paradoxie der Zeit. Daher ist sie vorzüglich diejenige Kategorie, an der auch die Paradoxie einer temporalisierten Gesellschaftsbeschreibung faßbar wäre und nicht faßbar ist, wenn es nicht zur Auflösung genau dieser Paradoxie kommt. Aber sie ist zugleich der Zeitmodus der Aktualität von Beobachtung und Beschreibung selbst, so daß die Zeit sich nur in der Zeit, die Gesellschaft nur in der Gesellschaft beobachten und beschreiben läßt und nicht wie eine Bewegung ab extra.

Kein Wunder deshalb, um dies zu wiederholen, daß die moderne Gesellschaft keinen Begriff der Gegenwart zustande gebracht hat. Auch eine Begriffsgeschichte von »Gegenwart« fehlt (Oesterle 1985). Gesichert ist nur, daß von einer geschichtlich lokalisierten Gegenwart erst gegen Ende des 18. Jahrhunderts gesprochen wird und die Art der Verortung der eigenen Gegenwart in der historischen Zeit noch lange danach unklar bleibt. Vorstellungen wie Flüchtigkeit des Moments (der doch alles ist, was man hat), zukunftsbezogener Aktivismus, Revolution, die man zu machen hat, und zugleich Geschichts- und Erfahrungsverlust oder auch Abwesenheit im Moment von all dem, was man kennen müßte, um handeln zu können (vergeblich reist man nach Paris, um Weltgeschichte zu sehen), kommen erst im zweiten Drittel des 19. Jahrhunderts auf. So wird man vor allem hier nach Vorstellungen suchen müssen, die unter diesen Bedingungen noch zeigen können, wie man die Gesellschaft beschreiben, und das heißt jetzt: verändern kann.

IV.

Nicht nur in der Zeitdimension, auch in der Sachdimension lassen sich Veränderungen beobachten, wenn übergreifende Selbstbeschreibungen des Gesellschaftssystems im Übergang zu funktionaler Differenzierung schwieriger werden. Als Konsequenz des Verlustes natürlicher, konkurrenzfreier Repräsentation muß die Gesellschaft ein höheres Maß an Kontingenz verkraften; es wird viel mehr als zuvor »Entscheidung« sichtbar, auch wenn ein Entscheider nicht sicher identifiziert werden kann. Marktorientierung und Demokratie schaffen in dieser Hinsicht neue Sensibilitäten. Entsprechend werden Paradoxien in die Form moralischer Paradoxien gebracht, das heißt entscheidungsnah beobachtet. Für den Markt gilt, daß moralisch verwerfliches, eigensüchtiges, allein an Profit orientiertes Verhalten trotzdem gute Folgen haben kann. Für die an öffentlicher Meinung ausgerichtete Politik gilt das Gegenteil. Hier können, wie die Französische Revolution den nun »konservativen« Beobachtern zeigt, beste Absichten schlimmste Folgen haben. In ihrer moralischen Fassung wird die Paradoxie mithin im Umkehrverhältnis auf Wirtschaft und Politik, auf Gesellschaft und Staat verteilt und so mit entsprechenden Institutio-

nen versorgt. Das (seinerseits paradoxe) Restaurationsprogramm lautet: Institutionalisierung von Freiheit.
Damit kommen die Verhältnisse jedoch nicht zur Ruhe. Wenn Institutionalisierung von Freiheit zum Programm, das heißt zur politischen Entscheidung und zur Ideologie (zunächst: zum Programm einer Gesellschaftssteuerung durch Ideen) wird, ergibt sich ein Bedarf für neuartige semantische Sicherheiten. Die implizite Selbstreferenz erfordert eine Differenz, innerhalb derer sie sich im Verhältnis zu anderem formieren kann. Es muß eine Ordnungsebene geben, die dem Spiel der Kontingenzen standhält, einen »inviolate level« (Hofstadter 1979: 686 ff.), der durch Vollzug von Paradoxien und Tautologien im Entscheidungsprozeß nicht berührt, vielmehr dadurch gerade in Geltung gesetzt wird. Das System kann nicht verlassen werden, denn es gibt keine kommunikationsfähige Position außerhalb der Gesellschaft: aber es kann intern Referenzen ausprobieren, die wie Absoluta gehandelt werden können. Darauf bezogen beginnt der Wertbegriff um die Mitte des 19. Jahrhunderts seine Karriere.
Werte sind »blinde Flecken«, die zum Beobachten und zum Handeln ausrüsten.[9] Die Werthaftigkeit des Wertes ist die Position, von der aus man beobachtet, fordert, sich engagiert und sich zum Handeln bereitfindet. Wenn es um Beobachten geht, ist eine Unterscheidung von Wert und Gegenwert oder von Wert und unbefriedigendem Zustand erforderlich. Wenn es um Handeln geht, wird der Wert in das semantische Absicherungssystem der Motivation aufgenommen. Man sieht dann in der so festgelegten Perspektive besser (deutlicher, tiefer, auch weiter in die Zukunft), aber man setzt sich genau damit auch der Beobachtung durch andere aus. Werte sind keine Konsensformeln, sondern regen im Gegenteil zur kritischen Beobachtung des Beobachtens an.
Die Begriffsgeschichte der Wertesemantik ist noch nicht zureichend untersucht. Eine direkte Herkunft aus dem Adelsethos des »valeur« ist wenig wahrscheinlich.[10] Eher liegt es nahe, eine Herkunft aus der Ökonomie zu vermuten; denn hier bestand immer schon das Bedürfnis, die Kontingenzen und Wechselschicksale der Preise auf eine weniger bewegliche Sphäre der Werte zu projizie-

9 Ein immer wieder lesenswerter Beitrag hierzu ist James 1983.
10 Immerhin registriert Abbé Morellet für das 18. Jahrhundert einen solchen Wandel von »force« oder »vigeur« zu »utilité« (1980: 98 ff.).

ren.[11] Diese Funktionsstelle des Wertbegriffs mußte man im Grunde nur generalisieren, und das geschah seit der Mitte des 19. Jahrhunderts durch Ausdehnung auf moralische, literarische, ästhetische Bereiche.[12] Der Wertbegriff bezeichnet dann schließlich Präferenzen, von denen man in der sozialen Kommunikation ausgehen kann, ohne mit Widerspruch rechnen zu müssen. Es sind sozusagen die erprobten »Eigenvalues« des Systems, die sich auch bei Verwendung im Kontext selbstreferentieller Operationen als stabil erweisen (von Foerster 1981).

Das wohl auffälligste Merkmal von Werten ist, daß sie unauffällig kommuniziert werden. Sie werden in der Form von Andeutungen und Implikationen unterstellt. Gerade das entspricht der vorausgesetzten Selbstverständlichkeit ihrer Geltung. Man teilt dem anderen nicht mit, daß man für Gerechtigkeit sei; man fordert nur mehr Gerechtigkeit in der Einkommensverteilung. Werte werden in der Kommunikation gewissermaßen versteckt, während man die Kommunikation direkt auf etwas richtet, was Widerspruch finden könnte und noch zu verhandeln ist. Sie reproduzieren sich und kondensieren durch indirekte Kommunikation. Diese Eigenart kann dann auch taktisch benutzt werden, um Widerspruch zu unterbinden, und hinreichend hochstufige Werte lassen sich leicht finden.

Man kann zwar nicht widersprechen, aber man kann auslegen. Als Pendant zu der neuen Sinnebene unverletzlicher Werte scheint die moderne Hermeneutik erfunden worden zu sein. Zunächst eine Art Reflexionstheorie des Religionssystems, dann subjektiviert, schließlich Textwissenschaft, bringt sie das Unbestreitbare in die Form eines Zirkels, in dem sie selbst sich bewegen kann. Auch dies ist eine elaborierte Form für Tautologie und Paradoxie, eine Entfaltung von Selbstreferenz, und zwar eine Form, in der man sich aufhalten und bewegen kann, wenn man eine Option für den »Diskurs« der einen oder anderen Ideologie vermeiden will.

Allerdings hat genau diese Placierung des Wertbegriffs ihre Konsequenzen und ihre Kosten. Sie nimmt ihm (entgegen allem, was

11 Dies freilich in sehr verschiedenen Theorien. Vgl. Kaulla 1906.

12 Auch im 18. Jahrhundert ist ein sehr breit gelagerter Wertbegriff schon nachweisbar (ein Beispiel: Pernetti 1748: 97, hier Pflichten und Vergnügungen, Ehre und Leben, Gesundheit und Reichtümer umfassend), steht aber dann im Kontext einer utilitaristisch angesetzten Anthropologie.

man ihm nachsagt) seine praktische Bedeutung. Er symbolisiert die Autopoiesis der Kommunikation – und zwar dies, aber weiter nichts. Er erlaubt keinen Schluß auf richtiges Verhalten, weil dies immer eine Entscheidung von Wertkonflikten erfordern würde, die als Entscheidung kontingent bleibt und nicht auf dem »inviolate level« der Werte abgesichert werden kann.[13] Dies ist nur eine andere Formulierung für die wohl durchgehend akzeptierte Einsicht, daß es keine transitive Ordnung der Werte gibt, die ohne Rücksicht auf Umstände als feststehende Hierarchie in Geltung gesetzt werden könnte.

Der Verkürzung der Zeithorizonte auf eine »Definition der Situation« entspricht im Bereich der Werte das, was – zum Teil unter sehr irreführenden Bezeichnungen wie »postmaterialistisch« – als Wertwandel beobachtet worden ist. Anscheinend liegt diesem Wandel ein rasch zunehmendes Risikobewußtsein zugrunde, das sowohl an den ökologischen Problemen der modernen Gesellschaft als auch an den Schwierigkeiten, das Wohlfahrtsniveau zu halten, seine Nahrung findet.[14] Angst ist nicht mehr tabuisiert, sondern, besonders in der Form der Besorgnis und Befürchtungen für andere oder für alle, öffentliches Thema; man kann die Gegenwart deshalb geradezu als »Zeitalter der unverdeckten Angst« (Fröhlich 1982: 27) charakterisieren. Damit ist noch nichts über die Bewußtseinszustände konkreter Menschen gesagt, wohl aber etwas über Wertbezugnahmen in der öffentlichen Rhetorik. Die Angst wird, als Thema, zum Ersatzapriori. Sie kann nicht bestritten, nicht widerlegt, nicht kuriert werden. Sie tritt in der Kommunikation immer authentisch auf. Wer sagt, er habe Angst, dem kann man nicht entgegenhalten, er irre sich. Angst schafft sich mithin Respekt, mindestens Toleranz; sie macht Widerspruch inkommunikabel und dient von hier aus als Fixierpunkt der »neuen Werte«.

Sie blockiert zugleich den Durchgriff auf die Identitätsprobleme der Tautologie und der Paradoxie, deren Reflexion, wie gesagt, die Kommunikation blockieren würde. Angst gibt Kommunikation frei, und ihre neuen Werte profitieren von dieser Erleichterung –

13 Zu der hier anschließenden Notwendigkeit, zwischen Werten und Programmen zu unterscheiden, vgl. Luhmann 1984: 432ff.

14 Ähnlich Bühl 1981: »Das Hauptprinzip dieser neuen Wertsetzungen scheint nämlich das der Risikovermeidung zu sein« (153).

bis hin zu einer früher nicht gekannten unbelehrbaren Geschwätzigkeit. Auch darin setzt sich eine Form der Entparadoxierung der Identitätsprobleme des Gesellschaftssystems durch, die einer Ideologie im klassischen Sinne gar nicht mehr bedarf. Immer schon mußten Ideologien mehr bieten als eine bloße Wertempfehlung.

Sie waren dafür mit kognitiven Komponenten, mit Beschreibungen der gesellschaftlichen Lage und ihrer Probleme ausgestattet. Möglicherweise kann dies heute auf den Generalnenner Angst reduziert werden, der die Selektion von Beschreibungen, »Szenarios«, Weltmodellen und Appellen dirigiert. Auch damit würde aber eine Selbstbeschreibung der Gesellschaft gestoppt werden, bevor sie ihre eigene Willkür erblickt.

V.

Bisher haben wir Tautologien und Paradoxien als logisch gleichwertige Formen behandelt, die sich nur durch ein Umkehrverhältnis unterscheiden, beide Formen (wie Logik überhaupt) begriffen als Schematisierung von Beobachtungen und Beschreibungen. Diese Annahme wird jedoch problematisch, wenn man die Tautologien selbst als Paradoxien beobachtet, und in der Tat erweisen sie sich, wenn man sie beobachtet, als Paradoxien, während das Umgekehrte nicht gilt.

Tautologien sind Unterscheidungen, die nicht unterscheiden; sie sind Unterscheidungen ohne Differenz. Sie negieren explizit, daß das, was sie unterscheiden, einen Unterschied macht. Sie laden also zu einem Oszillieren, zu einem Blockieren der Beobachtung ein. Man kann von einer Tautologie nur sprechen, wenn ein zweiteiliges Beobachtungsschema unterstellt wird: Etwas ist, was es ist. Die Aussage selbst negiert jedoch die Zweiteiligkeit und behauptet die Selbigkeit. Sie negiert also das, was sie selbst ermöglicht, womit auch die Negation ihren Sinn verliert.

Nimmt man diese Überlegung ernst, dann kann man nicht länger von einer funktionalen Äquivalenz von Tautologien und Paradoxien bzw. Enttautologisierungen und Entparadoxierungen ausgehen. Dann wird auch verständlich, daß der Geist, wie oft behauptet, eine Präferenz für die linke Seite des intellektuellen und politischen Spektrums hat. Es ist offenbar fruchtbarer, sich mit der

Auflösung von Paradoxien zu befassen als mit der Entfaltung von Tautologien (was jedoch nicht zu dem Schluß verführen sollte, die Entparadoxierung sei deshalb wahres, ideologiefreies Wissen).
Um so mehr dürfte es sich lohnen, weitere Forschungen über Ideologien, über Temporalisierungen und eventuell über andere Varianten der Lösung des Problems der Selbstbeschreibung beim Problem der Paradoxie und der Entparadoxierung anzusetzen. Dabei wird es zur Leitfrage, unter welchen Bedingungen Entparadoxierungen fruchtbar und nicht pathologisch, als kreativer und nicht als vitiöser Zirkel eingesetzt werden können (ein Forschungsüberblick bei Krippendorff 1984). Demgegenüber tritt das bekannte Problem der »harmlosen« Selbstreferenzen (nach dem Muster: »Dieser Satz ist ein Satz«) zurück, denn auch diese erscheinen einem Beobachter, wie gesagt, als paradox und bedürfen daher einer Behandlung nach demselben Muster wie Paradoxien. Enttautologisierungen sind Entparadoxierungen, und in beiden Fällen geht es letztlich um die Umwandlung unendlicher in endliche Informationslasten. Entsprechend wird man die logisch-mathematische Betrachtungsweise des Problems revidieren müssen: Paradoxien sind nicht auf einen (zu vermeidenden) *circulus vitiosus* zurückzuführen, sondern solche Zirkel sind mißlungene Formen der Entparadoxierung.[15]

VI.

Jede Beobachtung von Systemen, die sich selbst beobachten, gelangt vor die Frage nach den immanenten Schranken selbstreferentieller Operationen. Läßt man Selbstreferenz ohne Einschränkung und auch in Anwendung auf sich selbst zu, stößt man auf Tautologien und Paradoxien – ein vor allem in der Wahrheitslogik wohlbekannter Tatbestand. Wenn man, hiervon ausgehend, die Selbstbeschreibungen der modernen Gesellschaft beobachtet und beschreibt, gewinnt man den Eindruck, daß sie mit diesem Problem konfrontiert sind und zugleich unfähig sind, es als solches wahrzunehmen.
Man kann verschiedene Ausweichstrategien beobachten. Eine von

15 Siehe als sozial-ontologische Diskussion dieser Frage auch Chihara 1973.

ihnen ist der Diskurs über das »Subjekt« – sozusagen die Simulation des Problems an einem gesellschaftsexternen Fall. Das ermöglicht es der Gesellschaft, das Problem zu externalisieren und sich in bezug auf sich selbst in der Illusion zu wiegen, zwar mangelhaft, aber jedenfalls nicht paradox konstituiert zu sein. Gerade die Entlarvung der Paradoxie des sich über sich selbst aufklärenden Subjekts, die Jürgen Habermas (1985) mit aller Brillanz und Schärfe durchführt, macht sich wiederum abhängig von dieser Externalisierungsfunktion. Das Paradigma intersubjektiver Verständigung wird als ein in der Kommunikation selbst impliziertes Ideal dargestellt, also als eine paradoxiefreie Orientierung – so als ob nur das sich als vernünftig postulierende Subjekt diesem Problem ausgesetzt wäre. Da man aber wissen kann, daß uneingeschränkte Selbstreferenz rein logisch nicht funktioniert, kann dies für einen Beobachter dieses Theorievorschlags nur heißen, daß die Idealisierung der intersubjektiven Verständigung die Funktion eines Selbstreferenzunterbrechers erfüllt; und man fragt sich dann: warum gerade so und warum nicht anders.[16]

Die Ergebnisse unserer bisherigen Überlegungen stimmen mit dieser Beurteilung überein. Eine gesellschaftliche Selbstbeschreibung, die nicht thematisieren kann, was sie nicht thematisieren kann, behilft sich mit Orientierungen, die ihr genau dies verdekken und Selbstbeschreibung trotzdem ermöglichen. Gewisse Unterscheidungen, die die Gesellschaft in Differenz zu etwas anderem (sei es »Staat«, sei es »Gemeinschaft«, sei es »Individuum«) identifizieren, haben diese Alibisierungsfunktion erfüllt. Ideologisierung und Temporalisierung statten diese Funktion mit dem semantischen Merkmal des Prekären aus, ohne sie für sich selbst durchsichtig zu machen. Die Semantik der Werte formuliert die dazu passende Begründung: die neuen »inviolate levels«, wenn alles kontingent wird und man in der Kommunikation selbst testen muß, was sich als Ausgangspunkt bewährt.

Was aber bietet Halt für eine »soziologische Aufklärung«, die auch dies noch beobachtet und beschreibt? Welche Semantik stabilisiert sich in einem solchen Prozeß des Beschreibens von Beschreibungen von Beschreibungen ... ? Und vor allem: Was folgt

16 Daß das Argument, diese Idealisierung sei Implikat von Kommunikation, selbst wenn es zuträfe, hier nicht weiterhilft, liegt auf der Hand. Denn auch Selbstreferenz ist Implikat von Kommunikation.

daraus, daß auch dies nur in der Gesellschaft, nur als Selbstbeobachtung und Selbstbeschreibung der Gesellschaft vollzogen werden kann, weil kein Einzelbewußtsein je »Subjekt« in dem Sinne sein kann, daß es nur sich selbst (und nicht primär: die schon laufende Kommunikation) einer solchen Beobachtung und Beschreibung zugrunde legen könnte?

Den Ausgangspunkt für eine Beantwortung dieser Frage kann man in der Annahme finden, daß es in der Gesellschaft keine beobachtungsfreien Operationen gibt – gleichbedeutend mit der These der Nichtausschließbarkeit von Kommunikation über Kommunikation. Wenn kommuniziert wird, setzt sich diese Operation, die die Autopoiesis der Gesellschaft in Gang hält und fortsetzt, auch der Beobachtung aus im Rahmen einer für die Beobachtung selbst geltenden Unterscheidung (zum Beispiel: dies ist gesagt worden und nicht das, was ich erwartet hätte). Die Differenz von Operation und Beobachtung kann auf dieser faktischen Grundlage als universell und als ständig sich regenerierend unterstellt werden. Die Autopoiesis der Gesellschaft kann nicht fortgesetzt werden, ohne daß dadurch Beobachtungsmöglichkeiten geschaffen werden.[17] Die universelle Geltung dieser These impliziert, daß auch die Beobachtung selbst nur als autopoietische Operation, also im Falle sozialer Systeme nur als Kommunikation durchgeführt werden kann.

Auf diese Unterscheidung von Operation und Beobachtung gründet sich eine zweite, die von »natürlichen« und »artifiziellen« Einschränkungen von Selbstreferenz.[18] Als natürlich kann man diejenigen Selbstreferenzunterbrechungen bezeichnen, die einem System als notwendige Bedingungen der Möglichkeit seiner Operationen erscheinen. Als artifiziell werden dagegen solche Beschränkungen gesehen, die als kontingent, als auch anders möglich, wahrgenommen werden. Natürliche Selbstreferenzunterbrechungen verhindern also den Durchblick auf die Paradoxie und die

17 In einem hier abzweigenden Überlegungsgang kann man zeigen, daß deshalb ein durch Kommunikation produzierendes System die Attribution von Handlungen erzeugt, um sich selbst beobachten zu können. Dazu näher Luhmann 1984: 225 ff.

18 Diese Unterscheidung findet man angedeutet (ohne Aussicht auf die Möglichkeit einer logischen Entscheidung der Frage, ob natürliche oder artifizielle Formen der Entparadoxierung vorliegen) bei Löfgren 1978: 244.

Tautologie selbstreferentieller Identität. Sie invisibilisieren das Problem. Artifizielle lassen diesen Durchblick zu, postulieren aber, daß irgend etwas geschehen muß, um die Paradoxie zu entparadoxieren.

Diese Unterscheidung natürlich/artifiziell (notwendig/kontingent) ist stets systemrelativ zu handhaben. Sie ist außerdem Veränderungen durch Evolutions- oder Lernprozesse ausgesetzt. Semantiken, die der Entparadoxierung dienen, können aus dem Bereich des Notwendigen in den Bereich des Kontingenten überführt werden, wenn das System neue »inviolate levels« finden kann, die die Funktion der Entparadoxierung übernehmen. Das ermöglicht es, die europäische Aufklärung als einen evolutionären Prozeß dieser Art zu begreifen, der freilich seinerseits unter der Semantik der subjektiven Vernunft die eigene Selbstreferenz nicht ausformulieren konnte. Und außerdem kann man mit Hilfe dieser Unterscheidung darstellen, daß und wie unbezweifelte Grundlagen der gesellschaftlichen Semantik durch eine evolutionäre Veränderung der Formen gesellschaftlicher Differenzierung unter Kontingenzverdacht geraten.

Vor allem aber kann man mit Hilfe dieser Unterscheidung die Beziehungen zwischen Beobachtung (Selbstbeobachtung) und Operation, also auch die Beziehungen zwischen den Prozessen der Selbstthematisierung und Selbstbeschreibung einer Gesellschaft und dieser Gesellschaft selbst klären. Ein Beobachter kann (und muß, wenn er mit Intention auf vollständige Erfassung seines Gegenstandes vorgeht) erkennen, daß selbstreferentielle Systeme paradox konstituiert sind. Diese Erkenntnis selbst macht jedoch die Beobachtung unmöglich, denn sie würde ein autopoietisches System postulieren, dessen Autopoiesis blockiert ist. Bei Annahme einer reinen, uneingeschränkten, unentfalteten Selbstreferenz würde mithin die Paradoxie in die Beobachtung selbst übertragen werden. Die Beobachtung widerspräche durch ihre eigenen Annahmen ihrer eigenen Absicht. Die Einsicht in die Notwendigkeit von Selbstreferenzunterbrechungen entparadoxiert deshalb den Gegenstand der Beobachtung und zugleich die Beobachtung selbst. Sie schließt, jenseits aller a priori angesetzten Bedingungen der Möglichkeit von Erkenntnis, Beobachtung und Gegenstand zusammen. Sie erst ermöglicht die Selbstbeobachtung (Selbstthematisierung, Selbstbeschreibung) der Gesellschaft.

Auf dieser Grundlage erhält die Unterscheidung von natürlichen und artifiziellen Beschränkungen der Selbstreferenz ihre Bedeutung. Sie erlaubt es, die Unterscheidung von Beobachtung und Operation festzuhalten, obwohl beide nur als entfaltete (entparadoxierte) Operationen, also nur als System möglich sind. Die Unterscheidung natürlich/artifiziell kann so genutzt werden, daß die Beobachtung das, was für das beobachtete System natürlich und notwendig ist, als artifiziell und auch anders möglich einstuft. Der Beobachter kann dann zum Beispiel untersuchen, wie ein System für sich selbst den Eindruck der Natürlichkeit, Unvermeidlichkeit, Alternativenlosigkeit seiner Selbstbestimmungen erzeugt. Er kann dann zum Beispiel nach funktionalen Äquivalenten für den Gottesbegriff fragen, mit dem ein Religionssystem sich selbst entparadoxiert (Luhmann 1985b). So kann der Beobachter, um eine Formulierung von Heinz von Foerster aufzugreifen, sehen, daß das beobachtete System nicht sehen kann, daß es nicht sehen kann, was es nicht kann (von Foerster 1979). Zu sehen, daß man nicht sehen kann, was man nicht sehen kann, das ist der eigentliche Gewinn, den die Kybernetik zweiter Ordnung anzubieten hat. Jedes andere Ziel von Aufklärung würde sich in hinreichend bekannten Selbstwidersprüchen verfangen.

Das heißt nicht, daß mit dieser Formel der Weisheit letzter Schluß angeboten wird. Oder vielleicht doch: das Ende der Weisheit und der Anfang des Aufbaus einer Theorie, die sich mit der Frage zu befassen hätte, welche Semantik der Selbstbeschreibung unserer Gesellschaft sich in einem Prozeß rekursiver Selbsterprobung bewährt, auch wenn sie als artifiziell, als kontingent, als auch anders möglich durchschaut werden kann.

VII.

Was realisiert ist, kann auch beobachtet werden. Im Laufe der Geschichte nehmen daher die Erfahrungen zu, die bestimmte Gesellschaftsformationen mit sich selbst machen können. Es liegt deshalb auf der Hand, daß die moderne Gesellschaft, die im 18. Jahrhundert mit Selbstbeobachtungen und Selbstbeschreibungen begonnen hat, heute dazu besser in der Lage ist als früher. Jedenfalls können die negativen Aspekte der Moderne, die in der bürgerlichen Bewegung seit Anfang mitbeobachtet worden sind, heute weder als vorübergehende Erscheinung noch als notwendiger Kostenfaktor des zivilisatorischen Fortschritts gebucht werden. Erst heute findet die Gesellschaft sich mit den Folgen ihrer Strukturwahl voll konfrontiert. Das gilt insbesondere für die ökologischen Probleme, die sich aus ihrer eigenen Rationalität ergeben haben. Daher liegt es nahe, die Selbstbeobachtung und Selbstbeschreibung zu radikalisieren bis hin zu dem Punkt, an dem evident wird, daß dies auf eine Paradoxie hinausläuft, nämlich auf die Einsicht, daß man will, was man nicht will.

Sucht man nach Positionen, von denen aus die moderne Gesellschaft sich in diesem Sinne selbst beobachten könnte, so gerät man in den Einzugsbereich sozialer Bewegungen. Ein sehr typisches Indiz ist bereits, daß diese Bewegungen in der Gesellschaft gegen die Gesellschaft zu operieren versuchen, so als ob sie von außen kämen. Nach langen und ebenso folgenreichen wie erfolglosen Versuchen, sich an einem Spezialphänomen zu fixieren – Stichwort »Kapitalismus« –, eröffnen heute die sogenannten »neuen sozialen Bewegungen« eine viel radikalere Perspektive und entsprechen damit einer geschichtlichen Situation, die bessere Möglichkeiten der Selbstbeschreibung bietet. Sie sind thematisch breiter, deshalb aber auch heterogen motiviert (und viele Bemühungen, sie als Einheit zu begreifen, sind daran immer wieder gescheitert). Sie sind zugleich radikal und nichtradikal eingestellt. Es geht ihnen um die Erhaltung einzelner Bäume und um die Änderung der Gesellschaft, um die Vermeidung übernatürlicher Radioaktivität und um ein anderes Leben. Oft sind diese Bewegungen widerspruchsvoll orientiert. Sie verfolgen zum Beispiel ökologische Ziele unter einer ökonomischen Charakterisierung ihres Gegners. Oder sie sind in sich gespalten. So artikuliert sich in der Frauenbewegung unter dem Thema Gleichheit ein ganz bürgerlicher Nachholbedarf und zugleich in der Frage nach einer Semantik der Weiblichkeit die Suche nach einer ganz anderen Lebensform. Im Keime enthalten diese Bewegungen die Möglichkeit zu einer radikalen Kritik der Gesellschaft, die weit über das hinausgeht, was Marx hatte sehen und wagen können. Sie befassen sich auf breiter Front mit einer Vielzahl von Folgen der Ausdifferenzierung von Funktionssystemen, und wenn ihnen eine radikale Intention zugeschrieben werden darf, dann die der Kritik funktionaler Differenzierung.

Damit gerät man aber an die Grenzen der Alternativität. Eine Gesellschaft kann eine Änderung ihres Prinzips der Stabilität, und das heißt: ihrer Form der Differenzierung, ihrer Form, Systemgrenzen zu ziehen, nur als Katastrophe vorstellen.[19] Die Kritik funktionaler Differenzierung bleibt deshalb, wie einst die Kritik der Ständeordnung, eine moralische Kritik, die nicht ausmachen und nicht angeben kann, was statt dessen evoluieren könnte. Daß vieles besser gemacht werden kann, ist jeweils unbestreitbar – damals wie heute. Daß die Menschen sich an ihren Mitmenschen versündigen, kann man ebenfalls immer wieder feststellen. So geraten die neuen sozialen Bewegungen unvermeidlich in den Sog der Tagesthemen – vielleicht mit einer etwas unbefangeneren Art, sie anzupacken. Ihre »Gegenöffentlichkeit« lebt von einem regen Austausch mit der »bürgerlichen« Öffentlichkeit, gegen die sie sich zu profilieren hofft. Aber mit all dem finden die »Alternativen« sich auch in dem Sog der funktionalen Substitutionen, wie sie immer schon überlegt, geprüft und bejaht oder abgelehnt sind. Die Apotheose der eigenen Moralität und die etwas unkonventionellen Stilmittel des eigenen Auftretens mögen dann suggerieren, daß man bereit sein sollte, die Bewertungen zu überprüfen. Aber auch das geschieht ja sowieso und jedenfalls in der Gesellschaft, nicht gegen sie.

Das Geheimnis der Alternativen ist: daß sie gar keine Alternative anzubieten haben. Das müssen sie sich selbst und anderen verheimlichen. Darin liegt ihr Beitrag zur Entparadoxierung. Und es fehlt nicht an Anzeichen dafür, daß er sich fruchtbar auszuwirken beginnt.

Literatur

Barel, Y. 1983: De la fermeture à l'ouverture en passant par l'autonomie? in: Dumouchel, P./Dupuy, J.-P. (Hg.): L'Autoorganisation: De la physique au politique. Paris.

Böckenförde, E.-W. 1976: Lorenz von Stein als Theoretiker der Bewegung von Staat und Gesellschaft zum Sozialstaat (1963); neu gedruckt in ders.: Staat und Gesellschaft. Darmstadt, 131-171.

Brunner, O./Conze, W./Koselleck, R. (Hg.) 1972: Geschichtliche Grund-

19 Es würde an diesem Argument nichts Prinzipielles ändern, wenn man den Fall, daß es aufwärts geht, in korrekterem Griechisch als Anastrophe bezeichnen würde.

begriffe: Historisches Lexikon zur politisch-sozialen Sprache in Deutschland, Bd. 1. Stuttgart.
Bühl, W.L. 1981: Ökologische Knappheit: Gesellschaftliche und technologische Bedingungen ihrer Bewältigung. Göttingen.
Chihara, C. 1973: Ontology and the Vicious-Circle Principle. Ithaca.
Dierse, U. 1976: Ideologie, in: Historisches Wörterbuch der Philosophie, Bd. 4. Basel/Stuttgart, 158-187.
– 1982: Ideologie, in: Geschichtliche Grundbegriffe: Historisches Lexikon zur politisch-sozialen Sprache in Deutschland, Bd. 3. Stuttgart, 131-169.
Fichte, J. G. 1962: Grundlage der gesamten Wissenschaftslehre, in: Ausgewählte Werke in sechs Bänden, Bd. 1. Darmstadt.
Foerster, H. von 1979: Cybernetics of Cybernetics, in: Krippendorff, K. (Hg.): Communication and Control in Society. New York, 5-8.
– 1981: Observing Systems. Seaside, Cal.
Fröhlich, W.D. 1982: Angst: Gefahrensignale und ihre psychologische Bedeutung. München.
Grimm, D. 1980: Reformalisierung des Rechtsstaates als Demokratiepostulat, in: Juristische Schulung 20, 704-709.
Habermas, J. 1981: Theorie des kommunikativen Handelns, 2 Bde. Frankfurt.
– 1985: Der philosophische Diskurs der Moderne. Zwölf Vorlesungen. Frankfurt/M.
Hofstadter, D. R. 1979: Gödel, Escher, Bach: An Eternal Golden Braid. Hassocks, Sussex (UK).
James, W. 1983: On a Certain Blindness in Human Beings, in: James, W.: Talks to Teachers on Psychology and to Students on Some of Life's Ideals (1912). Neudruck (The Works of William James). Cambridge, Mass., 132-149.
Kaulla, R. 1906: Die geschichtliche Entwicklung der modernen Werttheorien. Tübingen.
Krippendorff, K. 1984: Paradox and Information, in: Dervin, B./Voigt, M.J. (Hg.): Progress in Communication Sciences 5, 45-74.
Löfgren, L. 1978: Some Foundational Views of General Systems and the Hempel Paradox, in: International Journal of General Systems 4, 243-253.
– 1979: Unfoldment of Self-Reference in Logic and Computer Science, in: Proceedings of the 5th Scandinavian Logic Symposium. Aalborg, 205-229.
Luhmann, N. 1984: Soziale Systeme: Grundriß einer allgemeinen Theorie. Frankfurt/M.
– 1985a: Die Unterscheidung von »Staat und Gesellschaft«: Vortrag auf dem 12. Weltkongreß für Rechts- und Sozialphilosophie. Athen.
– 1985b: Society, Meaning, Religion – Based on Self Reference, in: Sociological Analysis 46, 5-20.

Middleton, J./Tait, D. (Hg.) 1958: Tribes Without Rulers: Studies in African Segmentary Systems. London.
Morellet, Abbé 1980: Prospectus d'un Dictionnaire de Commerce. Paris 1769. Nachdruck München.
Oesterle, I. 1985: Der ›Führungswechsel der Zeithorizonte‹ in der deutschen Literatur, in: Grathoff, D. (Hg.): Studien zur Ästhetik und Literaturgeschichte der Kunstperiode. Frankfurt/M.
Parsons, T. 1960: Durkheim's Contribution to the Theory of Integration of Social Systems, in: Wolff, K. H. (Hg.): Emile Durkheim 1858-1917. Columbus, Ohio.
Pernetti, J. 1748: Les Conseils de l'amitié, 2. Aufl. Frankfurt/M.
Rammstedt, O. 1985: Zweifel am Fortschritt und Hoffen aufs Individuum, in: Soziale Welt 36, 483-502.
Rauscher, A. 1976: Kollektivismus, Kollektiv, in: Historisches Wörterbuch der Philosophie, Bd. 4. Basel/Stuttgart, 884 f.
Renn, O. 1985: Die alternative Bewegung: Eine historisch-soziologische Analyse des Protestes gegen die Industriegesellschaft, in: Zeitschrift für Politik 32, 153-194.
Sciolla, L. 1983: Differenziazione simbolica e identità, in: Rassegna Italiana di Sociologia 24, 41-77.
Shils, E. 1961: Centre and Periphery, in: The Logic of Personal Knowledge: Essays Presented to Michael Polanyi. London.
Stein, L. von 1850: Geschichte der sozialen Bewegung in Frankreich von 1789 bis auf unsere Tage. Leipzig.
Stockton, F. R. 1969: The Lady, or the Tiger? (1884), in: The Lady, or the Tiger and Other Stories. New York.
Willke, J. 1974: Das »Zeitgedicht«: Seine Herkunft und frühe Ausbildung. Meisenheim am Glan.

Frauen, Männer und George Spencer Brown

I.

Unbestreitbar ist das, was sich in letzter Zeit als »Frauenforschung« zu etablieren beginnt, durch ein ungewöhnlich hohes Maß an Selbstreferenz ausgezeichnet. Die logischen Grundlagen dieser Struktur sind jedoch ungeklärt geblieben, und das hat weitreichende praktische Folgen für Ansehen und Durchsetzungsvermögen dieser neuartigen Forschungsabsichten.

Der Grund für diesen Mißstand liegt, wie im folgenden gezeigt werden soll, in einer Reihe von wissenschaftsgeschichtlichen, und der Verdacht kommt auf: wissenschaftstypischen Zufällen, deren Häufung und Ineinandergreifen man fast als Absicht auffassen könnte. Das für diese Fragen entscheidende Werk von George Spencer Brown (1969/1971) ist nahezu unbekannt geblieben. Wie man hört, ist der Autor ein Logiker, Segelflieger und Sportreporter. Ein renommierter deutscher Verlag hat sich mangels Empfehlung durch Philosophen nicht zur Übersetzung seines Buches entschließen können. In den Universitätsbibliotheken sucht man den grundlegenden Text, obwohl vorhanden, vergeblich, weil Spencer Brown es vermeidet, seinen Namen durch einen Bindestrich zu verbinden und damit erreicht, daß seine Publikation unzutreffend unter dem Allerweltsnamen Brown geführt wird.[1] Die wichtigste Rezension ist in einem Großhandelskatalog für möglicherweise unverkäufliche Waren erschienen (von Foerster 1969). Die Rezension gibt im übrigen Blackwell als Verlag an. Andere Angaben deuten auf Allen & Unwin hin. Hat man das Buch in der Hand, dann sieht man: Die Logik Spencer Browns ist in einer bezaubernden Weise einfach und kompliziert, elegant und verschachtelt und damit zugänglich wie ein Labyrinth mit nur einem deutlich markierten Eingang. Offensichtlich hat all dies verhindert, daß die Frauenforschung Zugang zu derjenigen Logik gefunden hat, die ihrer Struktur nach eine maskuline Logik und deshalb abzulehnen ist.

1 So auch im Cumulative Book Index 1969 und, trotz meines Hinweises, in der Universitätsbibliothek Bielefeld.

Nur Spencer Brown selbst hat die volle Tragweite seines Ansatzes begriffen und dem Thema Frau durch eine zweite Publikation Rechnung getragen. Diese Publikation ist unter einem Pseudonym erschienen, das wiederum nur den »Schlüssel«, aber nichts weiter in die Hand gibt (Keys 1971). Sie ist durch ein vermutlich absichtsvoll herbeigeführtes verlegerisches Mißgeschick so gut wie unerreichbar. Wie es der Zufall will, hat mir ein Glücksfall aus Anlaß einer Tagung über Hexen und ähnliches in Trier eine Kopie in die Hände gespielt.[2] Erst mit Zugang zu dieser Publikation erschließt sich die Möglichkeit einer feministisch distanzierten Lektüre der Logik von Spencer Brown, die ihrerseits nur eine Protologik mit deutlichen – aber gekappten (vgl. Varela 1975) – selbstreferentiellen Bezügen ist. Diese Unkenntnis und das Fehlen einer Metaprotologik für Frauenforschung hat fatale Folgen für das, was wir eingangs als ungewöhnliches Ausmaß an Selbstreferenz der Frauenforschung ausgemacht hatten. Sie wird zu schnell in Aktion umgesetzt. Dies ist ein seit langem bekannter (Hoffmann, o. J.: 197), heute aber etwas altmodisch wirkender Ausweg aus Reflexionsverlegenheiten. Er kann mit hoch entwickeltem Sinn für Symbolik praktiziert werden. So werden an meiner Fakultät die Namensschilder an Türen zu Dienstzimmern gelöscht, wenn sich der Inhaber des Namens und Zimmers in Prüfungen von Feministinnen als uneingestimmt erweist. Auch haben engagierte Frauen eine Fakultätskonferenz meiner Fakultät überfallen, um das physische Substrat für Abstimmungen zu zerstören, und zwar so schnell, zwischen Angriff und Zugriff nur wenige Sekunden, daß gar keine Zeit blieb für Reflexion. Solche handgreiflichen Auswege haben jedoch den Nachteil, schwer repetierbar zu sein. Sie lassen sich nicht auf Dauer stellen, weil sie zu rasch an Novität und Interesse verlieren. Auch können Frauen, modebewußt, heute nicht mehr gut in den historischen Kostümen der Studentenrevolution auftreten. Nicht zuletzt wäre zu bedenken, daß der »Geist der Tat« eher ein Reflexionswert der CDU zu sein scheint und daß weder die Erfolge dieser Reflexion noch die Nähe zu ihr sich der Frauenforschung vorbehaltslos empfehlen lassen. Immerhin: die Männer, die meinen, sie hätten, was Frauen betrifft, schon alles gesehen, werden heute eines Besseren belehrt.

2 Ich danke Herrn Hans-Peter Meyer für die Anfertigung einer Photokopie.

Neben diesen aufdringlichen Aktivitäten, deren Zeit bereits zu Ende geht, hat sich Frauenforschung in einem fachlich ernstzunehmenden, methodisch kontrollierten, theoretisch und empirischen Sinne bisher nicht ausdifferenzieren können. Es fehlt nicht an Publikationen über Frauen und an Hinweisen auf die Risiken, Gefährdungen und Benachteiligungen ihres Daseins. Was aber als spezifisch darauf gerichtete Forschung angeboten wird, wirkt eher wie *jaywalking* auf gefährlichem Gelände. In dieser Situation dürfte sich ein stärker strukturbewußtes Vorgehen empfehlen, das zunächst einmal die Frage zu klären hätte, in welchem Sinne die Unterscheidung von Männern und Frauen (= Frauen und Männern?) überhaupt eine Theoriebildung steuern kann. Es ginge dabei um die logischen Grundlagen der Frauenforschung und zugleich um ihre ideologische und empirische Verortung in der modernen Gesellschaft. Es ist die These der folgenden Überlegungen, daß die Logik, die Ideologieabhängigkeit und die faktischen Bedingungen der Frauenforschung in ein und demselben Überlegungsgang geklärt werden können.

II.

Frauenforschung muß die Differenz von Mann und Frau (um es in der herkömmlichen Reihenfolge zu sagen) zugrunde legen können. Ihre Theoriemöglichkeiten hängen davon ab, wie diese Differenz gefaßt, wie sie in die Form einer Unterscheidung gebracht wird. Einmal abgesehen von allen naturalen Unterscheidungen, die davon ausgehen, daß es eine entsprechende Differenz gibt, und die damit immer schon recht viel Festlegung unbesehen in die Theorie übernehmen (man müßte dann nachfassen und fragen, was Männer bzw. Frauen eigentlich sind), eröffnet die Logik von Spencer Brown den Zugang zur Forschung mit einer Anweisung: draw a distinction! Treffe eine Unterscheidung! Wer kommandiert hier? Ein Mann? Und was geschieht? Die Einführung einer Unterscheidung ist zunächst einmal die Einführung einer Form. Eine Form ist die Unterscheidung einer Innenseite (des Unterschiedenen) von einer Außenseite (des Sonstigen). Also ist die Einführung jeder Unterscheidung selbst schon eine Unterscheidung. Und wer unterscheidet diese Unterscheidung? Alles Beginnen beginnt mit Schonbegonnenhaben, also mit einer Paradoxie (Glanville/Varela 1981). Spencer Brown zeigt jedoch, daß dies die Ent-

wicklung eines Kalküls nicht behindert und später, wenn der Kalkül komplex genug ist, bereinigt werden kann.
Gleichviel: ohne Ausführung dieser Anweisung ist keine Beobachtung möglich. Beobachtung (einschließlich Selbstbeobachtung, zum Beispiel der Frau als Frau) läßt sich geradezu definieren als Gewinnung und Transformation von Information mit Hilfe einer Unterscheidung. Es muß mit Hilfe einer Unterscheidung feststellbar sein, was durch eine Information ausgeschlossen wird, und im Falle des Frauseins ist dies verständlicherweise das Mannsein.[3]
Nun ist jedoch gar nicht ohne weiteres ersichtlich, was damit gewonnen oder auch verspielt sein könnte, wenn man die Informationsgewinnung und -verarbeitung mit einer Unterscheidung beginnt – etwa der von Mann und Frau oder irgendeiner anderen. An eben dieser Stelle liefert Spencer Brown die entscheidende Einsicht. Spencer Brown faßt in einem Operator zwei verschiedene Funktionen zusammen, nämlich das Unterscheiden und das Bezeichnen (distinction, indication). Eine Unterscheidung als solche ist dann gleichsam unvollständig, operativ imperfekt, wenn sie nicht zugleich die eine Seite, die unterschieden wird, bezeichnet. Das Bezeichnen hat demnach nur im Rahmen einer Unterscheidung Sinn, während diese nur den Sinn haben kann, eine Bezeichnung vorzubereiten. Die andere Seite wird zugänglich gehalten, sie ist durch ein »crossing« erreichbar. Das gilt aber, wie leicht zu sehen ist, nur aufgrund der in der Ausgangsoperation bereits angelegten Asymmetrie. Die Asymmetrie drückt sich sodann in den beiden fundamentalen Axiomen aus (und weitere sind nicht nötig). Die Wiederholung der Operation kondensiert das Bezeichnete, fügt aber nichts hinzu (The value of the call made again is the value of the call). Für die Wiederholung des crossing gilt das Gegenteil (The value of the crossing made again is not the value of the crossing). Es kommt zu einer Formanreicherung, zur Reflexion anhand der Grenze, schließlich zum re-entry der Unterscheidung in den Raum, in dem sie etwas unterscheidet.

3 Selbstverständlich gilt dies auch dann, wenn ein sekundäres Interesse aufkommt, die Unterscheidung wieder zu verwischen oder unkenntlich zu machen. Oder wenn man für bestimmte Operationen einen Rejektionswert im Sinne von Gotthard Günther benötigt, der die Unterscheidung, ohne das Unterschiedene selbst aufzuheben, für den Moment neutralisiert. Vgl. Günther 1976 und 1976a.

Daß es nur diese eine Grundoperation gibt, hat auch zur Folge, daß sie Geschichte macht. Sie kann, einmal gesetzt, nicht wieder ausgelöscht werden, denn dafür steht keine eigene Operation zur Verfügung. Es gibt keinen Weg zurück zum »unmarked space«. Der Anfang ist fatal. Wenn man etwas ändern will, dann nur mit Operationen, die immer schon Unterscheidungen und Bezeichnungen, Trennungen und Asymmetrisierungen in einem leisten. Deshalb treten auch die Folgeprobleme im Systemaufbau temporalisiert auf. Es gibt zum Beispiel kein gleichzeitiges Ja und Nein, also keine Widersprüche, sondern nur ein Oszillieren zwischen beiden Möglichkeiten, was dann allerdings einem Beobachter, der von Zeitverhältnissen im System abstrahiert, als Widerspruch erscheinen mag. Also ist die Frage, mit welcher Unterscheidung (etwa der von Mann und Frau?) man anfängt, rational unentscheidbar, aber folgenreich.

Wir werden den so gebildeten Kalkül nicht weiter verfolgen, sondern nur einige Implikationen des Ansatzes klarstellen: Unterscheidungen können sich nicht selbst unterscheiden. Immerhin kann ein Beobachter Unterscheidungen unterscheiden, zum Beispiel danach, ob sie mit Hilfe des Zusatzaxioms des ausgeschlossenen Dritten ein Universum konstruieren oder ob sie als bloße Duale fungieren. Die erstgenannten Möglichkeiten könnte man auch totalisierende Unterscheidungen nennen. Die klassische (heute umstrittene) Logik ist der vielleicht berühmteste Fall. Sie hat zu Paradoxien geführt, die man ausklammern mußte; und schließlich zu einem »re-entry« der Unterscheidung in das durch sie Unterschiedene, so daß man als wahr nur noch akzeptiert, was »wahr und nicht unwahr« ist. Ist die Unterscheidung von Frauen und Männern als totalisierende Unterscheidung gemeint, und wenn ja, wie werden die dann fälligen Zusatzbestimmungen gehandhabt? Oder ist diese Frage schon die Falle, die eine männliche Logik aufstellt, um Frauenforschung schon vom Ansatz her auf eine abschüssige Bahn zu bringen?

Unterscheidungen werden arbiträr getroffen. Das heißt aber nichts weiter, als daß sie nicht beobachtungsunabhängig gegeben sind. Sie ergeben sich nicht aus der Sache selbst, im Falle von Männern und Frauen zum Beispiel nicht aus einem anthropologischen Grundtatbestand. Sie sind Konstruktionen einer Realität, die auch auf ganz andere Weise im Ausgang von ganz anderen Unterscheidungen konstruiert werden könnte. Das schließt nicht aus, daß ihre Benutzung (wie ein Beobachter sehen kann) motiviert ist und begründet werden kann; und selbstverständlich bleiben jederzeit »Postrationalisierungen« (Glanville 1984) möglich. Deshalb lautet die Ausgangsanweisung mit Recht: treffe eine Unterscheidung (sonst läuft gar nichts). Aber ist schon das die Falle? Und sollte man folglich den Frauen raten: treffe keine Unterscheidung?

Schließlich ist zu beachten, daß anschlußfähige Unterscheidungen eine (wie immer minimale, wie immer reversible) Asymmetrisierung erfordern. Die eine (und nicht die andere) Seite wird bezeichnet. Es liegt auf der Hand, daß die Unterscheidung zugleich Anfang und Ende des Operierens wäre, wenn sie keine Bezeichnung mit sich führte. Man hätte dann keinen Anhaltspunkt dafür, auf welcher Seite die Operation fortgesetzt werden könnte (und sei es als crossing). Die Maschine bliebe stehen. Wie in der aristotelischen Physik das Gleichgewicht ein defizienter Zustand ist, weil er die Bewegung hindert, ihren natürlichen Ort aufzusuchen, so ist auch die reine Unterscheidung unschlüssig. Man könnte zwar einwenden, daß die Wahl der Bezeichnung der Situation überlassen bleiben könnte – mal der Mann, mal die Frau – nach Maßgabe einer fairen Gleichberechtigung usw. Aber das wäre auf dieser Ebene des Theorieaufbaus ein Trugschluß; denn damit wäre die Ordnung der Situationen der Logik übergeordnet, sie würde die Operationen beherrschen, man hätte in Wahrheit eine Hierarchie, in der die Operation nur noch ausführt, was die Situation verlangt (und als Soziologe könnte man hinzufügen: man weiß, daß das mit Machtverhältnissen, Schichtung usw. korreliert).

So also nicht! Anscheinend gibt es Gründe, Unterscheidungen nicht völlig seitenneutral zu handhaben, sondern durch eine leichte Präferenz für die eine Seite zu markieren. Man denke an berühmte Fälle wie: Subjekt/Objekt, Figur/Grund, Zeichen/Bezeichnetes, Text/Kontext, System/Umwelt, Herr/Knecht. Damit wird weder bestritten, daß jede Seite nur in bezug auf die andere Sinn hat, noch, daß jederzeit ein Übergang von der einen zur anderen Seite möglich ist. Es muß aber verhindert werden, daß die Operation in einer Unentscheidbarkeit steckenbleibt wie Buridans Esel zwischen den Heuhaufen; und es muß auch verhindert werden, daß allein die Situation den Ausweg angibt und damit sich der Struktur überordnet, weil dann keine Erwartungen mehr gebildet werden können. Es könnte also seinen berechtigten

Grund haben, eine leichte Asymmetrisierung als Perfektionsmerkmal in die Grundoperation einzubauen. Wir vermuten: bereits darin steckt die Entscheidung dieser Logik für den Mann. Aber ist sie zu vermeiden?

III.

Mit dieser Frage verlassen wir Spencer Brown, denn es geht jetzt um eine inhaltliche Interpretation des Kalküls, eine semantische, wenn nicht soziologische Klärung des Sinns einer Asymmetrisierung, die schon in die Eingangsoperation unaufhebbar eingebaut ist.

Zugestanden, ja betont wird von Soziologen nicht selten, daß die Typenbeschreibung bzw. die Klassifikation von Menschen als Männern bzw. Frauen einen sozialen Definitionsprozeß voraussetzt und von ihm abhängt (Tyrell 1986). Es geht danach letztlich um Mannsbilder und Weibsbilder. Dann wird sich ein empirisch orientierter Soziologe aber noch leicht wundern müssen, daß die Klassifikation in so hohem Maße faktisch zutrifft, das heißt mit biologischen Merkmalen übereinstimmt – so als ob die Gesellschaft doch erst einmal nachsähe, bevor sie jemanden als Mann bzw. als Frau klassifiziert. Auch muß man das linguistische Material, aus dem solche Vorstellungen oft abgezogen werden, als hochgradig unzuverlässig ansehen.[4] Sicher, und auch gegen Nachforschungen durch Soziologen gefeit, ist ja, daß nur wirkliche Frauen Kinder gebären können, auch wenn dies irgendeine Art von Intervention voraussetzt. Das mag zwar ein Anlaß sein, noch nicht und nicht mehr gebärfähige Frauen aus der Geschlechtsklassifikation herauszunehmen, sie gleichsam zu neutralisieren. Aber daraus könnte man kaum folgern, daß männliche und weibliche Personen vor und nach der Zeugungsfähigkeit durchgehend verwechselt werden. Es kommt außerhalb dieses Bereichs eben nur auf die Unterscheidung nicht so sehr an.

Terminologisch sollte deshalb zwischen Klassifikation und Unter-

4 Im Schwyzerdütsch beispielsweise werden Frauen, wenn ihr Name für vertrauten Umgang benutzt wird (und das geht, was soziale Beziehungen anlangt, weit über Intimverhältnisse hinaus), grammatisch mit sächlichem Geschlecht bezeichnet: 's Gritli, 's Hildi. Es ist aber nicht bekannt geworden, daß die Schweizer deshalb bei der Zeugung von Nachwuchs besondere Schwierigkeiten gehabt hätten.

scheidungen sorgfältig unterschieden werden, besonders wenn man herausarbeiten will, was denn und warum es sozialer Variation unterliegt. Nur die Unterscheidung Mann und Frau ist kulturell variabel, nicht auch die Eigenschaft, Mann bzw. Frau zu sein. Klassifikationen dienen nur der Befestigung von Unterscheidungen am Objekt mit der Folge, daß am Objekt dann auch Unterscheidungen unterschieden werden können.[5] Für das Interesse des Soziologen an Unterscheidungen ist aber nicht die Gleichheit der Ausgangspunkt[6], die ja nur heißen kann, daß es auf die Unterscheidung nicht ankommt, sondern eine wie immer leichte und reversible Asymmetrie.[7] Sieht man sich um, gibt es in den Sozialwissenschaften wenig Angebote, die das erforderliche theoretische Niveau einhalten. Man findet aber eine sehr gehaltvolle Interpretation, die zudem den Vorteil hat, am Beispiel von Adam und Eva illustrierbar zu sein. Ich meine die »opposition hiérarchique«, die Louis Dumont (1983: 210 ff. und passim) analysiert.

5 In diesem Zusammenhang wäre es interessant zu wissen, ob irgendwelche Zusammenhänge feststellbar sind zwischen den Saussure-Vorlesungen der 90er Jahre, die bereits differenztheoretisch gearbeitet sind, und den wenig später publizierten Arbeiten von Durkheim und Mauss über Klassifikation.

6 Anders Hartmann Tyrell (Brief vom 3. April 1987). Tyrell weist mich auf die Bedeutung von Komplementarität hin. Zumindest logisch ist dies aber kein Primärbegriff, sondern (ähnlich wie »Wechselwirkung«) ein Begriff, der eine Verdoppelung von Asymmetrien, also hier so etwas wie soziale Rollenteilung voraussetzt und dann die daraus zu gewinnende Ganzheit betont. Außerdem müßte Komplementarität, verkürzt auf wechselseitige Spezifikation von Merkmalen, zu einem hohen Maß an Systemgeschlossenheit der Beziehungen von Mann und Frau führen – ein in der modernen Gesellschaft schwer vollziehbarer Gedanke. Immerhin ist derzeit theoretisch noch offen, ob man mit logischen und mathematischen Analysen nachweisen kann, daß Komplementarität ein besonderer Typus von Unterscheidung ist. Siehe dazu Goguen/Varela 1979 – mit besonderer Inspiration am Fall male/female (S. 40).

7 So gesehen könnte man das Postulat der Gleichheit auch als Paradoxie ansehen, nämlich als Behauptung einer Unterscheidung, die keine ist, weil sie operativ keine Folgen haben darf. Dann hätte man wiederum die Logik von Spencer Brown zu konsultieren, bei der es sich um eine nichtstationäre Logik der operativen Behandlung von Paradoxien handelt. Jede andere Version von »Gleichheit« muß sich die Frage gefallen lassen, weshalb und in welchen Hinsichten sie sich selbst nicht ernst nimmt.

Man würde das komplizierte Verhältnis asymmetrischer Unterscheidungen zur Hierarchie verfehlen, wenn man dabei nur an die einfache Differenz von oben und unten denkt und den Mann als den Haushaltsvorstand, als den Herrn der Frau ansieht. Das wäre trivial – weil ohne Schwierigkeiten umkehrbar. Man findet zwar solche Beschreibungen in der alteuropäischen Haushaltslehre. Zugleich rühmt sich aber die politische Theorie seit Aristoteles, diese barbarische Anordnung überwunden zu haben.[8] Man kommandiert die Frauen nicht, man regiert sie »politisch« (Pol. 1259a, 40-1259b 1), das heißt: nach ihrem freien Willen. Wir wollen versuchen, dies in eine modernere Begrifflichkeit zu übersetzen. Ausgangspunkt ist das Problem der asymmetrisierten Unterscheidung, das Spencer Brown uns hinterläßt.[9] Diese Struktur wird von Dumont unter Bezeichnungen wie »opposition hiérarchique« oder »englobement du contraire« auf eine zugleich interne und externe Referenz bezogen: intern auf das jeweils Entgegengesetzte und extern auf das Ganze, dem das, was die Unterscheidung unterscheidet, als Teil angehört.[10] Entsprechend dieser Doppelebene von Ganzem und Teilen kann man zwei verschiedene Darstellungen ihres Zusammenhangs wählen. Die erste nennen wir (nicht Dumont!) Emanation. Aus einer Einheit entsteht eine Differenz, in der das, was die Einheit war, als Gegenteil seines Gegenteils wieder vorkommt. Dafür gibt es haufenweise Belege. Die alte Gesellschaft, die auf Familien aufbaut und aus Familien besteht, entwickelt eine Differenzierung von Familie und Korporation, in der die Familie nicht Korporation ist (Durkheim 1930/1973: 1 ff.). Der heilige Kosmos gliedert sich in eine Differenz, in der das Heilige wieder vorkommt als Gegensatz zu weltlichen Angele-

8 Vgl. Pol. 1252b 5 – die Frau mit dem »animalischen«, aber auch in der Grammatik verwendeten, von sozialer Ordnung noch absehenden Ausdruck thêlys bezeichnend. Später als Standardtopos der Kommentare: Inter barbaros femina et servos eundem habent ordinem.

9 Es ist unwahrscheinlich, daß Dumont, obwohl mit englischen Verhältnissen vertraut, Spencer Brown kennt. Er erwähnt ihn jedenfalls nicht. Um so mehr besagt die offenbar zufällig entstandene Anschlußfähigkeit als Hinweis auf eine nicht beliebig variierbare Problematik.

10 »Hierarchie« meint hier und im folgenden also nicht etwa: Machtüberlegenheit oder gar Befehlsberechtigung, sondern immer: die Zugehörigkeit von Teilen zu einem Ganzen, die ihnen ihre relative Eigenständigkeit ermöglicht.

genheiten (Assmann 1984: 9ff., insbes. 13). Das Ich der Fichteschen Wissenschaftslehre projiziert ein Nicht-Ich, von dem es sich dann zu unterscheiden weiß (Fichte 1794/1962). Oder: Aus Adam entstehen durch einen kleinen operativen Eingriff Adam und sein Rippstück, Adam und Eva. Dasjenige Moment, das die Kontinuität zum Ursprung wahrt, hat dadurch offenbar eine Art Vorrang. Es sichert, ohne fortan das Ganze zu sein, die Systematizität der neuen Struktur. Der »englobement du contraire« wird zur »opposition hiérarchique«. Der hervorragende Teil sichert, wenn man so sagen darf, der Unterscheidung eine sie überformende Asymmetrie. Darin besteht sein Wert. Aber erst die moderne Ideologie wird, Dumont zufolge, »fait (la symétrie presumée) et valeur (l'additif asymétrique)« trennen (Dumont 1983: 215f.). Eine genuin hierarchische Denkweise kann diese Trennung nicht vollziehen. Für sie ist diese Asymmetrisierung keine Frage der Präferenz oder der Wünschbarkeit[11], sondern eine Frage der Repräsentation: der Repräsentation des Ganzen im Ganzen, der Vergegenwärtigung des Unsichtbaren im Sichtbaren, des Erscheinens von Ordnung.

Daher ist die Asymmetrie durchaus invertierbar. François Loryot betont zum Beispiel mit Nachdruck, daß es Frauen gibt, die manche Männer an Geist und Fähigkeit übertreffen; Gott zeigt sich nicht zuletzt darin, daß er aus wenigem viel machen kann (Loryot 1614, Buch I, Abschnitt IX). Es widerspricht der Asymmetrie auch nicht, wenn es Situationen gibt, in denen die Frauen den Vorrang vor Männern haben oder in denen die weltliche Politik wichtiger ist als das Heilige. Im Grenzfalle kann sich eine »hiérarchie bidimensionelle« entwickeln (Dumont 1983: 244). In die Sprache von Spencer Brown rückübersetzt: Die Unterscheidung ermöglicht dadurch, daß sie die Bezeichnung ermöglicht, auch das »crossing« und damit erst die Anreicherung. Allein hätte Adam sich im Paradies schrecklich gelangweilt. Über Eva bekam er durch Sünde Arbeit. Felix culpa.[12]

11 Siehe z. B. in bezug auf das Dual von rechts und links Dumont 1983: 240.

12 Man beachte hier besonders die selbstreferentielle Geschlossenheit des operativen Kontextes auf der Basis der Leitdifferenz Mann/Frau. Die an sich faszinierende Möglichkeit, daß Eva den Apfel der Schlange zu essen gegeben und damit das Böse zur Selbstreflexion gebracht hätte,

Ein von Dumont nicht eigens betonter Aspekt ist dabei die Ininvertierbarkeit der Hierarchie (von dem hier unvermeidlichen Bachtin und seinen Rabelais-Analysen einmal abgesehen). Die Ininvertierbarkeit der Hierarchie scheint die Voraussetzung zu sein für die Invertierbarkeit auf der Ebene der Unterscheidung. Damit hängt zusammen, daß die Repräsentation nach Art einer Einbahnstraße angelegt ist. Sie vermittelt Positionsstärken, nicht aber Positionsschwächen. So schließt zum Beispiel niemand von »Irren ist menschlich« auf »Irren ist männlich«[13], obwohl es doch leicht ist, die Erfahrung zu machen, daß Frauen sich nicht irren können.

Wenn Hierarchie Ordnungsbedingung schlechthin ist (weil Teile nur Teile eines Ganzen sein können), kann es im Rahmen einer »opposition hiérarchique« keine »freie« Anerkennung des anderen als anderen geben. Es gibt nur die beiden Möglichkeiten: die Anerkennung des anderen in seiner durch die Zugehörigkeit zugewiesenen Stellung (etwa: als Geschöpf Gottes) oder die Anerkennung im Konflikt.[14] Auf der Basis von Gleichheit wäre Anerkennung schlicht überflüssig – es sei denn, daß man das Individuum ganz modern denkt als ausgestattet mit einem ontologischen Defekt, als innerlich anerkennungsbedürftig, ja anerkennungssüchtig, als entfremdet und übervorteilt, als angewiesen auf Kompensation.

Wir halten diese Gemeinsamkeit von Merkmalen der »opposition hiérarchique« fest als Anzeichen eines Strukturgewinns, das heißt einer Einschränkung von Möglichkeiten. Die Hierarchiesemantik geht über die bloße Grundoperation des unterscheidenden Bezeichnens hinaus und gibt ihr einen kontextabhängigen Sinn. Damit stehen wir aber auch vor der Frage nach den sozialstrukturellen Bedingungen, unter denen diese Einschränkung ein evolutionärer Erfolg sein konnte. Und speziell möchte man wissen: Worauf stützt sich eigentlich die Annahme, daß es innerhalb eines Ganzen Teile geben müsse, die mehr als andere und mehr als ihre Gegenteile zur Repräsentation des Ganzen befähigt seien?

wird gar nicht erwogen. Die Schlange bleibt ausgeschlossener Dritter, und erst Valéry wird seinen Faust überlegen lassen, Mephisto zu verführen. Zu spät!

13 Selbst James Keys (alias George Spencer Brown) scheint bei diesem Gedanken zu zögern. Vgl. Keys 1971: 96.

14 Vgl. hierzu Dumont 1983: 260f., mit der wichtigen Einsicht, Konflikt sei eine Alternativform von Integration.

Ist diese Frage einmal gestellt, dann fällt auf, daß traditionelle Gesellschaften aufgrund ihres Differenzierungstypus tatsächlich über Positionen mit konkurrenzfreien Möglichkeiten der Repräsentation verfügen konnten. Das galt bereits dann, wenn sich eine Differenzierung nach Zentrum und Peripherie ausbildete, das galt für sogenannte »rank societies«, und das galt erst recht für voll stratifizierte Gesellschaftssysteme, in denen soziale Schichten mit deutlichen Grenzen die primären Subsysteme bildeten (ein übrigens gar nicht sehr häufiger Fall, aber der, der der Neuzeit vorausgeht). Wir ersparen uns Hinweise und Einzelanalysen. Es kommt nur darauf an, daß in den vorneuzeitlichen Gesellschaften, die den Typus einer primär segmentären Differenzierung überschritten hatten, eine im System sichtbare Repräsentation vorausgesetzt werden konnte – sei es als Zentrum (etwa: Tempel, Palast, Stadt), sei es als Spitze der Rangordnung. Für diese Positionen gab es, auch wenn sie offensichtlich Sonderpositionen im System waren und gerade deshalb, keine Konkurrenz. Undenkbar, daß die eigentlichen Qualitäten gesellschaftlichen Lebens durch die Bauern auf dem Land oder das Personal in der Küche repräsentiert werden konnten, und natürlich war die gesamte Positionsrekrutierung bis hin zur Rekrutierung von Heiligen[15] darauf abgestellt.

Diese Ergebnisse lassen keine direkten Rückschlüsse auf Beziehungen zwischen Mann und Frau zu, aber sie machen verständlich, daß man ganz allgemein von Repräsentationsasymmetrien ausgehen konnte, ja mußte. Die Gesellschaftsstruktur legte durch ihren Differenzierungstypus fest, daß Ordnung nur so wahrgenommen werden konnte; und das erklärt auch, daß eine Differenzierung zwischen Seinsfakten und Werten dazu gar nicht erforderlich war. Man konnte sehen, daß es so war, und wer das Gegenteil behauptet hätte, wäre im Irrtum gewesen.

In dieser Ordnung war die Repräsentation Sache des Mannes.[16]

15 Vgl. George/George 1955 mit dem Ergebnis: 78% Oberschicht, 5% Unterschicht, und erst vom 18. Jahrhundert ab eine drastische Tendenz zur Änderung.

16 Wohlgemerkt: die Repräsentation der Ordnung. Nicht das, was Feministinnen heute bevorzugt wahrnehmen und Phallokratie nennen: die Selbstrepräsentation des Mannes durch den penis erectus. Umgekehrt findet man auch, daß der Phallus im Stile Lacans überschätzt wird als Hinweis auf das Sein; aber dann haben Feministinnen die Schwierig-

Entsprechend begünstigten das Tugendschema und die Körperbeschreibung den Mann, wenngleich sie natürlich sowohl für den Mann als auch für die Frau lobende und tadelnde Worte, also eine komplette Moral bereithielten. Auch wurden Frauen dadurch benachteiligt, daß sich das Heldische in einem Hang zur Gewaltsamkeit und zur Körperverletzung präsentierte (immerhin: Judith!). Vor allem aber war in dieser Semantik, für uns kaum noch nachvollziehbar, Genuß von Vorzugspositionen (fruitio) ein Moment ihrer Rechtfertigung.[17]

Entsprechend wurde der Frau die Spezialfunktion zugewiesen, für das Gebären von Nachwuchs, also für die Reproduktion der Menschheit zuständig zu sein. Daß dies so ist, ist ja eigentlich auch unbestreitbar, nicht jedoch sind es alle Konsequenzen, die daraus gezogen wurden. Der Marchese Malvezzi zum Beispiel folgert daraus, daß Männer Frauen natürlicherweise im Hinblick auf diese Funktion ansehen; und er rät deshalb dem Fürsten, keine Frauen in Audienz zu empfangen, weil das zu Mißverständnissen und Versuchungen Anlaß geben könnte (Malvezzi 1635: 157ff.). Aber ohnehin: Was hätten Frauen in der Audienz zu suchen, wenn sie nichts anderes zu repräsentieren haben als ihre Fähigkeit, Nachwuchs auf die Welt zu bringen.

Erst mit dem Buchdruck und dem Umbau der Gesellschaft in Richtung auf eine primär funktionale Differenzierung wird dieser Struktur allmählich ihre Plausibilität entzogen. John Donne (ein auch in vielen anderen Hinsichten der Frauenforschung zu empfehlender Autor) klagt bereits über die Egozentrizität der Männer – über das Ausbrechen aus den Bedingungen, die sie als Art zu

keit, noch eine Position zu finden, die etwas anderes sein könnte als ein Hinweis auf den Hinweis auf das Sein.

17 Hierbei ist natürlich auch der spätere Sinnwandel der Semantik von »Genuß« im Auge zu behalten. Speziell dazu das Historische Wörterbuch der Philosophie, Stichwort Genuß, Bd. 3, Basel-Stuttgart 1974, 316-322, und Binder 1976. Die Veränderung korreliert genau mit der Auflösung hierarchischer Asymmetrisierungen und repräsentativer Gegenbegrifflichkeiten. Sie führt zu einer auf Repräsentation gegründeten, in sich selbst nochmals hierarchisierten Differenzierung der Form guten Lebens über die anthropologisierte Leichtform des »plaisir« zu einem Existenzbegriff, in dem unbestreitbare Ansprüche an die Gesellschaft verankert werden können.

repräsentieren haben.[18] Seit dem 17. Jahrhundert gibt es denn auch so etwas wie feministische Bewegungen, denen Diskrepanzen zwischen Sachlagen und Wertungen auffallen.[19] Seit der zweiten Hälfte des 18. Jahrhunderts kann man den Verlust der Repräsentation (Foucault) feststellen. Die Bemühungen, die Überlegenheit des Mannes festzuhalten, wirken von da ab verkrampft und unglaubwürdig – etwa in dem Insistieren auf Jungfräulichkeit bei der Eheschließung und »double standard« als dem Versuch, die Überlegenheit des Mannes dadurch zu festigen, daß der Frau Vergleichsmöglichkeiten abgeschnitten werden. So nimmt es nicht Wunder, daß Repräsentation durch den Mann schließlich nur noch als Selbstrepräsentation des Mannes wahrgenommen werden kann, also als pure Anmaßung.

Damit ist allerdings noch nicht ausgemacht, welcher Logik des Unterscheidens und des Bezeichnens man jetzt folgen könnte. Es gibt, zumindest heute, in der Gesellschaft keine konkurrenzfreie Position für Repräsentation. Keines der Funktionssysteme kann sie in Anspruch nehmen; oder anders gesagt: jedes, soweit es um die eigene Funktion geht. Man muß daher eine Semantik und ein sozialstrukturelles Arrangement finden können, die ohne Repräsentation des Systems im System auskommen. Man muß deshalb wohl auf jene »opposition hiérarchique« und auf Repräsentationsasymmetrien verzichten; aber heißt dies dann: sogleich den Riesensprung zu unbedingter Gleichheit tun, die dann zwar »herrschaftsfrei« zelebriert werden kann, aber um so mehr im dunkeln läßt, was nun eigentlich den Ausschlag gibt? Vielleicht das Durchhaltevermögen und die stärkeren Nerven im Konflikt?

Modernem Denken entspricht es, auch in der Hierarchie noch Zirkel zu entdecken, und das scheint dem heutigen Verhältnis von Mann und Frau besser zu entsprechen. Eine »tangled hierarchy« also im Sinne von Douglas Hofstadter (1985; vgl. Dupuy 1984): Mal ist der eine oben, mal die andere. Kaum glaubt man, gewonnen zu haben, stellt man fest, daß man verloren hat. Wer die Herr-

18 Ich zitiere Donne 1982:
»Prince, subject, father, son, are things forgot
For every man alone thinks he hath got
To be a phoenix, and that then can be
None of that kind, of which he is, but he«
(S. 276, Zeile 215-218).

19 Führend, wie in vielen Dingen, England. Vgl. z. B. Nadelhaft 1982.

schaft ausüben will, muß gehorchen lernen. Solche Systeme sind, wie man weiß, umweltempfindlich in einem ganz spezifischen Sinne. Jede Störung ist ihnen willkommen und wird umfunktioniert in ein Moment interner Regulation. Reizen sie also, könnte man vermuten, die beteiligten psychischen Systeme dazu, das notwendige Maß an Störung beizutragen? Ist die auf sich gestellte, Gleichheit betonende Beziehung von Frau und Mann vielleicht deshalb eine besonders reizvolle Beziehung?

IV.

Bevor wir allzu rasch urteilen, sollten wir uns die Fragestellung in Erinnerung rufen und nach funktional äquivalenten Möglichkeiten der Problemlösung suchen. Es ging, wie erinnerlich, um die in die Grundoperation des Unterscheidens und Bezeichnens eingebaute Asymmetrie. Ein Verzicht darauf führt zur absoluten Herrschaft des Chaos der Situationen. Darauf ist niemand vorbereitet. Aber wie und wozu könnte man die Asymmetrie halten, wenn das Gesellschaftssystem nicht mehr asymmetrisch wertet? Es wird doch nicht genügen zu sagen, daß die Logik anders nicht in die Gänge komme? Bevor wir weitergehen, sollten wir uns daher eine andere, ebenfalls traditionsgesicherte Lösung ansehen. Sie folgt einer rhetorisch ausgeformten Moral des Lobens und Tadelns, die gegen Ende des Mittelalters aufgrund antiker Vorbilder als Renaissance zu besonderer Blüte gebracht wurde.

In geradezu schematischer Weise bedient sich diese Rhetorik standardisierter Kataloge für Tugenden und Laster. Sie sieht dabei, weil nur so »amplifiziert« werden kann, von jeder Bezugnahme auf individuelle Daten und Biographien ab. Historische Persönlichkeiten, zum Beispiel Alexander, werden, völlig entindividualisiert, als bloße Muster vorgeführt. Jedes Individuum ist damit aufgefordert, sich und andere in der Distanz zum Exemplarischen einzuschätzen. Quer zu dieser Unterscheidung steht die Unterscheidung von Herren und Damen (natürlich: der Oberschicht, denn die Unterschicht, die arbeiten muß, ist weder tugend- noch lasterfähig). Normalerweise werden Traktate, so wie auch die Erziehung selbst, für Herren und für Damen getrennt. L'honneste homme und l'honneste femme sind verschiedene Gegenstände mit je spezifischen Ausprägungen des Tugend- und Lasterschemas.

»Die« Moral wird damit in eine männliche und eine weibliche Ausführung differenziert. Man kann geradezu eine »hiérarchie bidimensionelle« im Sinne von Dumont erkennen. In diese Gleichheit kann dann unbemerkt Ungleichheit einfließen in der Form einer Differenzierung der Anforderungen. Aber werden Frauen dadurch diskriminiert, wird dadurch eine Asymmetrisierung erreicht, und wie?

Daß es eine realistische, anzügliche Literatur über Frauen gibt, steht außer Frage, aber das ist nicht die Operationsweise der rhetorischen Moral. Sie wirkt gerade umgekehrt durch das Hochtreiben von Anforderungen, an denen man die Realität als Abweichung ablesen kann, ohne daß dies gesagt werden muß. Gerade das Lob der Frauen kann dann als Schema der Diskriminierung angesetzt werden mitsamt wohlmeinender Kenntnisse über ihre besonderen Gefährdungen und Schwächen. Auch hier also eine Möglichkeit, zur Asymmetrisierung einer Unterscheidung zu kommen, ohne daß die Asymmetrie zu ungleichen Wertungen verdickt werden muß. Es braucht gar nicht gesagt zu werden, daß die Frauen schlechter sind als die Männer, und das kann vernünftigerweise auch gar nicht gesagt werden, wenn beide ihre Seelen von Gott erhalten. Es ergibt sich erst aus einem Umkehrschluß, im Vergleich von Ideal und Realität.

Die Literatur, die auf Sexualgeschehen anspielt, zeigt eine deutlich dominierende Rolle des Mannes. Die Frau kontrolliert bestenfalls (wenn es nicht um Gewalt geht) das Tempo, mit dem sie sich auf Vorschläge einläßt. Immerhin wird Liebe für den Idealfall als ein beiderseitiger Wunsch stilisiert.[20] Generell gilt jedoch die Frau im Vergleich zum Mann als weniger perfekt. Das ergibt sich quasi automatisch aus den Adelswertungen: die Frauen sind schwach und weich und kalt, die Männer kräftig, hart und hitzig. Auch die Frauen selbst seien dieser Meinung, meint Pietro Andrea Canonhiero, weil sie, wie bekannt, lieber männlichen als weiblichen Nachwuchs auf die Welt bringen.[21] Allerdings muß hier dann rasch ein auf der Hand liegender Fehlschluß blockiert werden. Wenn man so direkt die Adelswertungen übernimmt, hätte das die

20 Siehe den Vergleich des Amadis-Romans mit Fabeln, Erzählungen usw. bei Gier 1986.

21 »Perché le donne gravide desiderano di partorire maschi, è non femine, segno evidente dell'imperfezzione loro«. So Canonhiero 1606: 24.

Folge, daß nur die Männer, nicht aber die Frauen adelig sein könnten. Dies ist natürlich nicht der Fall. Es kann für Adel dann doch nicht auf Robustheit ankommen, sonst wären »i fachini più nobili de Gentilhuomini, el le bestie de gl'huomini« (Canonhiero 1606: 25 f.). Man sieht hier das Ambivalentwerden der Repräsentation: Wenn sie in der Gesellschaft dem Adel obliegt aufgrund seiner natürlichen Qualitäten: wie kann sie dann aufgrund des gleichen Qualifikationsschemas den Männern und nicht den Frauen zugesprochen werden, obwohl der Adel auf Endogamie und reiner Abstammung beruht?

Schon hier zeigt sich also (und wir werden dieses Problem verschärft antreffen, wenn es nicht mehr um Stratifikation, sondern um funktionale Differenzierung geht), daß die Unterscheidung von Mann und Frau mit dem jeweiligen Schema gesellschaftlicher Differenzierung schlecht zu kombinieren ist. Das bedürfte genauerer historischer Erforschung, für die hier nur eine Art Lektüreanleitung fixiert werden kann. Wir betrachten nur noch einen Sonderfall: einen von einer Dame verfaßten Vergleich von Damen und Herren, den Traktat von Lucretia Marinella, Le nobilità et eccellenze delle donne: e i diffetti, e mancamenti de gli huomini, Venetia 1600. Hier werden Damen und Herren in einem Traktat gegenübergestellt, und das Schema Frau/Mann wird von einer Frau mit dem Moralschema von Tugend/Laster zur Kongruenz gebracht. Die Damen werden als tugendhaft, die Herren als lasterhaft dargestellt. Man könnte vermuten, daß die opposition hiérarchique einfach umgedreht worden ist und den Frauen nun die Repräsentation der moralischen Weltordnung zugedacht wird. Wir wissen nicht, ob die Verfasserin so gedacht hat. Wenn ja, dann ist sie auf die männliche Logik der asymmetrisierten Unterscheidung hereingefallen. Denn diese Tugend/Laster-Rhetorik ist nur ein Spiegel (und wird nicht selten so bezeichnet), der der Welt vorgehalten wird. Und in diesem Spiegel wird man dann rasch erkennen, daß die Damen nicht so tugendhaft sind, wie sie sein sollten, die Herren dagegen nicht so lasterhaft, wie sie sein könnten. Die einen enttäuschen unangenehm, die anderen enttäuschen angenehm. Kein Wunder dann, daß die Damen sich verführen lassen und die Herren dazu tendieren, ihre Bindungen bald wieder aufzulösen.

So wird denn auch eine Lehre verständlich, die besagt, daß es für eine Frau leichter sei, einen guten Mann zu finden, als umgekehrt für den Mann eine gute Frau.[22] Man sieht: die Asymmetrie kann sich auch zum Vorteil der benachteiligten Seite auswirken: Die Frau wird durch die Ehe eher angenehm, der Mann eher unangenehm überrascht. Ob es wirklich so war? Jedenfalls folgt daraus eine weitere Asymmetrie: »Vir mulierem non mulier virum corrigit« (Patricius 1518: fol. LVII).

Auch dies sind Fälle von Asymmetrisierung mit Möglichkeiten der Inversion, Fälle von distinction, indication und crossing. Zugleich verschleiert die Notwendigkeit eines Umkehrschlusses in der operativ eingesetzten Unterscheidung von Idealität und Realität die Richtung der Asymmetrie. Sie fungiert auf der Ebene des Ideals in der einen, realistischerweise dagegen in der anderen Richtung. Geschichtlich kann dies damit zusammenhängen, daß die Rhetorik des Damenlobs den Verfall der Ritterkultur (die Klage darüber beginnt bereits im 14. Jahrhundert) besser überstanden hat als die Rhetorik des Herrenlobs. Aber auch diese Erklärung würde nur zeigen, daß die maskuline Logik des asymmetrisierenden Unterscheidens gleichsam hinter dem Rücken der offiziellen Semantik operiert und die Verhältnisse wieder in Richtung auf eine Überlegenheit des Mannes zurechtrückt.

Auch dieses Arrangement verschwindet dann aber mit dem Zusammenbruch der Rhetorik, spätestens im 18. Jahrhundert, spätestens mit dem Roman. Das Tugendschema wird nun, vor allem seit Richardsons »Pamela«, so vorgeführt, daß der Leser es entschlüsseln und es nicht nur in Richtung auf Abweichung, sondern auch in Richtung auf Individualität decodieren kann. Die Asymmetrie hatte sich nun auf Individuen zu beziehen, und zwar auf Individuen, die in der Weise, wie sie selbst und andere beobachten, wie sie Briefe und Tagebücher schreiben, vom Leser beobachtet werden können. Wenn aber jetzt dies Beobachten des Beobachtens, diese »second order cybernetics« (Heinz von Foerster) zum Normalfall der Realitätspräsentation wird: Wie läßt sich dann das Unterscheiden noch asymmetrisieren? Als Unterscheiden von Beobachtern durch Beobachter? Als Unterscheidung von Frauen und Männern durch die feministische Bewegung? Und wenn, wird sich dann die Frauenforschung von der feministischen Bewegung unterscheiden können?

22 »Foemina virum facilius eligit bonum quam vir foeminam«, heißt es bei Patricius 1518: fol. LVII.

V.

In dem Maße, wie die Gesellschaft sich von stratifikatorischer auf funktionale Differenzierung umstellt, wird ein altes Paradox obsolet und ein neues tritt an seine Stelle. Das alte Paradox lautet: wie ein System in sich selbst nochmals vorkommen könne, und es wurde durch den Begriff der Repräsentation aufgelöst. Die dadurch bedingten Asymmetrien werden heute vor dem Hintergrund einer Norm der Gleichheit kritisiert. Aber diese Norm invisibilisiert ihrerseits ein Paradox, nämlich das Paradox der Ununterscheidbarkeit des Unterschiedenen. Mit den Paradoxen verändern sich die sie auflösenden Semantiken, und zugleich werden die jetzt überzeugenden Lösungen einer stärker dynamischen Gesellschaft angepaßt. Asymmetrien werden als Relikte einer älteren Gesellschaft aufgefaßt, und die Gleichheit wird entsprechend zum Reformziel. Ihr Paradox wird in die Zukunft ausgelagert, die noch nicht das Problem der gegenwärtigen Bemühungen ist (und auch darin liegt eine Affinität zu der Zeit in Betracht ziehenden Logik von Spencer Brown). Die feministische Bewegung hebt ab, Seligkeit suchend. Sie benutzt dabei die Unterscheidung von Frauen und Männern zur Beobachtung der Realität, und zwar mit dem Ziele, Asymmetrien zu eliminieren. Wenn es aber zutrifft, daß die Asymmetrien die Brauchbarkeit einer Unterscheidung erst konstituieren: Was beobachtet dann die feministische Bewegung mit Hilfe ihrer Leitunterscheidung? Sich selbst?

Wir waren vom Tatbestand einer auffälligen Selbstreferenz der Frauenforschung ausgegangen und könnten hier eine Erklärung gefunden haben, wenn man Frauenforschung umstandslos dem Feminismus zurechnen kann. Aber das ist zunächst nur eine Vermutung, und wir müssen zu einer sorgfältigeren Analyse ausholen, denn diese Variante der Semantik asymmetrisierender Unterscheidungen, die auf Resymmetrisierung abzielt, ist sehr viel reicher als alle Vorläufer, die wir bis jetzt vor Augen hatten.

Die Lösung, die Spencer Brown (unter dem Pseudonym James Keys) anbietet, besteht nur aus Geschichten und Gedichten, die ein tieferes Verständnis andeuten, ohne den Schlüssel dafür zu liefern. Die Zentralkategorie einer Liebe, die man nur zu zweit gewinnen kann, setzt sich der logischen Analyse entgegen, ohne sie aufnehmen und einschließen zu können. Die Unterscheidung von Mann und Frau wird damit ihres Charakters als einer Unterscheidung im Sinne der Logik von Spencer Brown entkleidet – deshalb wohl das Pseudonym! –, ohne daß ihr theoretischer Ort bestimmt werden könnte. Dahinter scheint die Idee zu stehen, daß es diese eine Unterscheidung gibt, die sich der operativen Logik des »draw a distinction!« entzieht. Eine Unterscheidung, die nicht unterscheidet, sondern verschmilzt? Eine Paradoxie? Wenn die Frauenforschung hier anschließen wollte, würde das ihrer recht lieblosen Praxis den Boden entziehen, ohne daß auf Anhieb zu sehen wäre, wohin das führt.

Eine bereits deutlich erkennbare Variante ist: Jede, sei es positive, sei es negative, Orientierung am Mann abzulehnen und damit auch die Unterscheidung von Mann und Frau aufzugeben. Dann liegt es nahe, die weibliche Identität nicht über diese Unterscheidung, sondern über den weiblichen Körper zu gewinnen. Ein solcher Rückzug auf den Körper führt jedoch in all die Verlegenheiten, die es einer Frau bereiten muß, wenn sie sich aufgefordert sieht, sich mit anderen Frauen unter diesem Gesichtspunkt zu vergleichen; und wozu, wenn nicht im Blick auf den Mann? Es wird jedenfalls nur eine Auswahl sein, die sich am Strand exponiert. Man wird gerade das Faßliche durch eine unfaßliche Semiotik verhüllen müssen, oder man wird scharfe Diskriminierungen unter Gesichtspunkten wie jung, schön, vorzeigbar zu akzeptieren haben.

Weitere Bemühungen in dieser Richtung sollten weder abgeschnitten noch vorab entmutigt werden. Einstweilen beeindrukken jedoch vor allem die Schwierigkeiten und die Gefahr, immer wieder in die nicht mehr sozial greifbare Leiblichkeit oder in eine platte Entgegensetzung von (männlichem) Verstand und (weiblichem) Gefühl abzugleiten. Wenn man außerdem weder Hierarchisierung noch Asymmetrisierung in Richtung Mann akzeptieren will: Was bleibt dann an funktional und strukturell äquivalenten Möglichkeiten übrig?

Die auffälligste Tendenz geht in Richtung auf eine (vorläufige) Umkehrung der Asymmetrisierung. Wir wollen das Resymmetrisierung nennen, wohl zu unterscheiden vom bloßen crossing. Die Frauen gewinnen Freude an dem Gedanken, selbst Bevorzugungen zu beanspruchen, wenn auch nur bis zum Jüngsten Tag der Herstellung vollständiger Gleichheit. Das läßt sich mit statistischen Methoden untermauern, die zeigen, daß das, was im Einzelfall nicht zutrifft, im großen und ganzen doch richtig ist. Und es ist eine in hohem Maße legitimationsfähige semantische Struktur, die auch in anderen Bereichen in Gebrauch ist: Sie begnügt sich auf der Grundlage des unbestrittenen Wertes der Gleichheit mit temporalisierten (aber nicht notwendig temperierten) Geltungsansprüchen. Aus der Zeitbedingtheit der Ansprüche ergibt sich zwanglos ihre Dringlichkeit. Das ermöglicht es, mit starken Überzeugungen zu hantieren, und Forschungen in Entwicklungsländern bieten dazu die Gelegenheit, sich am drastischen Fall zu stärken.

Kein Zufall dann, wie aus dem Programm des Wörterbuchs »Geschichtliche Grundbegriffe« ersichtlich (vgl. Koselleck 1972), daß Temporalisierung mit Ideologisierung einhergeht. Als Ausweg aus der puren Paradoxie einer Unterscheidung, die nicht unterscheidet, scheint sich als Ausweg einzubürgern, daß die dargestellten logischen Probleme mit Hilfe von Ideologie gelöst werden. Das ist, solange es keine Logik gibt, die Paradoxien verdauen kann, nicht zu beanstanden. Die Problemverschiebung von Logik auf Ideologie ist eine Möglichkeit der Entparadoxierung des Unterscheidens, die akzeptiert werden muß, wenn das Verdauungssystem der Logik selbst dies nicht leisten kann, sondern auf vorgängige Entparadoxierung, etwa nach Art der Typentheorie, angewiesen bleibt. Zu fordern ist nur, daß dieses Verfahren mit mehr Umsicht und mehr Transparenz praktiziert werde.

Die typisch zugrunde gelegte Ideologie erfordert Gleichbehandlung von Männern und Frauen. Genau das rechtfertigt Ungleichbehandlung von Männern und Frauen zur Korrektur bestehender Ungleichheiten, nämlich zur Bevorzugung von Benachteiligten. Das ermöglicht es, innerhalb der Unterscheidung (distinction) das Bezeichnen (indication) immer dorthin zu dirigieren, wo Ungleichheit im Sinne eines Nachholbedarfs für Gleichstellung besteht, und weitere Operationen dann dort anzuschließen.

Hier muß man sich zunächst über die Modernität der Problemstellung Rechenschaft ablegen. Solange die Geschlechtsrolle, vor allem die des erwachsenen Mannes, in sich viele andere Rollen (oder in einfachen Gesellschaften sogar: fast alle anderen Rollen) einschloß, gab es gar keinen semantischen Raum für die Unterscheidung von gleich/ungleich. Solange war denn auch die Komplementärrolle der Frau zwar asymmetrisch zugeordnet, nicht aber über das Formalschema gleich/ungleich mit der des Mannes verknüpft. Alter und Geschlecht regelten selbst den Zugang zu

anderen Rollen; und dann war es nicht möglich, außerdem noch zu fragen, ob in bezug darauf nun Gleichheit oder Ungleichheit der Geschlechter herrsche. Erst in dem Maße, wie der über das Geschlecht laufende Zuweisungszusammenhang an Bedeutung verliert, kommt die Frage der Gleichheit von Sachlagen und Chancen auf. Erst wenn das Geschlecht keinen Unterschied mehr macht, darf es dann auch keinen Unterschied mehr machen.
Läßt man sich darauf ein, dann verschwinden die bisher diskutierten Probleme mit einem Schlage. Die Unterscheidung von Männern und Frauen dient dann nur noch dazu, Ungleichheiten festzustellen. Frauen leben länger als Männer, haben aber schlechtere Karrierechancen und geringere Renten. Sie sind in physischen Kämpfen unterlegen, in verbalen überlegen. In bestimmten Berufen, zum Beispiel unter Professoren, Müllarbeitern, Leuchtturmwärtern, findet man sie seltener, in anderen, zum Beispiel bei Schreibarbeiten und in der Krankenpflege, findet man sie häufiger als Männer. Sie greifen weniger häufig zur Pfeife als Männer und sind, weil sie dieses Symbol zwangloser Verhandlungsbereitschaft nicht handhaben können, sondern allenfalls spitze Zigaretten rauchen, nach traditioneller britischer Auffassung für den civil service ungeeignet.[23] Die Differenz in der Verteilung von Frauen und Männern auf bewertete Positionen kann zunehmen oder abnehmen. Sie kann regional streuen, und dies kann mit weiteren Faktoren zusammenhängen. In Spanien findet man zum Beispiel, wohl wegen des relativ geringen Gehaltes, mehr Frauen im Hochschuldienst als in Deutschland. In Asien und selbst in Griechenland findet man sie schon im Straßenbau beschäftigt, in Deutschland noch nicht. Feststellungen dieser Art bleiben jedoch wissenschaftlich uninteressante Tatsachenberichte. Wer dies bestreiten will, und es wird bestritten werden, muß sich zu einer relativ anspruchslosen Auffassung von wissenschaftlicher Forschung bekennen. Der Wert solcher Feststellungen liegt in ihrer Anschlußfähigkeit für praktische Forderungen und Appelle, die unter der Prämisse des Gleichheitspostulats aus der bloßen Feststellung der Ungleichheit automatisch folgen. Mit überraschender Unbefangenheit lassen sich daraufhin Frauenrechte reklamieren, wo der Vergleich zuungunsten der Frau ausgeht, und Männerrechte im

23 Vgl. Royal Commission on the Civil Service (1929-30), Minutes of Evidence Q 8936 und 8937, zit. bei Kingsley 1944: 184f.

umgekehrten Fall – gerade weil der Unterschied von Mann und Frau für das in Frage stehende Problem irrelevant ist. Gerade die Irrelevanz der Unterscheidung von Mann und Frau führt so zum auffälligen Steilstellen der Ansprüche von Frauen, und das ideologische Engagement verhindert, daß die Merkwürdigkeit dieses Schlusses überhaupt bewußt wird.

Natürlich sind Frauen von der allgemeinen Dialektik der Gleichheitsideologie keineswegs ausgenommen, und das könnte man heute wissen und sich rechtzeitig klarmachen. Die Ideologie funktioniert im angestrebten Sinne, solange eklatante Ungleichheiten vorliegen und ein Nachholbedarf reklamiert werden kann. Je mehr diese Lage in Richtung auf Gleichheit eingeebnet wird, desto mehr funktioniert die Gleichheitsidee als Ideologie einer repressiven Meritokratie; denn wer es dann, ob Mann oder Frau, zu nichts bringt, hat selber Schuld.

Diese Überlegungen wollen nicht zu einer gleichermaßen ideologischen Gegenposition einladen. Es geht hier nicht um die Frage, ob Frauen im Guten wie im Schlechten mehr Gleichbehandlung erfahren sollen als bisher oder nicht. Die These ist vielmehr, daß diese Frage, was den Funktionssinn der Unterscheidung von Männern und Frauen angeht, an die Stelle der hierarchisierenden Asymmetrisierung getreten ist.

Ein weiterer Aspekt dieser Lösung ist, daß im Verhältnis von Frauen und Männern das Kopieren von Bedürfnissen und Zielen freigegeben wird. Vor dem Hintergrund der Sozialanthropologie René Girards läßt sich die weitreichende Bedeutung dieser Freigabe ermessen (Girard 1972 und 1978). Vor allem: Sie führt in Paradoxien und in unlösbare, sich verschärfende Konflikte, wo immer Knappheiten in Frage stehen. Die sozialstrukturell bedingten, religiös formulierten »interdits« fallen. Die Knappheit, man blicke nur auf den Arbeitsmarkt, vergrößert sich, und jeder Fortschritt, vor allem in der Wirtschaft, beseitigt und vergrößert Knappheit.[24] Frauen streben in die Berufe der Männer, sie beanspruchen sexuelle Freiheiten und Initiativrechte im Umfange der

24 Daß dies nicht allein auf das Verhältnis von Männern und Frauen zurückzuführen ist, sondern auch auf die Aufhebung anderer Imitationsverbote, zum Beispiel solcher der sozialen Stratifikation, zurückgeht, sei vorsorglich angemerkt. Zu allgemeinen Konsequenzen und zur Problemverschiebung von Religion zu Ökonomie vgl. auch Dumouchel/Dupuy 1979.

Männer, sie suchen gleiches Einkommen und gleiche Spendierfähigkeit, was auf seiten der Männer zur Legitimation des Abwartens, der Passivität, der Trägheit, des Sichernährenlassens führt. Es gibt dann keine sinnvolle division du travail sexuelle (Durkheim) mehr. Was der eine tut/nicht tut, muß auch der andere anstreben/vermeiden. Das führt in die Paradoxie: zuwenig und zuviel. So wird Hausarbeit knapp, weil zuwenig für beide zu tun ist, und zugleich wird sie ein ständiges Zuviel an Belastung, weil keiner zuständig ist und jeder das Recht hat, auf die Mitwirkung des anderen zu warten. Wie schon aus Anlaß der Erörterung des Zusammenbruchs von Hierarchisierungen bemerkt, ergibt sich daraus eine Überordnung der Situation und des Arrangements über die Unterscheidung. Mit und gegen Habermas könnte man auf eine »zwanglose« Vorherrschaft der nicht generalisierten Vernunft schließen. Faktisch werden individuelle Beziehungen zwischen Frau und Mann damit auf den schmalen Pfad geführt, auf dem Streit und ausgehandelte Ordnung nicht unterscheidbar sind.
Schließlich zeigt die Erfahrung, daß die Idee der Gleichheit zwar einfach ist, die Verhältnisse aber kompliziert, ja letztlich paradox sind. Gleichbehandlung wird zum Bewegungsmotiv, ohne daß die Frauen behaupten könnten (oder auch nur wollten), sie seien nichts anderes als kastrierte Männer. Bewegen sie sich also in eine Richtung, die ihre Identität nur im Verzicht auf ihre Identität finden kann? Oder fallen die ideologisch-organisatorischen Möglichkeiten der Frauenbewegung und ihre Identitätsreflexion zwangsläufig auseinander? Wir kommen darauf zurück. Aber auch im ideologisch-organisatorischen Bereich ist Gleichheit nicht ohne weiteres zu haben. Sinnvolle Unterschiede drängen sich immer wieder auf, und sei es nur, daß diachrone Gleichheit (»Bestandsschutz«) und synchrone Gleichheit nicht zu vereinbaren sind. Auch eine Politik der Ungleichheitskompensationsungleichheit frißt sich nur langsam in die bestehenden Regulierungen der Arbeitswelt, der Versorgung, der sozialen Sicherung und der Ausbildung hinein. So wird Beteiligung an bürokratischen Prozessen der Umregulierung notwendig, Feministinnen erwerben Fachkenntnisse, schlagen Änderungen vor, versuchen das Durchsetzbare zu erreichen und das noch nicht Durchsetzbare aufzuschieben – und zugleich werden, wie es scheint, diese Verfahren und Regulierungen von anderer Seite benutzt, um ihren Zorn abzulenken.

VI.

Die Ideologie der Gleichheit postuliert für die Unterscheidung das Ideal der Ununterscheidbarkeit und drängt sie in diese Richtung. Die Unterscheidung bleibt relevant, solange sie dazu dient, Ungleichheiten zu kristallisieren. Welche Ungleichheiten in diesem Zusammenhang zählen, fixiert ein in jeder historischen Lage neu zu bestimmendes Anspruchsniveau. Man wird sich voraussichtlich immer an vorhandenen Ungleichheiten abarbeiten können, und insofern ist der Unterscheidung von Mann und Frau wie auch der feministischen Bewegung eine Zukunft vorauszusagen. Der Horizont für Gleichstellungsambitionen ist unendlich und in jeder Ausgangsposition zu aktualisieren. So lassen sich jeweils aus dem Stand heraus Dringlichkeiten aufbauen und pflegen, und im Normalfall tritt diese Aktivität an die Stelle von Reflexion.

Unser Interesse zielt jedoch auf grundsätzlichere Fragen. Die im vorigen Abschnitt dargestellte Ordnung hat Eigenschaften, die darauf hindeuten, daß sie durch die Struktur der modernen Gesellschaft diktiert sind. Vordergründig ist dies daran zu erkennen, daß Gegenideologien zwar möglich sind, aber dann wie angehängt wirken und im Grunde dem gleichen Ordnungsschema folgen. Man kann die Lage der Männer in Erinnerung rufen, etwa mit dem Argument, daß auch sie gegenüber Frauen benachteiligt sind. Man kann auf begründbaren Ungleichheiten bestehen. All das praktiziert aber nur die Ideologie der Gleichheit. Daß die Unterscheidung selbst nur über vorausgesetzte Wertungen praktikabel wird und nicht mehr in einer kosmischen Hierarchie abgesichert ist, dürfte unbestreitbar sein. Es kann deshalb, auch in diesem Text, nicht darum gehen, der Frauenforschung entgegenzutreten. Die Frage ist nur, ob sich ihr Reflexionsniveau verbessern läßt.

Hierzu bietet, wie mir scheint, die operative Logik Spencer Browns einen Ansatzpunkt. Sie bestimmt die Einheit, von der sie ausgeht, als Operation und die Operation selbst als Einrichtung einer Unterscheidung. Das erlaubt es, aber hierfür können wir uns nicht mehr auf Spencer Brown stützen, Möglichkeiten und Formen des Unterscheidens mit gesellschaftsstrukturellen Bedingungen zu korrelieren, die den faktischen Vollzug der Operation erst ermöglichen.

Ihrem Selbstverständnis nach setzt die Operation im Voraussetzungslosen, im »unmarked space« ein.[25] Die Bedingungen ihrer Möglichkeit verweisen jedoch auf ein Gesellschaftssystem (oder wenn man eine psychische Systemreferenz will: auf ein Bewußtsein), das sich in solchen Operationen autopoietisch reproduziert. Obwohl die Logik ihre Ausgangsoperation als voraussetzungslos einführt, nämlich als beliebig mögliche, aber folgenreiche Transformation von Einheit in Differenz, ist bei soziologischer Betrachtung offensichtlich, daß jede Einführung einer Unterscheidung (jede Ausführung des Befehls: draw a distinction!) nur in einer Gesellschaft möglich ist. Daraus folgt die Frage nach dem Verhältnis von Gesellschaftsstruktur und logischer Operation. Eine Frauenforschung, die diese Frage nicht stellt, wird sich unversehens dem Duktus einer Logik ausgeliefert finden, die für sie eine maskuline Logik ist, und sich dadurch gedrängt fühlen, eine Gegenposition zu beziehen, die sich nur noch als Gefühl oder als Expression oder als Aktion ausdrücken kann.

Selbstverständlich kann dies nicht heißen, daß die Gesellschaft festlegt bzw. ausschließt, welche Unterscheidungen benutzbar sind. Es geht nicht um Begrenzung des Repertoires. Natürlich kann in jeder Gesellschaft zwischen Männern und Frauen unterschieden werden. Schließlich kann jedes Objekt zum Ausgangspunkt der Unterscheidung »dies und nichts anderes« gemacht werden. Die Frage nach dem Verhältnis von Gesellschaftsstruktur und logischer Operation greift tiefer. Sie betrifft die Möglichkeiten der Asymmetrisierung innerhalb der Unterscheidungen und, daraus folgend, das Verhältnis verschiedener gesellschaftlich wichtiger Unterscheidungen zueinander.

Im Anschluß an die vorausgegangenen Überlegungen läßt sich nunmehr leicht ausmachen, daß die Handhabung asymmetrisierender Unterscheidungen erleichtert wird, wenn die Struktur der Gesellschaft eine Repräsentation der Gesellschaft in der Gesellschaft (der Welt in der Welt, des Systems im System, des Ganzen durch einen Teil des Ganzen) ermöglicht. Dies ist immer dann der Fall, wenn dafür konkurrenzfreie Positionen oder Subsysteme zur Verfügung stehen. Traditionelle Gesellschaftsformationen, die auf

25 Das heißt nicht zuletzt, daß hierbei nicht einmal die Differenz der Werte wahr/unwahr vorausgesetzt ist und daß diese (Proto-)Logik vor aller Aussagenlogik liegt, die sich dann nur noch mit den Bedingungen der Zuordnung von Wahrheitswerten zu Aussagen befaßt.

Stratifikation oder auf Zentrum/Peripherie-Differenzierung oder (im typischen Fall) auf beiden Formen der Subsystembildung aufbauten, konnten solche Positionen anbieten – sei es als oberste Schicht, sei es als Zentrum. Andere Gesellschaftsbereiche kamen ganz offensichtlich nicht in Betracht.[26]

Die moderne Gesellschaft bietet ein völlig verändertes Bild, und eben deshalb eignet sich die Unterscheidung von Männern und Frauen, soweit sie nicht funktionssystemspezifische Relevanz besitzt, nämlich Familienbildung ermöglicht, nur noch dazu, soziale Bewegungen zu stimulieren. Das bedarf einer etwas ausführlicheren Erläuterung.

Wenn die wichtigsten Subsysteme der Gesellschaft anhand von Funktionen ausdifferenziert sind und das Gesellschaftssystem selbst sich auf funktionale Differenzierung einzustellen beginnt, entfallen die Voraussetzungen für eine Repräsentation der Gesellschaft in der Gesellschaft. Es gibt dafür keine konkurrenzfreien Positionen mehr: Weder die Politik noch die Erziehung, weder die Wirtschaft noch die Wissenschaft können in Anspruch nehmen, mehr als andere für die Gesellschaft zuständig zu sein. Jede dieser Funktionen ist unentbehrlich, jede limitiert die Möglichkeiten der anderen, aber keine kann sich selbst an die Stelle der anderen setzen. Dann gibt es aber keine unterscheidungsimmanenten Asymmetrien mehr, die an der Gesellschaft selbst einen heimlichen Rückhalt finden. Die Auffassung, daß Ordnung mehr mit Religion als mit Politik (oder mehr mit Politik als mit Religion) zu tun hätte oder daß gesellschaftliche Sinnzusammenhänge eher an die Position des Mannes als an die Position der Frau anknüpfen, so daß die Unterscheidung selbst das Bezeichnen schon dirigiert

26 Ältere Gesellschaftsformationen segmentären Typs hatten diese Möglichkeit noch nicht. Sie hatten ihre eigene Differenzierung in Regeln der Exogamie abgesichert, also die Unterscheidung von Männern und Frauen gleichsam querstehend zur Unterscheidung der Siedlungen, Familien und Geschlechter verwendet. Vor ihnen gab es vermutlich Gesellschaften, die ihre Differenzierungsformen direkt aus naturalen Unterscheidungen wie alt/jung oder Mann/Frau entwickelten. (Eine hierfür interessante Fallanalyse ist: Barth 1975.) Man sieht daran, daß die relative Bedeutung der Unterscheidung Mann/Frau im Laufe der gesellschaftlichen Evolution abnimmt und daß dies mit der Ausdifferenzierung des Gesellschaftssystems aufgrund eigenständiger, spezifisch sozialer Differenzierungsformen zusammenhängt.

(ohne crossing auszuschließen), verliert ihre Plausibilität. Wenn nun diese Änderung von Plausibilitätsbedingungen eintritt und wohl irreversibel eingetreten ist: Welche Leitdifferenzen können sich dann evolutionär bewähren, und was besagt diese Auslesebedingung für andere, immer noch mögliche und wichtige Unterscheidungen (hierzu auch Luhmann 1986a)?

Es bewähren sich nun vor allem diejenigen binären Codierungen, die die Asymmetrisierung dadurch abschwächen, daß sie das crossing erleichtern und dem Gegenwert fast die gleiche Bedeutung geben wie dem Hauptwert. Man kann diese Erleichterung als Technisierung bezeichnen. Jedenfalls erfordert sie eine Distanzierung von jeder moralischen Codierung. Wahre Sätze sind nicht moralisch besser als unwahre Sätze. Programme von Regierungsparteien sind nicht moralisch besser als Programme von Oppositionsparteien. Der Eigentümer einer Sache ist nicht in einer moralisch besseren Situation als der Nichteigentümer dieser Sache. Und in jedem Falle versucht man, über Institutionalisierung der Möglichkeit des Wechsels sich die Möglichkeit der Verlagerung von Anknüpfungen auf die Gegenposition offenzuhalten. Eine schwache Asymmetrie bleibt zwar erhalten, denn die Gesellschaft könnte nicht nur als Unwahrheit, nur als Opposition, nur als Nichteigentum usw. repräsentiert werden. Die Einheit der Ordnung beruht aber jetzt, deutlicher als je zuvor, auf Bistabilität, auf zweiseitigen Anknüpfungsmöglichkeiten und damit auf einer offenen Zukunft. Die Möglichkeit des Wechsels (als Kritik, als Tausch, als Regierungswechsel, um bei diesen Beispielen zu bleiben) wird wichtiger als die gegenwärtige Festlegung von Zuständen.

Schon im Bereich der funktional ausdifferenzierten Subsysteme funktioniert diese Logik der binären Codierung nicht gleichmäßig gut. Es gibt Funktionssysteme – man denke an Religion, an Kunst, vielleicht an Erziehung –, die unter diesem Modus der Selbstselektion leiden und die Bedingungen der Technisierung ihrer Leitdifferenzen nicht gleichsam spielend erfüllen können.[27] Erst recht liegt auf der Hand, daß zahlreiche andere, ehemals

27 Dies ist natürlich ein historisch bedingtes Urteil. Da die Erfahrungen mit der neuen Ordnung erst zwei- bis dreihundert Jahre alt sind, kann man Möglichkeiten der Nachevolution anderer Funktionssysteme nicht ausschließen.

richtige oder möglicherweise wichtige Unterscheidungen für die Codierung von Funktionssystemen nicht in Betracht kommen. Das gilt mit besonders weitreichenden Folgen für die ökologische Differenz, also für die Differenz des Gesellschaftssystems und seiner Umwelt (hierzu Luhmann 1986). Dasselbe trifft für die Unterscheidung von Frauen und Männern zu. Dies Abgehängtsein bedeutet nicht, daß diese Unterscheidungen nicht mehr sinnvoll sind, nicht mehr vorkommen, nicht mehr benutzt werden können. Nur ihre gesellschaftsstrukturelle Verortung und ihre Integration mit den Funktionssystemen bereitet erhebliche, nahezu unauflösbare Schwierigkeiten.

In dieser Sachlage liegt die generative Bedingung sozialer Bewegungen, eines spezifisch neuzeitlichen Phänomens, das im Strudel der Hauptstrom-Evolution auftaucht und eine in vielerlei Hinsichten abhängige Opposition betreibt. Die hochkontingente Selektivität der Erfolgsstrukturen der modernen Gesellschaft reizt, ja zwingt dieses System zur Selbstbeobachtung, denn eine zureichend komplexe externe Beobachtung kann es nicht geben. Die Selbstbeobachtung des Gesellschaftssystems kann zu Texten, zu Beschreibungen gerinnen und dann in weitgehend ungeklärten (sicher zufallsabhängigen, sicher kontingenzkausalen) Konstellationen zur Entstehung und zur autopoietischen Entwicklung sozialer Bewegung führen. Es sind sicher nicht einfach Rationalitätsdefizite in der herrschenden Ordnung, andererseits aber auch nicht anthropologisch vorgegebene, übergangene Bedürfnisse, die den Anstoß dafür geben (hierzu auch Japp 1984 und 1986). Eher stimuliert sie die Möglichkeit, alte oder neue Unterscheidungen und Bezeichnungen vorzuschlagen, die mit den Codes der Funktionssysteme verdrängt werden oder sonstwie nicht zureichend berücksichtigt sind.

Erstaunlich bleibt die Bindung an die Ideologien, die gleichsam als Nebenprodukt der Codierungen, als auf sie abgestimmte Wertsetzungen entstanden sind. Bis in die Details geht es auch der ökologischen Bewegung um Erhaltung des erreichten Standes gesellschaftlicher Errungenschaften und um Zusammenhänge zwischen Mengenentscheidungen und Verteilungsentscheidungen, um Sicherheit und um Vorsorge für Zukunft; und die feministische Bewegung kopiert völlig phantasielos Karrierechancen, Freiheiten, Rentenansprüche oder sonstige Chancen der Männer, was immer ihr ins Visier kommt, ohne den Anspruch auf Gleichbehandlung zu begründen. Soziale Bewegungen sind zugleich autopoietische und epigenetische Systeme; sie gehen von ihrer Definition der Situation aus, sie proklamieren ihre Ausgangsunterscheidung (draw a distinction) und folgen der damit angesetzten Logik. Aber die Gesellschaft stellt ihnen dafür nur die Form sozialer Bewegungen zur Verfügung, wenn und weil es sich nicht um Unterscheidungen handelt, die sich als Codes für Funktionssysteme eignen. Würden wir, gebunden an alt- oder moderneuropäische Begrifflichkeiten, in der Postmoderne leben, so bliebe nur zu sagen, daß auf diese Weise der Anspruch auf vernünftiges Menschenleben zerrieben wird. Mehr an den aktuellen Problemen orientiert, könnte man sich aber auch fragen, ob Formen der Integration zwischen Funktionssystemen und sozialen Bewegungen evoluieren werden – Integration begriffen nicht als konsensuelle Harmonie, sondern als ein wechselseitiges Hineinpressen von Limitierungen, als wechselseitige Beschränkung von Freiheitsgraden für selektive Operationen.

VII.

Soziale Bewegungen beobachten die funktional differenzierte Gesellschaft mit Hilfe eigentümlicher Leitdifferenzen, die sich nicht zur Codierung von Funktionssystemen eignen und eben deshalb für eine noch nicht vorprogrammierte Beobachtung freigegeben sind. Mit einer Einschränkung, die wir im folgenden Abschnitt aufgreifen werden, gilt dies auch für die Leitdifferenz Mann/Frau. Um die Konsequenzen einer solchen Querbeobachtung in Distanz zu den Codes und Operationsweisen der Funktionssysteme abschätzen zu können, müssen wir zuvor ein weiteres logisches Merkmal von Unterscheidungen in Betracht ziehen, das wir bisher zur Vereinfachung der Darstellung übergangen haben. Da Unterscheidungen Zweieroppositionen (Duale) sind[28], stellt sich stets die Frage nach dem Anschluß dritter und weiterer Möglichkeiten. Man kann mithin Unterscheidungen danach unterschei-

28 Die Gründe dafür könnten nur in weitläufigen Untersuchungen über informationsverarbeitungstechnische Vorzüge von binären Schematisierungen geklärt werden. Wir müssen das hier als bekannt voraussetzen.

den, wie sie dieses Problem stellen und behandeln, und mit dieser Frage stößt man auf wichtige Differenzen zwischen altertümlichen Dualen, unter ihnen männlich/weiblich, auf der einen Seite und denjenigen binären Codes, die sich bei der Ausdifferenzierung von Funktionssystemen bewähren.

Qualitative Duale haben in älteren Gesellschaften vor allem die Funktion, die vorherrschend analogisierende Denkweise fallweise zu durchbrechen und Entscheidungen für dies und nicht das mit einer Hintergrundsemantik, vor allem mit Bezug aufs Ganze auszustatten.[29] Für qualitative Duale alten Stils gilt, daß sie dritte Möglichkeiten gleichsam auf natürliche Weise abstoßen. Geleitet durch die Unterscheidung von Mann und Frau, kommt man nicht von selbst darauf, daß es dritte Möglichkeiten geben könnte. Man kann natürlich geschlechtslose Dinge in Rechnung stellen und eventuell Kinder diesem Bereich zuordnen, aber darin liegt für die Handhabung der Unterscheidung von Mann und Frau kein Problem. Bei hoher Relevanz dieser Unterscheidung müssen nur Unschärfen und Übergänge, etwa Geschlechtsumwandlungen, Hermaphroditen etc., tabuisiert, annihiliert, ins Monströse abgeschoben oder sonstwie abnormalisiert werden.[30] Dafür gibt es bis in die frühe Neuzeit hinein gute Belege. Solange sich der Ausschluß dritter Möglichkeiten nahezu von selbst versteht, funktionieren religiöse bzw. hierarchische Lösungen des Problems. Sie funktionieren unter geringen Belastungen, mit wenig Anlaß zu Zweifeln. Das ausgeschlossene Dritte kann als religiöses Geheimnis oder im Sinn von Transzendenz oder als hierarchisch übergeordnetes Ganzes wieder eingeführt werden. Es ist in der Konstitutionsbedingung der Unterscheidung und in ihrer immanenten Asymmetrie immer schon berücksichtigt. Dies ändert sich mit dem Übergang zu hochgradig technisierten Codes, die den Bezug auf dritte Werte explizit ausschließen, paradoxiebewußt werden und sich mit der Denkbarkeit einer mehrwertigen Codierung auseinandersetzen müssen. Gute Beispiele dafür findet man in der Wahrheitslogik

29 Für eine Auswahl aus der sehr umfangreichen Forschung vgl. Needham 1973. In diesem Kontext finden sich im übrigen ganz typisch jene asymmetrisierenden Strukturen der Präeminenz der einen Seite, auf die wir oben unter III. bereits eingegangen sind.

30 Zu diesem sehr allgemeinen Erfordernis, symbolisiert z. B. durch die Nichtplacierbarkeit der Null im Übergang von positiv zu negativ, vgl. auch Leach 1982: 8, 86, 222 und öfter.

und einer sehr alten Diskussion über unvermeidliche Unbestimmbarkeiten, mehrwertige Logik und Spezialregeln zur Eliminierung von Paradoxien. Ähnliche Sachverhalte würde man vermutlich am Rechtscode feststellen können, wenn man die neuzeitliche Umformung der alten (hierarchieabhängigen) Problematik der Derogation (vgl. Bonucci 1906; de Mattei 1969) in Vorstellungen über Staatsräson, natürliche Rechte und schließlich Gewalt als Grundlage der Geltung des positiven Rechts genauer erforschen würde. Diese Entwicklungen zu einer technisch perfekten Codierung ziehen jedoch gleichsam an der Unterscheidung von Mann und Frau vorbei, und der Differenzpunkt scheint im Problem des ausgeschlossenen Dritten zu liegen. Da jede Ausführung der Anweisung »draw a distinction!« ein ausgeschlossenes Drittes produziert und dies präzisiert in dem Maße, als sie nicht nur die bezeichnete Form, sondern auch das von ihr Unterschiedene für Bezeichnungen zugänglich macht, liegt hier ein Vergleichspunkt, und man könnte dort ansetzen und zu klären versuchen, weshalb die Unterscheidung von Mann und Frau an dem Siegeslauf der technischen Codes nicht teilnimmt und deshalb als Unterscheidung von Frau und Mann nur noch für Unruhe sorgt.

Dazu gibt es bislang keine hinreichend sorgfältigen Untersuchungen, wir sind also auf erste Mutmaßungen angewiesen. Hält man sich an die logische Codierung der Wahrheit als Leitfaden, dann zeigt sich ein Zusammenhang zwischen (1) Technizität des Codes im Sinne einer Abschwächung der Asymmetrie und einer Erleichterung des crossing, (2) Universalität und Spezifität des Problems der selbstreferentiellen Paradoxien, die alle Operationen unter dem Code blockieren, aber mit spezifischen Instruktionen (à la Typenhierarchie) beseitigt werden können; und (3) Verzicht auf religiöse und/oder hierarchische Problemlösungsmittel, wenn man bereit ist, Unbegründbarkeit (Gödel!) der Deblockierungsinstruktionen in Kauf zu nehmen. Auf der Grundlage einer derart leistungsfähigen Codierung können dann die Parsonsschen pattern variables universality/specificity realisiert werden. Das heißt: jeder Sinn, der im Codebereich zum Thema wird, kann auf universelle spezifische Weise behandelt werden, auch dann wenn der Eigensinn dieses Sinnes (zum Beispiel die politische Intention der Rechtsvorschrift, der lebensweltliche Bedeutungskontext von Aussagen, die persönliche Affinität zu einer käuflichen Ware) damit nicht angemessen berücksichtigt wird. Eben das ermöglicht die Ausdifferenzierung von Funktionssystemen unter der Regel des ausgeschlossenen Dritten mit Vorbehalt der Wiedereinführung des ausgeschlossenen Dritten in den Operationsbereich des Codes in der Form nicht von Codierung, sondern von Programmierung (zum Beispiel: »Liebhaberpreise« in der Wirtschaft oder die verfassungsrechtliche Berücksichtigung der politischen Prämissen des Rechts, ohne daß damit eine dreiwertige Struktur rechtmäßig/rechtswidrig/politisch opportun akzeptiert werden müßte).

Die vielleicht wichtigste Eigenschaft solcher Codes verdient einen besonderen Hinweis, gerade weil sie auf die Unterscheidung von Frauen und Männern nicht (oder doch?) übernommen werden kann. Die Codes schließen vor allem Entscheidungen aus und ein. Die Entscheidung, für die eine oder die andere Seite (für Recht statt für Unrecht; für unwahr statt für wahr) ist das im Code ausgeschlossene Dritte, das in das durch den Code gebildete System zugleich eingeschlossen ist. Ohne Einschluß des ausgeschlossenen Dritten (oder: ohne Ausschluß durch Codierung des eingeschlossenen Dritten) kommt es nicht zur Systembildung. In bezug auf den Code ist die Entscheidung der Parasit im Sinne von Michel Serres (1981), und Systembildung ist folglich elaborierte Paradoxie. Eine Gesellschaft, die sich durch codierte Funktionssysteme führen läßt, erzeugt wie keine zuvor einen Bedarf für Entscheidungen, die sie nicht legitimieren, jedenfalls nicht auf die Werte ihrer Codes zurückführen kann. Deshalb muß über »Geltungsansprüche« unabsehbar verhandelt werden, deshalb wird Legitimation zum Dauerproblem, deshalb wird eine Supersemantik der »unverletzlichen« Werte geschaffen, die die Paradoxie aufnehmen, invisibilisieren und bejahungsfähig zurückstrahlen kann. Deshalb wird, und das ist die strukturell wirksame Antwort auf das Problem, zwischen Codierung und Programmierung unterschieden, und die Kriterien des Richtigen werden erst auf der Ebene der änderbaren Entscheidungsprogramme festgelegt. Deshalb entsteht in nie zuvor gekanntem Ausmaße Organisation.

Erneut an Spencer Brown anschließend, kann man dies Problem auch als Problem der Universalisierung einer Unterscheidung darstellen. Das Universellsetzen einer Unterscheidung führt zu einer Form ohne Außenseite – so wie die Elementarsetzung einer Unterscheidung zu einer Form ohne Innenseite führt. In beiden Fällen entsteht eine formlose Form, eine Paradoxie (Glanville/Varela

1981). Spencer Brown weiß Rat, wir haben es schon erwähnt, durch eine Prozeduralisierung der Paradoxie. Auch die Systemtheorie weiß Rat. Sie kann einen binären Code wie einen reizunspezifischen Codierungsmechanismus behandeln, der alles, was ihm die Umwelt zuspielt, behandeln kann, aber nur in der Form systemeigener Operationen, also nur in Ausdifferenzierung eines geschlossenen rekursiven Systems.[31] Wenn man aber auf diese Krücken der Logik bzw. der Systemtheorie verzichten will: Wie kommt man dann zu einer theoretisch hinreichend genauen Erfassung des Problems?

Diese nur in knappen Strichen skizzierte Problematik von binären Unterscheidungen läßt sich nur schwer auf die Unterscheidung von Mann und Frau übertragen.[32] Der Grund dürfte sein, daß sich die oben genannten Bedingungen der Technisierung und die hochartifizielle Konstruktion des wiedereingeführten ausgeschlossenen Dritten – des Ausschlusses qua Code und der Wiedereinführung qua Programm – in diesem Falle nicht realisieren lassen. Man kann es gedanklich leicht durchspielen: Als Code würde die Unterscheidung in ihrem System den Parasiten Entscheidung erzeugen, der den Code sofort erodieren würde. Das Entscheiden ließe sich nicht ausschließen, ohne daß es zugleich wieder ins System eingeschlossen werden müßte. Und dann wäre unabweisbar zu entscheiden, wer entscheidet: der Mann oder die Frau.[33] Auch die Universalisierung der Unterscheidung von Mann und Frau läßt sich kaum bis ins logische Extrem durchziehen. Immerhin könnte man sich eine Tendenz dieser Art vorstellen, die dann die auftretenden Paradoxien entweder in die Ambiguitäten des heftigen Feminismus oder in die Funktionssystembildung der Familien auflöst. Wir kommen darauf zurück.

Trotz dieser strukturellen Schwäche, trotz dieser Schwierigkeiten in der Behandlung der Paradoxie des eingeschlossenen ausge-

31 Vgl. für einige erkenntnistheoretische Konsequenzen solcher »undifferenzierten Codierung«, angeregt durch neurophysiologische Forschungen, von Foerster 1987: 137ff.

32 Ich wüßte aber gern, was genau Paul Valéry gemeint hat mit: »Entre homme et femme, il n'y a pas trois possibilités« (1960: 354).

33 Daß dieses Problem in Ehen lösbar ist (nicht zuletzt durch Arrangements, die sicherstellen, daß derjenige, der entscheidet, nicht unbedingt derjenige ist, der das Heft in der Hand hat), soll hier nur angemerkt werden. Wir kommen darauf zurück.

schlossenen Dritten behält die Unterscheidung Frau/Mann auch in der modernen Gesellschaft ihre eigentümliche Funktion, die Anknüpfung von Bezeichnungen zu dirigieren, wenngleich nur für Fälle, in denen es tatsächlich um Frauen bzw. Männer geht. Die Beobachtung der Funktionssysteme anhand dieser Unterscheidung läuft dann über eine prinzipiell inkongruente Perspektive.[34]

Das führt dazu, daß die Funktionssysteme, die unter je ihrem Code autopoietisch geschlossen operieren, die Unterscheidung von Männern und Frauen aufnehmen können, wenn dies in ihrem Funktionskontext sinnvoll ist. Die Warengestaltung und Werbung der Wirtschaft mag sich vermehrt auf Frauen einstellen, wenn diese als Käufer für bisher typisch von Männern gekaufte Waren in Betracht kommen. Die Unternehmenspolitik der »corporate identity« mag sich trendbewußt vor den Frauen verneigen und den Posten »Frauen« in ihre Sozialbilanzen aufnehmen, besonders wenn die Grenzen zwischen Markt und Öffentlichkeit durchlässiger werden (Buß 1983). Die politischen Parteien mögen es für opportun halten, vermehrt Frauen als Kandidatinnen aufzustellen. Die Wissenschaft mag sich unter den Beschränkungen ihrer theoretischen und methodischen Mittel auf »Frauenforschung« einstellen. Die Sprachempfehlung mag sich durchsetzen, zumindest in offiziellen Dokumenten immer auch das andere Geschlecht mitzuerwähnen: Minister/Ministerin, Säugling/Säuglingin usw. Damit werden jedoch nur Programme modifiziert, die unter andersartigen Codes angesetzt und auf die Allokation andersartiger Werte ausgerichtet sind. Was auf der Ebene des Code als dritter Wert ausgeschlossen bleiben muß, kann auf der Ebene der Programme in das System wieder eingeführt werden – aber nur im Rahmen der dadurch gegebenen Beschränkungen.

Gerade das kann eine soziale Bewegung, die sich selbst unter der Leitdifferenz Frau/Mann etabliert, nicht zufriedenstellen. Sie ten-

34 Die Diskrepanz wird konkret faßbar, wenn die Auffassung vertreten wird, daß Frauenforschung nur von Frauen adäquat betrieben werden könne (ein Argument aus dem Antiquariat der ciceronisch-quintilianischen Rhetorik), oder wenn die Aufschreiqualität von Aussagen neben Wahrheit und Unwahrheit gleichsam als dritter Wert angeboten wird. Das sind im übrigen Phänomene, die zusätzlich darauf hindeuten, daß selbst die Gleichstellungsideologie keine adäquate semantische Implementation der Leitdifferenz Mann/Frau ermöglicht.

diert, ungeachtet aller logischen Probleme, zur Universalisierung ihrer Leitdifferenz. Angesichts jener Adaptionen in den Funktionssystemen mag die Frauenbewegung sich über Erreichtes freuen, Positionsgewinne normalisieren und sie als Ausgangsbasis für weitere Verbesserungen benutzen. Im Prinzip realisiert sie ihre eigene Leitdifferenz dann aber nur als Ideologie: als unendlichen Horizont für ein Gleichheitsstreben, das erst bei einer Verteilung 50:50 zur Ruhe käme, wie sie nur im extrem unwahrscheinlichen, zufälligen Fall von den Funktionssystemen selbst erzeugt werden würde. Auch die Frauenbewegung hat es, wie man daran sieht, mit einer Differenz von Codierung und Programmierung zu tun. Ihr Code ist die Unterscheidung von Frau und Mann. Ihr Programm ist die Gleichstellung. Ihre Logik ist eine der Ambiguität. Ihre Dunkelstelle, die in dieser Differenz von Codierung und Programmierung sich verbirgt, ist: daß man nicht fragen darf, was das eine mit dem anderen überhaupt zu tun hat.

Kaum erörtert worden ist bisher die Frage, wie sich das Streben nach Herstellung von Gleichheit auf die Vertrauensbildung in sozialen Beziehungen auswirkt (vgl. Barber 1983: 38 ff.). Die Ideologie sagt uns natürlich: Gleichheit sei Voraussetzung für alles Vertrauen, ohne sie gäbe es nur »Herrschaft« (ohne Vertrauen?). Vielleicht hat sich die Soziologie mit dieser Auskunft vorschnell zufriedengegeben. Vertrauen ist für sie kein Thema. Dennoch gäbe es hier eine der wenigen Möglichkeiten, Theorienannahmen empirisch zu überprüfen. Gleichheit ist ein extrem unwahrscheinlicher Zustand. Will man ihn erreichen, potenziert man Gegnerschaften und Hindernisse. Hat man ihn erreicht, liegt der Rückfall in Ungleichheiten (Negentropie) auf der Hand. Wie auch bei der Idee des Gleichgewichts handelt es sich eigentlich nur um eine Kontrollidee zur Überwachung von hochwahrscheinlichen Abweichungen. Jeder wird zum möglichen Störer, jedes Ereignis wird zum möglichen Präzedenzfall für künftige Ungleichheiten. In der Perspektive von Herstellungs- bzw. Verhinderungsabsichten sind dies Risiken, die, wenn man sie ignorieren will, Vertrauen erfordern, aber eben deshalb sehr leicht auch in Mißtrauen umschlagen können, wenn man die Erfahrung machen muß, daß sich die erstrebte Gleichheit bzw. ein Gleichgewicht der unvermeidlichen Ungleichheiten nicht einstellt.

Welche Qualität soziale Beziehungen annehmen werden, die sich dem gesellschaftlich-ideologisch empfohlenen Gleichheitspostulat unterstellen bzw. gleichwertig eingestufte Ungleichheiten ins Gewicht zu bringen versuchen, ist eine offene Frage. Je dichter und funktionaler das Beziehungsnetz, das diesen Anforderungen genügen muß, desto wahrscheinlicher die Störung, desto größer der Überwachungsaufwand, desto positiver vielleicht auch die Erfahrung, wenn es trotzdem gelingt. Jedenfalls ist es aber von der Makrologik gesellschaftlicher Ideologie zur Mikrologik konkreter sozialer Systeme ein weiter Weg, um dessen Bedingungen, Strukturen, Risiken und Abwege die Frauenforschung sich zu ihrer eigenen Entmutigung mehr als bisher kümmern sollte.

VII.

An diesem Punkt angelangt, müssen wir einen bisher übergangenen Sachverhalt einbeziehen: daß es auch ein Funktionssystem gibt, das in spezifischer Weise gerade durch die Unterscheidung von Mann und Frau codiert ist: die Familie. Was immer die Familie einst gewesen ist: in der modernen Gesellschaft realisiert sie für einen Bereich die funktionale Differenzierung des Gesamtsystems. Sie hat keine andere Wahl, hat aber gerade aufgrund dieser Differenzierungsform die Chance, etwas Unwahrscheinliches zu realisieren.

Auch der Familie liegt heute die Unterscheidung von Mann und Frau zugrunde. Sie dient ihr im Sinne von indifferenter Codierung[35] zur Abweisung externer Relevanzen und zur Organisierung eigener Rekursivität. Das führt auf die Frage, in welchem Verhältnis die Verwendung der Unterscheidung Mann/Frau als Code für Familienbildung und die Verwendung der gleichen Unterscheidungen Frau/Mann als distinction directrice feministischer Bewegungen zueinander stehen und welche Spannungen und Folgeprobleme sich aus dieser Doppelverwendung ergeben.

Wir können die weitläufige Diskussion über »Funktionsverlust« oder funktionale Spezifikation der modernen, durch Intimität gebundenen Kleinfamilie hier beiseite lassen. Unter dem hier gewählten Blickwinkel ergibt sich eine langwährende Kontinuität daraus, daß Familien als soziale Systeme durch die Unterscheidung von Mann und Frau codiert sind und ihre gesellschaftliche

35 Bzw. mit von Foerster 1987: undifferenzierter Codierung.

Funktion unter anderem gerade darin besteht, diese Unterscheidung damit zu blockieren und zu verhindern, daß sie als gesamtgesellschaftliche, alle anderen Unterscheidungen mediatisierende Differenz fungiert.[36] Die Entwicklung der modernen Familie stellt diesen Code nicht in Frage, sie baut nur die zahlreichen multifunktionalen (religiösen, wirtschaftlichen, politischen und schließlich zum Teil sogar erzieherischen) Verwendungen ab, die unter diesem Code institutionalisiert worden waren. Damit entspricht sie einem allgemeinen Trend zu funktionaler Differenzierung, der Redundanzverzichte, das heißt Verzichte auf Mehrfachabsicherung einer Funktion durch Multifunktionalität ihrer Trägereinrichtungen, erfordert. Religiöse, wirtschaftliche etc. Funktionen können dann nur noch in den dafür ausdifferenzierten Einrichtungen und nicht mehr zugleich auch in Familien erfüllt werden.[37] Multifunktionalität wird durch Interdependenzen, durch wechselseitige Abhängigkeit ohne Substitutionsmöglichkeiten ersetzt.

Wenn solche Entwicklungen die gesellschaftliche Funktion der Familie reduzieren, müßte man erwarten, daß die Differenz von Mann und Frau als eigentlicher, unverzichtbarer Code der Familienbildung sich schärfer profiliert. Die Frage ist dann, ob diese Unterscheidung solchen Anforderungen gewachsen ist. In vielen Hinsichten sind auch hier Entwicklungen zu beobachten, die auf einen Abbau derjenigen Asymmetrien hindeuten, die den Sinn dieser Unterscheidung mit externen Referenzen angereichert hatten. Seit langem sind zum Beispiel Positionsregulierungen im Geschlechtsverkehr, die als normal und als natürlich empfunden

36 Darin dürfte wohl die evolutionäre Errungenschaft des Überganges von sehr frühen Gesellschaftsformationen zu segmentärer Differenzierung gelegen haben. Vgl. auch oben Anm. 26.

37 Daß diese Entwicklung sehr früh beginnt, läßt sich vor allem am Beispiel der schon früh ausdifferenzierten Religion verdeutlichen. Die familiale Ahnenverehrung wird, religionspolitisch wohl sehr bewußt, durch das Dogma der Erbsünde boykottiert: Man verehrt die Vorfahren nicht, man fürchtet sie nicht, man beklagt ihre Sünden und bittet für sie um Vergebung! Entsprechend verliert die Familie im Mittelalter ihre religiöse Bedeutung, und erst nachdem diese Reinigung radikal durchgeführt ist, wird die Familie im Gefolge der Reformation als religionspädagogisches Instrument der Praktizierung von Alltagsfrömmigkeit (Devotion) wieder aufgewertet.

worden waren, umstritten und für individuelle Handhabung freigegeben. Sie werden jedenfalls nicht mehr mit der Natur von Mann und Frau gerechtfertigt.[38] Auch gesellschaftliche Vorgaben von Primärverantwortung für Einkommen, von Arbeitsteilung und von Rollendifferenz beim Erziehen der Kinder werden, keineswegs nur von feministischer Seite, kritisiert und befinden sich in Legitimationsschwierigkeiten. Die (bis auf weiteres) unvermeidbare Differenz, daß nur Frauen Kinder austragen und gebären können, wird als eine Art entschädigungsbedürftiges Sonderopfer dargestellt, das durch Gegenleistungen im Arbeits- und Rentenrecht honoriert werden sollte. Wie man sich den Kindern, Nachbarn, Gästen usw. gegenüber verhält, ist ein ad hoc abstimmungsbedürftiges Geschehen ohne tonangebende Leitrollen. Wer seine Erwartungen noch an Modellen wie Kavalier oder Dame ausrichtet, sieht sich zunehmend mit Verhaltensweisen konfrontiert, die auf der souveränen Verständigung des Paares beruhen.

Alle Anzeichen deuten auf einen Abbau der distinction directrice Mann/Frau auch für das Familienleben hin. Es ist nur konsequent, wenn Kinder ihre Eltern dann nicht mehr mit Vater und Mutter anreden, sondern mit Vornamen. Die Familie würde sich so zu einem nichtcodierten System entwickeln und gerade darin ihre gesellschaftliche Anomalie finden. Es wäre eine größere Formenvielfalt und eben dadurch in der Gesamtheit der Familien höhere Komplexität möglich – vorausgesetzt, daß das Fehlen einer Codierung dank der Kleinheit des Systems auf der Ebene der Interaktion durch Aufbau systemgeschichtlicher Sinnfixierungen ausgeglichen werden kann. Man kann sich den Grenzfall vorstellen, in dem das System sich nur durch die Unterscheidung von Mann und Frau codiert und diese Unterscheidung nur als Nichtunterscheidung handhabt – und man könnte das Liebe nennen.[39]

Die feministische Bewegung gerät so in ein eigentümlich ambivalentes Verhältnis zu Familien. Soweit sie auf Gleichheit besteht und Empfindlichkeiten, etwa in bezug auf »Gewalt in Ehen«, zu

38 Schon die Romantiker hatten bekanntlich Rollentausch zu legitimieren versucht. Für eine heutige Erhebung mit Daten aus der DDR, leider ohne Korrelation mit Schichtung, siehe Starke/Friedrich 1984: 205 ff.

39 Auch Heinz von Foerster spricht in seiner Rezension 1969 (also vor »Only Two Can Play This Game«) vom Grenzfall eines »calculus of love, where distinctions are suspendend and all is one«.

manipulieren versucht, findet sie in den Asymmetrien der Unterscheidung von Mann und Frau keinen (oder rasch abklingenden) Widerstand; sie findet aber Widerstand in der hohen Individualisierung von Familiensystemen; denn warum sollte es einem Paar verwehrt werden, sich auf Vorherrschaft des Mannes, auf Asymmetrisierung von Initiativgepflogenheiten, auf traditionelle Formen der Außendarstellung zu einigen, gerade weil die Unterscheidung von Mann und Frau zählt und zugleich nicht zählt? Gerade die Starrheit der Leitdifferenz, die eine soziale Bewegung benötigt, um sich selbst zu formieren, wird auf Familien nicht übertragbar sein. Und hier wie auch sonst mögen die Familien schließlich wie interne Abschottungen wirken, die verhindern, daß die durch soziale Bewegungen angefachten Stürme das Schiff der Gesellschaft zum Sinken bringen.

Da es heute weniger wichtig geworden ist, den Kindern Väter zu beschaffen (Stichworte: sowohl Not als auch Wohlfahrtsstaat), kann die Frauenbewegung sich zu Familien distanziert verhalten und eventuell den Rückzug auf eine griechische Insel empfehlen. Andererseits ist die Familie der Ort, an dem die Unterscheidung Mann/Frau modern, das heißt als Nichtunterscheidung praktiziert werden kann. So bleiben der Bewegung die Mittel der unheilssensationellen Exaltierung. Sie lebt, durchaus aufgrund von nachweisbaren Tatsachen, von Empörungsgenuß.[40] Wer aber den Aufgeregtheitsbedarf einer Wohlfahrtsgesellschaft sich in dieser Weise zunutze macht, wird bald die Erfahrung machen, daß die Gesellschaft andere, neuere Themen bevorzugt und die Klagen der Frauen »nicht mehr hören kann«. Ohnehin ist ja die Auffassung auch heute noch verbreitet, daß Frauenleiden von einem Punkte aus zu kurieren seien (Ulrich, der Mann ohne Eigenschaften), und sei dies heute der öffentliche Haushalt.

Das Wiedereinbringen des Themas Mann und Frau in die Familie verfolgt, soweit bisher zu erkennen, hochselektive Interessen. Es geht jedenfalls nicht darum, der Unterscheidung einen Sinn zu geben. Sieht man sich näher an, was daraufhin den Ehen und Familien zugedacht wird, sind es vor allem Organisationsvorschriften. Die Hausarbeit soll nach Dauer und Gewicht wie die Belastung von Rucksäcken beim Wandern gleich verteilt, elastisch

40 Odo Marquard spricht, und auch das würde passen, in einem sehr viel allgemeineren Sinn von »Empörungsüberaufwand« (1985: 131).

organisiert und zugleich mit dem Maß und der zeitlichen Lage von externer Erwerbsarbeit abgestimmt werden. Man tut es nicht »für« den anderen als Ausdruck von Liebe, man übernimmt mit Seitenblick darauf, was der andere tut, einen »fairen« Anteil, und den Organisationen der beruflichen Arbeit wird zugemutet, sich auf die selektive Akkordierung der Hausarbeit einzustellen, sie zu ermöglichen, sich ihr anzupassen. Man probt Liebe gewissermaßen auf dem Terrain von Arbeitsorganisation. Die scharfe bürgerliche Differenzierung von Arbeitswelt und Haus wird aufgegeben (siehe Droz 1827: 108 ff.; Michelet 1959; Jeffrey 1972). So berechtigt dies ist: die Durchlässigkeit begünstigt auch eine Ausbreitung von Organisation wie durch Osmose.

Im Anschluß an die Ausführungen über die Paradoxieprobleme des Unterscheidens läßt sich nunmehr folgendes vermuten: Die feministische Bewegung tendiert zu einer Universalisierung ihres Codes. Sie propagiert seine Unterscheidung als Form ohne Außenseite, ohne Schranke, ohne Rücksicht. Sie verstrickt sich damit in die Paradoxie der formlosen Form. Sie verlangt Gleichheit, ohne akzeptieren zu können, daß dies Postulat seine eigene Grundlage, die Unterscheidung, verschluckt.[41] Der Familie stellt sich das Problem am entgegengesetzten Ende. Sie elementarisiert ihren Code. Sie behandelt ihn als Form ohne Innenseite, als Symbol der Selbsteinigkeit des Unterschiedenen. Beides kann natürlich so, wie formuliert, nicht funktionieren. Aber es macht einen Unterschied aus, von welchem Paradox man ausgeht, um den Weg zurück zur Entscheidung oder, wie manche lieber sagen würden, den Weg zurück zur Vernunft zu finden.

VIII.

In dem Maße, wie die Frauenforschung innerhalb der Wissenschaft und die Frauenbewegung innerhalb der Gesellschaft sich selbstbestimmt ausdifferenzieren, setzen sie sich auch der Beobachtung aus. Die Bewegung selbst identifiziert sich mit ihren Zie-

41 Für die Logik von Spencer Brown macht eben dies keine besonderen Schwierigkeiten, da hier im Vollzug des Procedere ohnehin ein reentry der Unterscheidung in sich selbst vorgesehen ist. Speziell hierzu Glanville/Varela 1981.

len. Sie darf sich aufgrund allgemein akzeptierter ideologischer Wertmuster (Gleichheit) dazu berechtigt fühlen und operiert insoweit, ohne Widerspruch zu finden. Die Beobachter schweigen. Sie warten ab. Sie folgen der Bewegung mit oder ohne Sympathie: teils amüsiert, teils überrascht, teils befremdet. Aufgrund von Erfahrung kann man annehmen: Das kann nicht lange dauern. Wo es ernst wird, bieten die Funktionssysteme und ihre Organisationen hinreichende, ja oft zwingende Möglichkeiten, aus sachlichen Gründen Vorstöße der Frauenfraktionen abzulehnen oder zu vertagen. Man kann getrost einem Beschluß zustimmen, daß im Falle gleicher Qualifikation eine Frau den Vorzug vor einem Mann verdient, wenn im konkreten Fall dann immer noch bestritten werden kann, daß ein Fall gleicher Qualifikationen vorliegt. Selbst wenn man Quotenfrauen hinnehmen müßte, ließe sich damit in den Organisationen immer noch leben.

Die vorstehenden Überlegungen versuchen, eine andere Art der Beobachtung anzubieten – eine Art der Beobachtung, die sich möglicherweise auch zur Übernahme in die Selbstreflexion der Bewegung eignet. Der Ausgangspunkt ist auch hier: Distanz zu den proklamierten Zielen der Bewegung, zu ihrer (wie immer konsensfähigen) Ideologie und damit zu der gesellschaftlichen Nische, die eine selbstreferentielle Organisation der Frauenbewegung ermöglicht und protegiert. Die Beobachtung geht nicht von den Zielen aus, denn das würde sie sofort in Anhänger und Gegner, Sympathisanten und Boykottierer spalten, je nachdem, ob man die Zielsetzungen akzeptiert oder ablehnt. Der Vorschlag ist, den Leitfaden der Beobachtung nicht in den Zielen, sondern in den Unterscheidungen zu finden, mit denen die Bewegung ihre Informationsverarbeitung strukturiert. Dann erscheint diese Nische als Ausschnitt einer weiteren Umwelt, und der Beobachter kann sehen, daß die Frauenbewegung sieht, was sie sieht, und daß sie nicht sieht, was sie nicht sieht.[42] Man könnte, um einen ganz anderen Theoriekontext heranzuziehen, auch sagen, daß die Semantik der Frauenbewegung als ein Diskurs im Sinne Foucaults beobachtet wird, nämlich kühl, unengagiert und nur daran inter-

42 Diese Unterscheidung von Nische und Umwelt übernehme ich von Maturana 1982: 43 ff. Sie entspricht, mit Bezug auf »Umwelt«, nicht dem allgemeinen Sprachgebrauch der Systemtheorie, kann aber hier zur Klärung des Sachverhaltes beitragen.

essiert zu sehen, wie Differenzen Differenzen erzeugen und sich dadurch ein eigentümliches Verhältnis von Beleuchtung und Abdunklung herausdifferenziert.[43]

Halten wir also noch einmal fest, daß die Unterscheidung von Mann und Frau, die eine Asymmetrisierung erfordert, den Mann begünstigt, der die gesellschaftliche Ordnung repräsentiert und der deshalb zunächst bezeichnet werden muß. Wenn aber die Repräsentation nicht mehr trägt: Welche andere Asymmetrisierung wäre denkbar, und wie könnte sie eingesetzt werden, um das Bezeichnen auf die Frau hinzulenken? Im Anschluß an Nietzsche (»Vielleicht ist die Wahrheit ein Weib, das Gründe hat, ihre Gründe nicht sehen zu lassen«) schlägt Eva Meyer (1983) in einer auf dem Niveau logischer und epistemologischer Probleme durchdachten Arbeit vor, das Sicheinlassen auf Paradoxie und die Invisibilisierung des Paradoxen als Ausgangspunkt für eine Semiotik des Weiblichen zu wählen. Damit träte, vielleicht gegen die Intentionen der Verfasserin, auch die alte Einsicht wieder in Kraft, daß Liebe mit Wahrheit nichts zu tun haben will. Unabhängig aber von solchen Codierungsproblemen gesellschaftlicher Differenzierung (vgl. Luhmann 1982), lassen diese Überlegungen zu einer Semiotik des Weiblichen es zu, unterschiedliche Weisen der Entparadoxierung zu unterscheiden und diese Unterscheidung für die Asymmetrisierung der Opposition Mann/Frau zu nutzen, ohne in die Fehler einer bloßen Vorrangumkehrung oder einer schlichten Beseitigung des Unterschieds zu verfallen. Aus dem Paradox selbst die Möglichkeit eines logisch garantiert unmöglichen Verhaltens zu ziehen: Das wäre in der Tat ein genaues Gegenstück zu Hierarchie und Repräsentation; denn Hierarchie und Repräsentation des Systems im System sind schon Entfaltungen der Paradoxie des aus Teilen bestehenden Ganzen. Wenn diese

43 Daß damit das Inkrafttreten eines Diskurses als Machtfrage behandelt werden kann und nicht als Frage der evolutionären Selektion unter zunehmend einschränkenden Bedingungen gesellschaftsstruktureller Kompatibilität, dürfte in mancher Weise den Selbstdarstellungsintentionen der Frauenbewegung entgegenkommen. Wir lassen die Möglichkeiten der Foucaultschen Rekonzeptualisierungen beiseite und benutzen diesen Hinweis nur, um die ungewöhnliche Robustheit einer differenztheoretischen Analyse zu verdeutlichen. Sie würde sogar die Umsetzung in einen ganz andersartigen Theoriekontext überstehen.

Formen nicht mehr funktionieren, liegt es nahe, nach funktionalen Äquivalenten Ausschau zu halten. Das liefe auf eine andere Art von Asymmetrisierung der Unterscheidung hinaus. Der Anmaßung der Repräsentation im Kontext von Hierarchie würde die Anmaßung der Ambivalenz im Kontext von Paradoxie entgegengesetzt. Das würde auch Eva (der anderen!) gerecht werden, die ja schon sündig sein mußte, um auf die Schlange zu hören und es zu werden. Die Frau wäre im Vorteil, weil sie im ableugnenden Umgang mit Paradoxien geübter, geschickter, überzeugender operieren kann; weil sie, schon sündig, noch unschuldig sein kann; weil sie mit mehr Abstand zur Wahrheit zurechtkommen und die notwendige Inkonsequenz als Notwendigkeit auf sich nehmen kann, während der Mann (immer noch Repräsentant der Ordnung) im Zwiespalt von Aufrichtigkeit und Lüge nicht mehr Mann sein kann, sondern jämmerlich scheitert.

Wenn man so argumentiert, verdichtet man freilich Schritt für Schritt die Unterscheidung zu einer anthropologischen Differenz. Die Argumentation wird dann auf eine unhaltbare Weise empirisch und spekulativ. Das muß jedoch nicht sein. Die angedeutete Struktur eines differentiellen Umgangs mit Grundparadoxien systemischer Selbstreferenz trägt sich selbst. Man kann sich eine Gegenposition zur Repräsentation vorstellen, die nicht auf einen bloßen Umtausch des Primats, also auf eine Ablösung in der Herrschaft, also auf eine Bestätigung der Hierarchie durch Nachfolge angewiesen ist. Dies ist dann freilich eine sehr abstrakte Opposition – gewonnen aus einer Mehrheit von funktional äquivalenten Möglichkeiten des Umgangs mit Paradoxie. Sie fordert, wenn man das sagen darf, eine »Frau ohne Eigenschaften« – eine Position, die einnehmen kann, wer oder was immer sich der Vorherrschaft einer Unterscheidung entzieht.

Es gibt deshalb keine zwingenden logischen Gründe dafür, die Unterscheidung von Mann und Frau auf diese Differenz von Formen der Entparadoxierung zu beziehen. Es hatte, wie gezeigt, gesellschaftsstrukturelle Gründe gegeben für eine Bevorzugung der Repräsentation (mit dem dann naheliegenden Gedanken: durch den Mann). Es gibt heute wahrscheinlich keine ebenso zwingenden Gründe für die Bevorzugung der Invisibilisierung in anderen, inkommunikablen Formen; und erst recht ist nicht ausgemacht, weshalb dies eine spezifisch weibliche Problemlösung sein und bleiben müsse. Immerhin: diese Frage in einem begrifflich kontrollierten Kontext aufzuwerfen, mag auf die Dauer ergiebiger sein als die Dauerverstrickung in Gleichstellungskämpfe nach dem Zuschnitt von Ideologien und Organisationen.

Gewiß, dieser Ausweg würde in schwindelerregende Höhen der Abstraktion führen. Es ist aber auch nicht der Sinn dieser Überlegungen, einen Ersatz anzubieten für das ideologisch-organisatorische Engagement im Kampf um Planstellen, Einkommensanteile, Hausarbeitsabwälzung, Rentenausgleich usw. Ohne solche Ziele würde kein Soziologe der Frauenbewegung, wenn es denn sein muß, Organisationsfähigkeit attestieren. Man wird das nicht durch Empfehlung von Sonderformen der Entparadoxierung ersetzen können. Wie in allen Funktionsbereichen, so scheinen auch hier Reflexionstheorien und Organisationsmöglichkeiten auseinanderzuklaffen. Die faktischen Aktivitäten der Frauenbewegung können nur ideologisch, das heißt: nur durch Hinweis auf unbestrittene Werte, gerechtfertigt werden. Sie müssen auf daran meßbare Hoffnungen und Erfolge hinweisen können. Spes addita suscitat iras. Damit sind jedoch die Möglichkeiten der gesellschaftlichen Reflexion, und das sollte hier belegt werden, nicht ausgeschöpft. Die Reflexion mag das Weibliche zu identifizieren oder zu desidentifizieren versuchen; nur ist das Weibliche, zum Glück, wird man sagen dürfen, keine Frau.

Vielleicht könnte daher Frauenforschung eine Aufgabe darin sehen, diese Differenz von Organisation und Reflexion im Auge zu behalten. Sie müßte dann in der Lage sein, in der Bewegung die Bewegung so zu beobachten, als ob es von außen wäre. Sie müßte zu den Zielen und Wertvorstellungen der Frauenbewegung Distanz gewinnen können, und dafür genügt es nicht, sich vom Aktionismus der vergangenen Jahren loszusagen. Sie müßte beobachten und beschreiben können, mit Hilfe welcher Unterscheidung von Frauen und Männern die Frauenbewegung sich selbst identifiziert. Sie müßte klären, welche anderen Unterscheidungen sich mit der Hilfe der Unterscheidung von Frau und Mann überhaupt kontrollieren lassen.[44] Dafür müßte sie selbst sich zunächst

44 Dabei sind verschiedene Wege gangbar. Man könnte im Sinne der Logik von Spencer Brown entfalten, wohin es führt, wenn man mit dieser Unterscheidung anfängt. Beachtlich ist auch der Versuch von Eva Meyer (1983), eine Semiotik des Weiblichen zu entwerfen und sie in

von der Mann/Frau-Unterscheidung distanzieren können, und zwar mit Hilfe der Unterscheidung von interner und externer Beobachtung der Frauenbewegung. Ein solches Unterscheiden von der Unterscheidung ist in der Logik von Spencer Brown nicht vorgesehen. Vielleicht ist auch das ein Grund dafür, daß Spencer Brown selbst sie dann als maskuline Logik behandeln und einen Artikulationsrahmen außerhalb suchen muß, um Phänomenen wie Frau und Liebe gerecht werden zu können. Es gibt inzwischen aber auch Überlegungen, ob es nicht möglich sein könnte, ein kybernetisches Oszillieren zwischen externer und interner Beobachtung zu stabilisieren (Braten 1986). Zur Zeit ist noch völlig unklar, welche Art Logik der Reflexion dafür in Betracht käme, welche Art von Systemen diese Art von crossing in der eigenen System/Umwelt-Referenz handhaben könnte und welche Art von Sinn dabei kondensieren würde. Einigermaßen kontrollierbare Analysen reichen nur bis in Vorfragen dieses Gedankens.
Immerhin liegen in diesem Bereich Möglichkeiten des Anschlusses an faszinierende interdisziplinäre Theorieentwicklungen. Wenn die Frauenforschung sich für solche Möglichkeiten nicht öffnet oder wenn sie keine niveaugleichen andersartigen Grundlagen findet, bleibt ihr wohl nur der Anschluß an jene verstockte, belligerente Selbstreferenz, die jeder externe Beobachter, der sich nicht zur Parteinahme und zum Mitleiden entschließt, ablehnen wird. Und dann wird die Frauenbewegung, mit sich selbst geschlagen, sehr leicht in Situationen kommen, in denen sie nur noch die Wahl hat, gefährlich zu werden oder lächerlich.

das dadurch Bezeichnete einzuführen, wobei das Bezeichnete eine Frau sein kann, aber auch anderes und vielleicht sogar ein Mann. Aus der Sicht Spencer Browns würde das auf ein »re-entry« der Unterscheidung in das durch sie Unterschiedene hinauslaufen. In jedem Falle entsteht auf solchen Wegen eine polykontexturale Hyperkomplexität, die gleichwohl Möglichkeiten finden muß, sich selbst als Kontext für Operationen (zum Beispiel der Frauenforschung) zu verwenden.

Aristoteles 1971: Politik. Eingeleitet, übersetzt und kommentiert von O. Gigon, 2., durchgeehene und um einen Kommentar erweiterte Auflage. Zürich/Stuttgart 1971.

Assmann, J. 1984: Ägypten: Theologie und Frömmigkeit einer frühen Hochkultur. Stuttgart.

Barber, B. 1983: The Logic and Limits of Trust. New Brunswick.

Barth, F. 1975: Ritual and Knowledge among the Baktaman of New Guinea. Oslo/New Haven.

Binder, W. 1976: »Genuß« in Dichtung und Philosophie des 18. Jahrhunderts, in: ders., Aufschlüsse: Studien zur deutschen Literatur. Zürich.

Bonucci, A. 1906: La derogabilità del diritto naturale nella scolastica. Perugia.

Braten, S. 1986: The Third Position – Beyond Artificial and Autopoietic Reduction, in: Geyer, Felix/Zouwen, Johannes van der (Hg.): Sociocybernetic Paradoxes: Observation, Control and Evolution of Self-Steering Systems. London.

Buß, E. 1983: Markt und Gesellschaft: Eine soziologische Untersuchung zum Strukturwandel der Wirtschaft. Berlin.

Canonhiero, P. A. 1606: Della eccellenza delle Donne. Firenze.

Donne, J. 1982: An Anatomy of the World (1611), in: Smith, A. J. (Hg.): John Donne: The Complete English Poems, Harmondsworth, Middlesex (UK), 270-283.

Droz, J. 1827: Essai sur l'art d'être heureux, Neuaufl. Amsterdam.

Dumont, L. 1983: Essais sur l'individualisme: Une perspective anthropologique sur l'idéologie moderne. Paris.

Dumouchel, P./Dupuy, J.-P. 1979: L'enfer des choses: René Girard et la logique de l'économie. Paris.

Dupuy, J.-P. 1984: Shaking the Invisible Hand, in: Livingston, Paisley (Hg.): Disorder and Order: Proceedings of the Stanford International Symposium (Sept. 14-16, 1981). Saratoga, Cal.

Durkheim, E. 1973: De la division du travail sociale, Neudruck 1930, 9. Aufl. Paris. Dt. Übers. Frankfurt 1988.

Fichte, J. G. 1962: Grundlage der gesamten Wissenschaftslehre (1794), in: Ausgewählte Werke, Bd. 1. Darmstadt, 275-519.

Foerster, H. von 1969: Laws of Form, in: Whole Earth Catalog: Acess to Tools. Spring.

– 1987: Erkenntnistheorien und Selbstorganisation, in: Schmidt, Siegfried J. (Hg.): Der Diskurs des Radikalen Konstruktivismus. Frankfurt.

George, K./George, C. H. 1955: Roman Catholic Sainthood and Social Status: A Statistical and Analytical Study, in: Journal of Religion 35, 85-98.

Gier, A. 1986: Mentalität und Lexikon: Einige Bemerkungen zum Sexu-

alvokabular im mittelalterlichen Frankreich und Spanien, in: Fichte, Joerg O. et al. (Hg.): Zusammenhänge, Einflüsse, Wirkungen: Kongreßakten zum ersten Symposium des Mediävistenverbandes in Tübingen 1984. Berlin.
Girard, R. 1972: La violence et le sacré. Paris.
– 1978: Des choses cachées depuis la fondation du monde. Paris.
Glanville, R./Varela, F. 1981: »Your Inside is Out and Your Outside is In« (Beatles 1968), in: Lasker, George E. (Hg.): Applied Systems and Cybernetics, Bd. 2. New York.
Glanville, R. 1984: Distinguished and Exact Lies, in: Trappl, Robert (Hg.): Cybernetics and Systems Research 2. Amsterdam, 655-662.
Goguen, J. A./Varela, F.J. 1979: Systems and Distinctions: Duality and Complementarity, in: International Journal of General Systems 5, 31-43.
Günther, G. 1976: Das metaphysische Problem einer Formalisierung der transzendental-dialektischen Logik: Unter besonderer Berücksichtigung der Logik Hegels, in: ders.: Beiträge zur Grundlegung einer operationsfähigen Dialektik, Bd. 1. Hamburg.
– 1976a: Cybernetic Ontology and Transjunctional Operations, in: ders.: Beiträge zur Grundlegung einer operationsfähigen Dialektik, Bd. 1. Hamburg.
Hoffmann, E.T. A., o.J.: Lebensansichten des Katers Murr, in: Werke, Teil 9. Berlin/Leipzig.
Hofstadter, D. 1979: Gödel, Escher, Bach: An Eternal Golden Braid. Hassocks, Sussex (UK). Dt. Übers. Stuttgart 1985.
Japp, K.P. 1984: Selbsterzeugung oder Fremdverschulden: Thesen zum Rationalismus in den Theorien sozialer Bewegungen, in: Soziale Welt 35, 313-329.
– 1986: Kollektive Akteure als soziale Systeme? in: Unverferth, Hans-Jürgen (Hg.): System und Selbstproduktion: Zur Erschließung eines neuen Paradigmas in den Sozialwissenschaften. Frankfurt.
Jeffrey, K. 1972: The Family as Utopian Retreat from the City: The Nineteenth-Century Contribution, in: TeSelle, Sallie (Hg.): The Family, Communes and Utopian Societies. New York.
Keys, J. 1971: Only Two Can Play this Game. Cambridge.
Kingsley, J.D. 1944: Representative Bureaucracy: An Interpretation of the British Civil Service. Yellow Springs, Ohio.
Koselleck, R. 1972: Einleitung, in: Geschichtliche Grundbegriffe: Historisches Lexikon zur politisch-sozialen Sprache in Deutschland, Bd. 1. Stuttgart.
Leach, E.R. 1982: Social Anthropology. Glasgow.
Loryot, F. 1614: Les Fleurs des Secretz moraux: Sur les Passions du Cœur humain. Paris.
Luhmann, N. 1982: Liebe als Passion: Zur Codierung von Intimität. Frankfurt.

– 1986: Ökologische Kommunikation: Kann die moderne Gesellschaft sich auf ökologische Gefährdungen einstellen? Opladen.
– 1986a: »Distinctions directrices«: Über Codierung von Semantiken und Systemen, in: Neidhardt, Friedhelm et al. (Hg.): Kultur und Gesellschaft, Sonderheft 27 der Kölner Zeitschrift für Soziologie und Sozialpsychologie. Opladen.
Malvezzi, V. 1635: Ritratto del Privato politico christiano, zit. nach: Opere del Marchese Malvezzi. Mediolanum.
Marinella, L. 1600: Le nobilità et eccellenze delle donne: e i diffetti, e mancamenti de gli huomini. Venetia.
Marquard, O. 1985: Die Erziehung des Menschengeschlechts – eine Bilanz, in: Der Traum der Vernunft: Vom Elend der Aufklärung, Darmstadt/Neuwied.
Mattei, R. de 1969: Dal Premachiavellismo al Antimachiavellismo europeo del Cinquecento. Firenze.
Maturana, H. 1982: Erkennen: Die Organisation und Verkörperung von Wirklichkeit. Braunschweig.
Meyer, E. 1983: Zählen und Erzählen: Für eine Semiotik des Weiblichen. Wien/Berlin.
Michelet, J. 1959: De l'amour. Paris.
Nadelhaft, J. 1982: The Englishwoman's Sexual Civil War: Feminist Attitudes Towards Men, Women and Marriage 1650-1740, in: Journal of the History of Ideas 43, 555-579.
Needham, R. (Hg.) 1973: Right and Left: Essays on Dual Symbolic Classification. Chicago.
Patricius, F. 1518: De institutione Rei publicae libri novem. Paris.
Serres, M. 1980: Le Parasite. Paris. Dt. Übers. Frankfurt 1981.
Spencer Brown, G. 1971: Laws of Form. London.
Starke, K./Friedrich, W. 1984: Liebe und Sexualität bis 30. Berlin.
Tyrell, H. 1986: Geschlechtliche Differenzierung und Geschlechterklassifikation, in: Kölner Zeitschrift für Soziologie und Sozialpsychologie 38, 450-489.
Valéry, P. 1960: Mon Faust, Œuvres, Bd. 2. Paris.
Varela, F. J. 1975: A Calculus for Self-Reference, in: International Journal of General Systems 2, 5-24.

Dabeisein und Dagegensein
Anregungen zu einem Nachruf auf die Bundesrepublik

Weniger als im Falle der DDR ist im Falle der Bundesrepublik davon die Rede, daß es demnächst zu Ende sein wird. Im Falle der DDR sind die Veränderungen offensichtlich, scharf spürbar und daher bewußt. Im Falle der Bundesrepublik erscheinen sie mehr als Vergrößerung des Volumens, also in der Form von Zahlen und Zahlungen. Hier kann man daher leicht auf die Idee kommen, es sei bisher gut gewesen und werde nun kontinuierlich noch besser. Aber werden die künftigen Historiker ebenso urteilen? Oder wird die Epoche der zwei deutschen Staaten als besondere Epoche der deutschen Geschichte gesehen werden? Und wenn, sollte man sich nicht heute schon, aus Anlaß des Endes auch der Bundesrepublik, wenigstens um einen Nachruf bemühen?
Aber was wäre da groß zu sagen? Wenn man einmal von Weltpolitik absieht – und da wären eher Verlegenheiten zu nennen –, hat das Gebiet, das wir Bundesrepublik nennen, wenig Besonderes vorzuweisen. Wenn die Bundesrepublik demnächst verschwindet, wird das nicht viel ändern. Die unbestreitbaren ökonomischen Erfolge sind unter bestimmten weltwirtschaftlichen Bedingungen zustande gekommen, nicht zuletzt unter der Bedingung einer im Krieg zerstörten und deshalb wiederaufbaufähigen Industrie. Man mag die Fähigkeit, die in der Zerstörung liegende Chance zu nutzen, als wichtigen Faktor erwähnen oder auch die »Kreditwirksamkeit« des Mythos, daß Deutsche gerne arbeiten und etwas können. Im Verhältnis zu den weltwirtschaftlichen Konstellationen sind dies jedoch Nebenbedingungen.

Ein Phönix aus der Asche

Auch in der intellektuellen Entwicklung war Zerstörung vielleicht das wichtigste Kapital – Zerstörung im Sinne der Unnennbarkeit spezifisch deutscher Traditionen. Die Nazis hatten es mit Blubo und Brausi, wie wir damals sagten, verdorben: mit Blut, Boden,

Brauchtum und Sippe. Es blieb nur die eifrig zu manifestierende Scham. Und die Möglichkeit, etwas anderes anzufangen – etwa amerikanische Soziologie oder analytische Philosophie.

Eine Phönixiade also. Eine auffallende historische Diskontinuität. Aber nichts, was bleiben könnte. Auch nichts, was zu bewahren sich lohnte. In einer Zeit der neu erwachenden Stammesnationalismen sollte man darauf insistieren. Die Geschichte der Bundesrepublik (Bayern immer ausgenommen) könnte dazu disponieren, dieses Drama der Ethnien, Stämme, Sprachen und Sonderkulturen nur als Zuschauer mitzuvollziehen. Jedenfalls fehlen wildgewordene Einteilungen, die anderswo für soviel Schwierigkeiten sorgen.

Diese Möglichkeit zur Distanz sollte man zu schätzen wissen und pflegen. In anderen Hinsichten kann man aber das Ende der Bundesrepublik nicht ohne Besorgnis betrachten. Ihre Erben haben nicht die Chance, von Zerstörung ausgehen zu können (von der DDR ist hier ja nicht die Rede). Und es kann gut sein, ja, es ist zu erwarten, daß eingeübte Einstellungen unreflektiert fortgesetzt werden.

Ich möchte dies an zwei Beispielen verdeutlichen, die mit besonderer Eklatanz zeigen können, welche Nachwirkungen die bundesrepublikanische Phase der deutschen Geschichte haben kann. Das eine betrifft die Wirtschaft, das andere die Gepflogenheit zu protestieren.

Wir haben uns daran gewöhnt, die Erfolge einer ausdifferenzierten Geldwirtschaft mit dem Ausdruck Marktwirtschaft zu belegen und unter diesem Etikett zu feiern. Wir fügen das Merkmal »sozial« hinzu, um zu betonen, daß eine menschenfreundliche Komponente mitfinanziert werden kann. Dasselbe wird man von ökologischen Rücksichten sagen können. Der Zusammenbruch der sozialistischen Wirtschaftsordnungen, und zwar ihr spezifisch wirtschaftliches Versagen, wird als Triumph der Marktwirtschaft gesehen. Und es zeigt sich, je mehr Tatsachen auf den Tisch kommen, wie stark die ökonomischen, sozialen und ökologischen Tatsachen in beiden Wirtschaftsordnungen divergieren. Aber rechtfertigt das den Triumph?

Vielleicht neigt man gerade auf dem Boden der Bundesrepublik allzu schnell dazu, dies zu bejahen. Neben der gelungenen Realisierung einer demokratischen Verfassung ist es ja vor allem dieser ökonomische Erfolg, an den man sich, so meint man heute, erinnern wird, wenn es um die Geschichte der Bundesrepublik geht. Aber nüchtern gesehen, stehen eigentlich nur zwei Erfahrungen fest: Erstens ist mit dem Sozialismus das Jahrhundertexperiment einer ethischen Steuerung der Wirtschaft gescheitert; und zweitens sind für die Prüfung und Entscheidung der Frage, ob Investitionen wirtschaftlich rational sind oder nicht, unternehmensspezifische Bilanzen unerläßlich. Eine Beobachtung der Wirtschaft durch die Politik anhand eigener Datenaggregationen oder gar eigener Produktionspläne würde immer nur zur Information der Politik über sich selbst führen, etwa über Erfüllung oder Nichterfüllung der selbstaufgestellten Pläne. Damit sind jedoch viele wichtige Fragen, mit denen uns die sogenannte Marktwirtschaft konfrontiert, nicht beantwortet.

Das gilt etwa für den Zweifel, ob nicht wirtschaftliche Rationalität zwangsläufig zu einer Art Abweichungsverstärkung, also zur Verstärkung von Ungleichheit führt. Und ferner für die Frage, was geschehen wird, wenn man durch Spekulation auf den internationalen Finanzmärkten Geld schneller, also kurzfristiger, also mit besseren Anpassungsmöglichkeiten verdienen oder verlieren kann als mit Investition in Produktionsmittel, die aus technischen Gründen heute oft sehr langfristig geplant sein will. Einfacher und drängender gefragt: Wo sollen die riesigen Kapitalmittel herkommen, die man für eine radikale Umstellung der Technologien – zum Beispiel, aber nicht nur: der Energieerzeugung – im nächsten Jahrhundert benötigen wird? Dies sind natürlich Probleme der Weltwirtschaft, nicht Sonderprobleme der Bundesrepublik. Aber sie lassen doch zweifeln, ob man die sich anbietende Erfolgsstory so fraglos übernehmen kann. Es könnte ja sehr wohl sein, daß der sozialistische Gedanke einer ethisch-politischen Steuerung der Wirtschaft so verfehlt war, daß es auch noch verfehlt ist, sich davon unterscheiden zu wollen. Es war, könnte man meinen, derart absurd, daß es nichts Positives sagt, wenn man feststellt: Wir haben diesen Irrweg vermieden. Sowenig wie die Landtiere etwas Sinnvolles über sich selbst erfahren, wenn sie eines Tages feststellen, daß sie nicht so leben und nicht so umkommen wie Fische im Wasser. Die Frage ist vielmehr: Mit welchen Kategorien, Formen, Unterscheidungen beobachten wir eigentlich unser Wirtschaftssystem? Und sind wir möglicherweise durch die Auseinandersetzung mit dem Sozialismus und gerade durch deren Ergebnis motiviert, in dieser zukunftswichtigen Frage falsche, jedenfalls kurzsichtige und unergiebige Schemata zu wählen – nur weil wir uns selbst in der Unterscheidung Marktwirtschaft/Planwirtschaft auf der Siegerseite placieren können?

Von Protest zu Protest

Stärker noch als das Bekenntnis zur sozialen Marktwirtschaft und zu ihrer demokratischen Dividende hat die Gewohnheit zu protestieren einen festen Platz in der Geschichte der Bundesrepublik. Und damit treten wir auch weltweit hervor. Die Themen haben gewechselt, und zwar so schnell, daß biographische Brüche in der Protestiergeneration unvermeidlich gewesen wären, hätte es nicht die Möglichkeit gegeben, von Protest zu Protest überzugehen. Auf Proteste gegen Remilitarisierung und Atombewaffnung folgen Ostermarschierer und Notstandsopposition, Studentenbewegung und Neomarxismus, Bürgerinitiativen-Initiativen, Antiberufsverbot-Kampagnen, Friedensbewegung, Frauenbewegung, Selbsthilfegruppen und – mit besten Ergebnissen – die Ökologiebewegung. Neue soziale Bewegungen formieren sich unter dem Zeichen des »Wertewandels« und nehmen Übersiedler aus den marxistischen Lagern auf, die nur noch an ihrem Akzent zu erkennen sind. Verteilungsthemen werden durch Risikothemen ergänzt, wenn nicht ersetzt. Man bleibt alternativ. Dagegensein verpflichtet. Und der Bedarf für Ersetzung alter Themen durch neue Themen, das heimliche Diktat der Massenmedien, trägt Wichtiges zur Aktualisierung von Aufmerksamkeit bei. In Paris sieht man das zuweilen als eine Sequenz typisch deutscher Neurosen. Das mag sein. Aber es hat in einem Kontext funktionierender Demokratie auch einen Frühwarneffekt, vor allem in bezug auf Probleme der Ökologie und auf die Themen eines möglichen politischen Widerstandes.

Die Marktwirtschaft und der Protest – wenn das die Leistungen waren –, könnte man sich am Ende der Bundesrepublik fragen, ob das kontinuieren soll. Man wird es weder aufgeben wollen noch aufgeben können. Aber vielleicht könnte man die Naivität etwas reduzieren, mit der Bejahung und Verneinung in der Bundesrepublik betrieben worden waren. Die Herausforderungen der Zukunft haben ein anderes Format.

Umweltrisiko und Politik

I.

Die folgenden Darstellungen haben vermutlich den Charakter einer wirklichen Nachricht – einer Information, einer Überraschung. Das, was wir als Technik bezeichnen oder als technology, wenn man sich dem amerikanischen Sprachgebrauch fügt, ist Teil unserer Umwelt, nicht Teil unserer Gesellschaft. Dreitausend Jahre Diskussion im Schema von physis und techne oder natura und ars haben uns getäuscht. Vielleicht glücklicherweise, wenn man die Entwicklung der Technik in diesem Zeitraum als ein Glück betrachtet; vielleicht aber auch im Sinne eines fatalen, schicksalhaften Mißverständnisses, das schleunigst korrigiert werden sollte, bevor es zu spät ist.

Im Schema Natur/Technik war das, was ich Form der Technik nennen möchte, durch den Gegenbegriff der Natur mitbestimmt worden. Natur, und das schloß auch die Natur des Menschen ein, war danach etwas, was nicht hergestellt, sondern geworden war. Technik dagegen war eine Kunst des Herstellens eines Werkes, Hausbau zum Beispiel, des Produzierens, der »poiesis« von etwas, was anderenfalls nicht zustande kommen würde. Während die Natur mit einer Richtung auf Perfektion, mit einer Perfektionspräferenz könnte man sagen, gegeben war, aber in Ausnahmefällen ihr Perfektionsziel verfehlen konnte (steresis, corruptio), konnte ein Werk der Technik sein oder auch nicht sein. Es war ontologisch indifferent gegeben.

Seit Anbeginn gab es Zweifel, ob dies Machen, diese Inanspruchnahme menschlichen Könnens, den Göttern gefalle oder als hybris ihre Sanktion auslösen könne. Aus Gründen, die mit dem geringen Organisationsgrad ihrer Religion zusammenhängen mögen, fielen für die Griechen diese Bedenken jedoch kaum ins Gewicht. In der christlichen Religion wurde dann sogar der Einheitsgott als Schöpfergott begriffen, der die Welt geschaffen oder, in der Sprache von John Locke, die Archetypen vorgefertigt hatte, die der Mensch dann gleichsam als Lizenznehmer kopieren und für seine Zwecke verwenden konnte. Mit der Erlaubnis der Religion, oder jedenfalls ohne ihren Widerstand, sofern nicht gerade

Textprobleme im Wege standen, konnte das Wissen selbst als Herstellungswissen, die Forschung als Experimentieren begriffen werden. Was funktioniert, trifft auch zu, und obwohl der neuzeitliche Bewußtseinsindividualismus zugestehen mußte, daß es keinen direkten Zugang zum Bewußtsein anderer gibt, konnte man statt dessen empfehlen, die Experimente der anderen zu replizieren, ihre Herstellungsverfahren zu kopieren. Wenn es funktioniert, dann spricht das für die Wahrheit des Wissens; wenn nicht, dann nicht.

Die Unterscheidung von Natur und Technik war damit nicht beseitigt. Sie war, im Gegenteil, in sich selbst wiederholt. Sie war zum Teil der Technik selbst geworden als Grenze des schon Erreichten, als »noch nicht Wissen« oder »noch nicht Können«. Das Verhältnis von Technik und Natur bekam damit eine Zukunftsperspektive, die sich zunächst für positive, seit dem 19. Jahrhundert aber auch für negative Bewertungen öffnete. Noch heute denken wir im Normalfalle so, nur mit mehr Wissen und mehr Befürchtungen, was unbeabsichtigte oder nicht zu vermeidende Nebenfolgen der Technik angeht. Die Frage ist aber, ob wir unsere Zukunftsperspektiven weiterhin in diesem Schema Technik/Natur formulieren sollen. Oder ob man nicht verlangen sollte, daß auch die Wahl der Unterscheidungen, mit denen man die Welt und die Gesellschaft beschreibt, noch in unserer Verantwortung liegt. Mehr und mehr scheinen sich heute die Gewichte zu verlagern. Man stellt die Frage: Wie wichtig sind uns unsere Zwecke, wenn wir die Nebenfolgen ihrer Realisierung bedenken? Und da der Stand der Technik sehr viele Zwecke als realisierbar erscheinen läßt, könnten wir dem erlauben, unsere Zwecke zu definieren, der uns von den Nebenfolgen befreit.

In dieser Situation verliert die Unterscheidung von Technik und Natur ihren alten Sinn. Ohnehin haben die Naturwissenschaften dieses Jahrhunderts den Naturbegriff aufgelöst. Wieso ist sauberes Wasser Natur und schmutziges Wasser nicht? Vor dem Händewaschen ja, nachher nicht? Sind die Eiseskälte des Weltalls und dessen punktuelle Überhitzungen keine Natur? Die Ozonschicht ja, die Löcher in ihr nicht? Atome ja, Strahlungen nein? Welche Strahlungen ja und welche nein? Und vor allem: Wie kann Technik überhaupt ökologische Störungen auslösen, wenn sie nicht Teil der Ökologie ist? Es mag sein, daß es für die Massenmedien und für die Protestbewegungen, die sich in den Massenmedien spiegeln, weiterhin sinnvoll ist, mit der Unterscheidung von Natur und Technik zu arbeiten. In diesem Tätigkeitsbereich ist die Gesellschaft, auch die moderne Gesellschaft, auf individuell aneignungsfähiges Wissen angewiesen. Wissenschaftliche Forschung und politisches Denken könnten und sollten sich dagegen anders orientieren.

In dem Maße, wie die Unterscheidung von Natur und Technik problematisch wird, löst sich auch die beiden Seiten dieser Unterscheidung zugrundeliegende *teleologische* Struktur der Bewegung auf. In der Tradition dachte man sowohl natürliche Bewegungen als auch technische Produktion als bestimmt durch perfekte Endzustände. Das erstrebenswerte Gute war das Ziel der Natur ebenso wie des Herstellens von Werken. Schon in der Frühmoderne wurde diese Klammer jedoch unterlaufen durch die Vorstellung, Zwecke könnten gewählt werden, und die Natur wurde nur noch als Rahmenbedingung der Wahl menschlicher Mittel und Zwecke begriffen. Mit der Zunahme technischer Realisationen wird schließlich auch die eigentümliche Schmalspurigkeit und Linearität des Verhältnisses von Mittel und Zweck evident. Es gibt immer auch andere Verwendungsmöglichkeiten für verfügbare Mittel, es gibt Opportunitätskosten, und es gibt vor allem immer unbeabsichtigte und unerwünschte Nebenfolgen jeder bestimmten Festlegung auf Mittel und Zwecke – eine Einsicht, die die Zweck/Mittel-Rationalität auf relativ kurzfristige Handlungszusammenhänge begrenzt. Die auf Politik zielende Steuerungstheorie orientiert sich heute zwar überwiegend noch handlungstheoretisch an der Unterscheidung von Zwecken und Nebenfolgen, die dann ihrerseits in Kosten und ungeplante Nebenfolgen unterschieden werden. Quer dazu stellt sich aber das Problem des Risikos, das teils noch akzeptable, noch rational verkraftbare Kostensteigerungen betrifft, teils dagegen ungewisse, aber mögliche Schäden, die dazu führen würden, daß man die Entscheidung, die man dann nicht mehr ändern kann, bereut. Und Risiken können nicht im Schema von Mittel und Zweck rationalisiert werden.

Schließlich muß ich, um diesen Überblick abzuschließen, noch die Unterscheidung von internalen (oder internalisierten) und externalen (oder externalisierten) Kosten erwähnen. Sie stammt aus der ökonomischen Theorie und tritt heute als Forcierung der Internalisierung von Kosten auf. Diese Unterscheidung hat bereits gewaltige Effekte ausgelöst. Zum Beispiel ist die Umstellung von (hand-

lungstheoretisch konzipierter) Verschuldenshaftung auf »product liability«, die seit gut zwanzig Jahren das amerikanische Zivilrecht revolutioniert, durch die Annahme motiviert, daß derjenige, der Technik einsetzt, am besten in der Lage ist, Risiken zu kalkulieren und Kosten zu internalisieren.[1] Nur wird diese Unterscheidung naiv und unreflektiert eingesetzt – vielleicht weil sie in den USA erfunden wurde oder weil sie durch die Wirtschaftswissenschaften legitimiert ist –, und niemand fragt, welche Kosten denn derjenige externalisiert, der die Internalisierung von Kosten verlangt.[2]
Bei den folgenden Überlegungen lege ich keine von diesen Unterscheidungen zugrunde, sondern ersetze sie durch andere. Als Soziologe muß man zwar beachten, wie in unserer Gesellschaft üblicherweise Technik verstanden wird oder, allgemeiner, welche Unterscheidungen verwendet werden, wenn über irgend etwas gesprochen wird. Es ist nicht ohne Bedeutung und nicht ohne Wirkungen, wenn man sich üblicherweise an Unterscheidungen wie »Technik und Natur«, »Zweck und Nebenfolgen«, »internale und externale Kosten« hält. Wir müssen also in der Perspektive eines Beobachters zweiter Ordnung beobachten, wie beobachtet wird, wenn Technik beobachtet wird. Denn es könnte gut sein, daß diese Art der Beobachtung erster Ordnung der Verschleierung von Problemen dient; oder jedenfalls verhindert, daß man bestimmte tiefergreifende Problemsichten kommuniziert.

II.

Technik soll im folgenden als *funktionierende Simplifikation kausaler Zusammenhänge* verstanden werden. Das bedeutet, daß Technik mit Hilfe einer Grenze installiert wird, die den kontrollierbaren Kausalbereich vom nichtkontrollierbaren Kausalbereich

1 Siehe hierzu Priest, George L. 1990: The New Legal Structure of Risk Control, in: Daedalus 119/4, 207-227. Vgl. auch die Umfrageergebnisse bei Weber, Nathan 1987: Product Liability: The Corporate Response. New York, und bei McGuire, E. Patrick 1988: The Impact of Product Liability. New York.

2 Sieht man die Literatur durch, findet man immerhin gelegentlich Hinweise auf ein ähnliches Bedenken, etwa im Zusammenhang der Kritik einer Sicherheitspolitik, die jedes Risiko zu vermeiden sucht. Vgl z. B. Wildavsky, Aaron 1988: Searching for Safety. New Brunswick.

trennt. Mit einigem Recht kann man daher auch von *kausaler Schließung* und *strikter Kopplung* von Ursachen und Wirkungen sprechen.[3] Dabei ist allerdings zu beachten, daß diese Schließung zugleich planmäßige Öffnungen vorsieht, Öffnungen für Inputs und für Outputs, die es ermöglichen, technisierte Zusammenhänge nach dem Schema von Mittel und Zweck darzustellen und gegebenenfalls zu variieren. Neuerdings wird zusätzlich bewußt, daß auch die Programme, nach denen Inputs in Outputs transformiert werden, ausgewechselt werden können, und zwar sowohl logisch als auch kausal ab extra. Entscheidend bleibt aber das Merkmal funktionierender Simplifikation, das es erlaubt, Technik auf berechnete und, wie man zunächst meinen könnte, risikofreie Weise einzusetzen.

Innerhalb dieses allgemeinen Begriffs von Technik kann man zwei verschiedene Fälle unterscheiden – wiederum unterscheiden! Im einen Falle geht es um Kalkulation, insbesondere um mathematische Kalkulation, also um eine Transformation von Symbolen für Zwecke der Kommunikation. Hier wäre zum Beispiel an Berechnungen bei der Konstruktion technischer Apparate zu denken, vor allem aber natürlich an die wirtschaftliche Kalkulation im Kontext der Unternehmensführung oder der geldpolitischen Steuerung. Dieser Fall braucht uns, so wichtig er ist, nicht weiter zu interessieren. Der andere Fall betrifft materielle Realisationen der Technik, also ihren Einbau in die Umwelt des Gesellschaftssystems. Erst durch materielle Realisation wird Technik zu einer Komponente der ökologischen Zusammenhänge, mit denen die Gesellschaft (wenn sie es kann) umzugehen hat. Erst dadurch wird Technik zu einer physischen, chemischen, organischen Realität. Ökologische Zusammenhänge sind jedoch – darüber hat die Vorstellung von »Naturgesetzen« lange hinweggetäuscht – eher durch lose als durch strikte Kopplungen bestimmt. Sie verdanken ihre Stabilität einem hohen Maß an Robustheit, Fehlerfreundlichkeit, Absorptionsfähigkeit. Der Einbau technisierter Simplifikationen in die Umwelt schafft mithin eine unnatürliche Differenz zwischen kontrollierter und nichtkontrollierter, strikter und lose gekoppelter Kausalität; und dies auf Ebenen der Realität, *die nicht*

3 So insbesondere Radder, Hans 1986: Experiment, Technology and the Intrinsic Connection Between Knowledge and Power, in: Social Studies of Science 16, 663-683.

solche der Kommunikation sind und folglich auch nicht durch bloße Kommunikation verändert werden können.
Für die Unterscheidung der Technik kommt mithin noch eine zweite Unterscheidung in Betracht, die von System und Umwelt. Die Gesellschaft verändert in dem Maße, wie sie diese Art Technik realisiert, ihre Umwelt; und dies nicht nur (wie der Naturbegriff suggeriert hatte) durch *Auswirkungen* der Technik, sondern *schon durch ihre Installation*; also nicht nur in Hinsicht auf *Zukünftiges*, sondern schon als *Gegenwart*. Da es hier um Risiko geht, ist es vor allem wichtig, diese zeitbezogene Unterscheidung zu beachten; denn Risiken haben es immer mit der Gegenwart von Zukunft zu tun.

III.

Diese rein begrifflichen Überlegungen laufen auf die Frage zu: Wie läßt sich das Verhältnis der Gesellschaft zur gegenwärtig installierten Technik beschreiben? Wir fragen nicht sogleich: Wie geht die Gesellschaft mit Technik um, und welche Fehler macht sie, was wäre zu ändern? Denn erstens ist die Gesellschaft kein handlungsfähiges Subjekt, sondern ein System-in-Evolution. Und zweitens kann man mit der Gegenwart überhaupt nicht umgehen. Sie ist, wie sie ist. Alle Wirkungsabsichten würden schon ein Beobachten und Beschreiben voraussetzen, das sich am Schema von Ursache und Wirkung, also an einer Differenz von vorher und nachher orientiert, während die Gegenwart genau der Punkt ist, der mit dieser Unterscheidung von vorher und nachher nicht erfaßt werden kann, weil sie der Punkt ist, an dem diese Unterscheidung operativ eingesetzt wird. (Und zur Erläuterung: die Gegenwart ist weder vor der Gegenwart noch nach der Gegenwart, sie läßt sich also im Kontext dieser Unterscheidung nicht bezeichnen.)
Die jeweils gegenwärtige Beziehung von Gesellschaft und (extern installierter) Technik kann mit Hilfe des Begriffs der »strukturellen Kopplung« beschrieben werden.[4] Er bezeichnet das, was je

4 Der Begriff stammt von Humberto Maturana. Siehe z. B. Maturana, Humberto R./Varela, Francisco J. 1987: Der Baum der Erkenntnis: Die biologischen Wurzeln des menschlichen Erkennens. Bern, insb. 85 ff.,

gegenwärtig gegeben sein muß, damit ein System seine eigene Operationsweise reproduzieren und sich dadurch selbst gegen eine Umwelt abgrenzen kann. Auch strukturelle Kopplungen haben zwei Seiten: das, worauf es ankommt, und das, worauf es nicht ankommt; oder das, was sie einschließen, und das, was sie ausschließen. Denn für die Ausdifferenzierung eines Systems ist es eine unerläßliche Voraussetzung, daß es nicht auf alles ankommt, sondern nur auf Bestimmtes. Das gilt schon auf der Ebene der Atombildung, der Lebewesen im allgemeinen und erst recht auf der Ebene des Sozialsystems der Gesellschaft.

Soweit ausdifferenzierte Systeme operativ geschlossene, autopoietische Systeme sind, kann man auch sagen, daß strukturelle Kopplungen das kanalisieren, was im System selbst als Störung oder als Irritation erfahren und weiterer Informationsverarbeitung ausgesetzt wird. Das System kann zwar nicht im Durchgriff von außen determiniert werden, aber über strukturelle Kopplungen gibt es eine Häufung von Irritationseffekten, die dann die Strukturentwicklung des Systems – Maturana spricht von »structural drift« – so beeinflussen, daß ein Beobachter Entwicklungstrends erklären kann, wenn er beschreibt, wie ein System auf die Irritationen reagiert, die es den strukturellen Kopplungen verdankt in einer Weise, die zugleich bestimmte Häufigkeiten steigert und anderes ausschließt.[5] Wenn es technische Einrichtungen gibt, ändert sich – ich sage nicht: ändert das! – die Gesellschaft, und dies in einem Langfristtrend, der kaum reversibel ist, sondern allenfalls noch katastrophenartige Übergänge in andere Formen der Stabilität zuläßt.

Man kann heute drei verschiedene Arten von strukturellen Kopplungen Technik/Gesellschaft unterscheiden. Die dominante besteht darin, daß in so gut wie allen gesellschaftlichen Kommunikationen mit dem Funktionieren der Technik gerechnet wird, man denke nur an Uhren und an Stromversorgung, an die Stabilität der Gebäude, in denen man wohnt oder arbeitet, oder an das Ver-

251 ff. Allerdings fehlt diesem zunächst biologischen Begriff bei Maturana noch die Ausarbeitung der Zeitdimension, nämlich der jeweiligen Momenthaftigkeit dieser Kopplung, die gleichwohl nicht als Ereignis begriffen werden kann.

5 Siehe hierzu für den Sonderfall der (sprachlichen) strukturellen Kopplung von Bewußtsein und Kommunikation Luhmann, Niklas 1990: Die Wissenschaft der Gesellschaft. Frankfurt/M.: 11 ff.

kehrssystem, an die Arzneien, die der Arzt verschreibt, oder an die Computer, deren Zuverlässigkeit man bei jedem Gebrauch unterstellt. Das heißt zwar nicht, daß alles immer fehlerfrei funktioniert. Auch müssen die Einrichtungen nach Verschleiß gelegentlich ersetzt werden. Aber genau das sind Irritationen, auf die die Gesellschaft eingespielt ist, die auf erkennbaren, oft voraussehbaren Abweichungen vom Normalverlauf beruhen und die mit Reparatur oder Auswechseln beantwortet werden können.

Erst seit kurzem sieht man, daß ein ganz anderer Bereich von strukturellen Kopplungen ganz andere Probleme aufwirft. Hier geht es im strengen Sinne um die Risiken des Gebrauchs von Technik, die über das gelegentliche Nichtfunktionieren, also das Nichterreichen der Ziele, hinausgehen und heute mehr und mehr Aufmerksamkeit beanspruchen. Ein schnell fahrendes Auto verunglückt. Es kommt nicht nur nicht an, sondern verursacht Schäden, tötet Menschen, zerstört sich selbst. Atomkraftwerke geraten außer Kontrolle, chemische Fabriken vergiften ihre Umwelt. An Beispielen fehlt es nicht. Daraufhin hat man versucht, eine Technik des »containment« zu entwickeln. Sie bezieht sich auf das Durchlässigwerden der Grenze zwischen kontrollierter und nichtkontrollierter Kausalität, also genau auf die Technizität der Technik. Man sieht inzwischen aber, daß auch diese Technik nicht immer funktioniert, ja vielleicht sogar weniger sicher funktioniert als die basale Technologie. Die Aufwendungen nehmen zu. Die Kosten der Absicherung komplexer Computersysteme übersteigen bereits die Kosten der eigentlich gewollten Datenverarbeitung.[6] Aber die Thematisierung des Problems ist noch ganz auf das Kurieren von Technik durch Technik eingestellt, und selbst, wo die Diagnose sich auf den »human factor« oder auf »human error« konzentriert, beherrscht das klassische Technikverständnis die Problemstellung: Es handelt sich danach um Fehlgriffe oder um Irrtümer, die die Normalform des projektierten Ablaufs in Unordnung bringen.[7]

Der Begriff der strukturellen Kopplung eröffnet andere Perspek-

6 Vgl. dazu Ortmann, Günter/Windeler, Arnold/Becker, Albrecht/Schulz, Hans-Joachim 1990: Computer und Macht in Organisationen: Mikropolitische Analysen. Opladen: 541 ff.

7 Siehe etwa den Tagungsband von Rasmussen, Jens/Duncan, Keith/Leplat, Jacques (Hg.) 1987: New Technology and Human Error. Chichester (UK).

tiven. Man wußte im Grunde schon lange, daß soziale Systeme, die es direkt mit Technik zu tun haben, in ihrer Arbeit lernen und eigene Formen des Umgangs mit Irritationen entwickeln, die sich in der Arbeit einstellen. In der älteren Forschung lief das unter dem harmlosen Titel der »informalen Organisation«.[8] Die »Fallstudien«, die aus Untersuchungen nach Katastrophen (Three Mile Island, Challenger usw.) entstanden sind, haben das Problem dramatisiert.[9] Das, was ein Soziologe hierbei sehen kann, zeigt, daß es soziale Systeme sind, die sich auf Umgang mit Risiken einstellen und sich dabei auf eigene Erfahrungen und Gewohnheiten stützen und von Vorschriften abweichen, soweit sich das einspielt und bisher immer gutgegangen ist. Das »menschliche Versagen« ist dann eine Erklärung, die gesucht und gefunden wird, wenn etwas passiert ist, und die zugleich verdeckt, daß es im Grunde die soziale Realität ist, die sich auf die Omnipräsenz des Risikos einstellt und es lernt, damit zurechtzukommen.[10]

Angesichts dieses inzwischen in seinen Effekten, wenn auch nicht in seinen Gründen, evidenten Sachverhalts kann man noch einen dritten Effekt struktureller Kopplung beobachten, nämlich die Verarbeitung der Irritation in Form von Aufregung, Besorgnis, wenn nicht Angst und weiter auf eine schon halb geordnete Weise in der Form von Protestbewegungen, Presseaktivitäten, Bilderkonsum und schließlich in organisatorischen Vorkehrungen für

8 Siehe aus dem für unser Thema besonders interessanten Bereich der Flugzeugproduktion Bensman, Joseph/Gerver, Israel 1963: Crime and Punishment in the Factory: The Function of Deviance in Maintaining the Social System, in: American Sociological Review 28, 588-593.

9 Vgl. Perrow, Charles 1984: Normal Accidents: Living with High Risk Technologies. New York; Wynne, Brian 1988: Unruly Technology: Practical Rules, Impractical Discourses and Public Understanding, in: Social Studies of Science 18, 147-167.

10 Daß Unfälle auch durch Körperverhalten von Menschen (Fehlgriffe, Ausrutschen, Ablenkung von Aufmerksamkeit etc.) zustande kommen, soll natürlich weder bestritten noch bagatellisiert werden. Siehe hierzu die Unterscheidung von »slips« und »mistakes« bei Reason, James 1987: A Framework for Classifying Errors, in: Rasmussen et al. a.a.O. (Anm. 7), 5-14. Nur »mistakes« stehen in Diskrepanz zur Zielsetzung des Handelns, und nur hier ist die Frage nach sozialen Konditionierungen angebracht.

Partizipation und politischen »talk«.[11] Es wird eine Maschinerie des sich zur Rationalität provozierenden Entscheidens in Gang gesetzt. Es werden Messungen veranstaltet, Grenzwerte formuliert, generelle Unruhe ins Kleinformatige deformiert. Auch an der Technik wird, teils mit, teils ohne Erfolg, in der Risikobekämpfung herumreguliert. Damit kann eine Kritik der Zustände aufgeteilt werden durch eine Tätigkeit, die sich sichtbar und gelegentlich mit meßbaren Erfolgen bemißt. Die großen Funktionssysteme wie Politik, Wirtschaft, Wissenschaft, Recht, Erziehung nehmen diese Anstöße in ihren »structural drift« auf und verändern sich entsprechend. Die Wirtschaft beispielsweise sieht ökologische Probleme schon nicht mehr nur unter dem Gesichtspunkt von politisch aufgezwungenen zusätzlichen Kosten, sondern zugleich auch als einen neuen Markt, als ein neues Geschäft, als Möglichkeit, nette Arbeitsplätze zu schaffen; unter der Voraussetzung allerdings, daß sie es nicht freiwillig tun muß, weil das unter Bedingungen der Marktkonkurrenz diejenigen, die es tun, gegenüber den Rücksichtslosen benachteiligen würde, sondern daß ein Netzwerk staatlicher Regulierungen oder die allgemeine Bedrohung durch »product liability« alle Konkurrenten gleichermaßen trifft.

IV.

Ich habe mich bisher fast ausschließlich mit der ersten Hälfte, mit der einen Seite meines Themas beschäftigt, mit den durch Technik entstehenden Umweltrisiken. Die gerade vorgetragenen Überlegungen zu Effekten struktureller Kopplung führen aber unbemerkt schon in die zweite Hälfte des Themas ein, in die Frage der politischen Behandlung von Umweltrisiken.

Sieht man die einschlägige Literatur durch, so zeigt sich, daß sie nahezu ausschließlich unter dem Gesichtspunkt regulativer Politik gearbeitet ist. Man stellt sich dabei vor, daß mögliche Umweltschäden ein Problem bilden, das die Politik nicht ignorieren kann und durch entsprechende regulative oder finanzielle Mittel zu lösen oder mindestens zu entschärfen sucht. Dann stößt man auf

11 Im Sinne von Brunsson, Nils 1989: The Organization of Hypocrisy: Talk, Decisions and Actions in Organizations. Chichester (UK).

Probleme der Implementation, der Durchsetzung von Recht gegen die, die über bessere Information verfügen, und in vielen Fällen auch auf Probleme einer unfähigen oder unwilligen Bürokratie, die sich in Positionen, die Lebenszeitanstellung und ein geringfügiges, aber sicheres Gehalt versprechen, eingegraben hat. Die Erfahrung zeigt in vielen Fällen, daß es gegen die Bürokratie nicht geht und mit ihr auch nicht. Durchweg sieht man auch, daß die Ausstattung mit finanziellen Mitteln und mit Kompetenzen dem Problem in keiner Weise angemessen ist; und ebenso liegt auf der Hand, daß die Bekämpfung bestimmter Risiken – etwa im Bereich der möglicherweise krebserregenden Chemikalien – die Produzenten in die Verwendung von Substituten treibt, die möglicherweise noch größere Risiken oder Risiken anderer Art enthalten, aber noch nicht getestet sind.

Wenn die Politik das Rechtssystem benutzt, also Rechtsvorschriften anregt, die als Mittel zum Zweck gedacht sind, benötigt sie die Bürokratie zur Durchsetzung des Rechts. Ergänzend zu diesem Instrument bilden sich heute bereits umweltbewußte Gruppierungen, die ein feines Gespür für Rechtsbrüche aufweisen und auf deren Sanktionierung bestehen – oft gegen sorgfältig ausbalancierte Kompromisse zwischen Bürokratie und Interessenten.[12] Politisch kann solchen Initiativen keine demokratische Repräsentativität zuerkannt werden (obwohl sie selbst sich gern als »demokratisch« bezeichnen), und juristisch haben sie keine eigenen subjektiven Rechte einzubringen, also auch kein Klagerecht.

Sie müssen mit einer Semantik des »Anprangerns« von Mißständen arbeiten und versuchen, die öffentliche Meinung zu beeinflussen.

Eine regulative Politik ist ihrerseits technikanalog konzipiert. Man nimmt funktionierende Simplifikationen und kausale Schließungen mit hoher Kontextunabhängigkeit in Anspruch. Faktisch ist diese Politik jedoch bereits im Prozeß ihrer Formierung eingebettet in soziale Systeme. Sie wird schon im Stadium der Planung beobachtet und beeinflußt. Erst recht ergeben sich dann, wenn sie realisiert wird, eine Fülle von Nebenfolgen – vor allem dann, wenn es nicht nur um Zustandskorrektur im Moment geht (etwa Eingriff in einen bedenklichen Einzelfall), sondern um Langfrist-

12 Vgl. Winter, Gerd 1985: Bartering Rationality, in: Regulation, Law and Society Review 19, 219-250.

verbesserungen in bezug auf mögliche Umweltschäden. Auch wenn die Politik ihre Ziele erreicht, ist nicht gesagt, daß sich ihre Effekte auf diese Ziele beschränken. Und das heißt: die Politik selber ist riskant.

Wenn dies zutrifft, empfiehlt es sich, die theoretische Beschreibung des Sachverhaltes anders zu orientieren. Wenn Gesellschaft und Technik durch strukturelle Kopplungen aneinander gebunden sind, liegt im Prinzip ein Verhältnis der Gleichzeitigkeit von System und Umwelt vor, das sich nicht instrumentalisieren, nicht in Beziehungen des Vorher und Nachher auflösen, nicht über incentives und disincentives regulieren läßt, sondern bei allen Operationen des Systems als (im einen oder anderen Zustand) gegeben vorausgesetzt werden muß. Damit soll keineswegs ausgeschlossen oder auch nur entmutigt werden, sich in der Politik weiterhin mit Regulierungsvorhaben zu befassen, und ohne Zweifel kann man vieles besser machen als bisher. Aber die soziologische Analyse des Geschehens kann sich nicht damit begnügen, zu beraten und zu kritisieren. Ihre erste Aufgabe ist, eine angemessene Beschreibung des Geschehens zu liefern; und »angemessen« heißt in diesem Zusammenhang eine Beschreibung, die Rückschlüsse auf das Gesellschaftssystem ermöglicht, mit dem wir es heute zu tun haben.

Die bereits angestellten Überlegungen legen es nahe, hierbei vom Begriffspaar strukturelle Kopplung/Irritation auszugehen. Dann liegt die soziologische Problemstellung in der Frage: Wie reagiert das politische System auf die dreifache Irritation der Gesellschaft durch Technik – auf die durchgängige Abhängigkeit von funktionierender Technik in nahezu allen Bereichen; auf die konkreten Formen des Umgangs mit Risiken, die keine Sicherheit schaffen können, auch und gerade wenn sie sich darum bemühen; und schließlich auf die darauf reagierenden generalisierten Besorgnisse, die die Form von Protestbewegungen annehmen und sowohl die Massenmedien als auch die Organisationsformen der Bürokratie beeinflussen?

Die Einheitsformel für diese Irritationen scheint in einem generalisierten und selbstreferentiellen Begriff des Risikos zu stecken.[13] Wenn eine Situation einmal in Hinsicht auf riskantes Entscheiden definiert ist, wird man das Risiko nicht wieder los. Es nährt sich

13 So auch Baecker, Dirk 1991: Womit handeln Banken? Frankfurt/M.

selbst und läßt alle Alternativen als riskant erscheinen, auch und gerade das Sich-Verlassen auf Sicherheitstechnologien oder das Sich-Engagieren in Protestbewegungen. Es mag dann noch mehr oder weniger riskante Problemlösungen geben, aber ein Urteil darüber kann aller Erfahrung nach nicht mit rein quantitativen Methoden gewonnen werden.[14] Es läßt sich politisch nicht neutralisieren, sondern setzt Wertelagen in bezug auf Folgen voraus, für die man keinen Konsens erwarten kann.

Die Konsequenz ist: das Verhältnis der Politik zu technisch-ökologischen Risiken als ein Verhältnis der *Risikotransformation* aufzufassen. Durch Einführung in die Politik gewinnen andere Risiken die Form eines politischen Risikos. Was das bedeutet, kann nur durch eine Analyse des politischen Systems ermittelt werden. Es mag um Veränderung der Chancen bei der nächsten politischen Wahl gehen. Das bedeutet, daß im politischen Kontext ein relativ kurzfristiges Risiko an die Stelle der typisch langfristigen ökologischen Risiken tritt. Oft kann die Politik sich mit einem Aufmerksamkeits- und Aktivitätsnachweis helfen, mit Mitteln der sogenannten »symbolischen Politik«. Oft hilft man sich mit Kompromissen und mit unklaren Instruktionen, also mit einer Delegation des Risikos auf nachgeordnete Instanzen, die die politischen Entscheidungsvorgaben zu interpretieren und anzuwenden haben. Nicht zuletzt gibt es die Möglichkeit, juristisch riskant zu handeln, das heißt unter der Bedingung eines ausgebauten Rechtsstaates mit Verfassungsgerichtsbarkeit Entscheidungen zu treffen, von denen nicht ganz sicher ist, ob die Gerichte sie anerkennen werden. Man kann damit die Absicht dezidierten Handelns beweisen, muß natürlich offene Rechtswidrigkeiten vermeiden, aber kann, falls man vor den Gerichten scheitert, wenigstens sagen, daß man es versucht hat.

Im Vergleich zur ökologischen Selbstgefährdung der modernen Gesellschaft haben diese spezifisch politischen Formen der Risikobewältigung ein ausgesprochen kleines Format. Es kommt hinzu, daß Politiker und politische Parteien in ihrem politischen Schicksal ohnehin daran gewöhnt sind, daß alles, was sie tun, kontrovers ist, kritisiert wird und schon im Entscheidungsprozeß auf ein Mehrheitsvotum hinausläuft; und daß infolgedessen weni-

14 Siehe nur Ashby, Eric 1978: Reconciling Man with the Environment. London.

ger die Richtigkeit der Entscheidung zählt, ganz zu schweigen vom Einsatz der Techniken des Risikomanagements, sondern letztlich Erfolg und Mißerfolg. Erfolge und Mißerfolge haben aber mit der Qualität der vergangenen Entscheidungen oft wenig zu tun, sondern ergeben sich aus Neubeurteilungen in neuen Lagen. Darauf wird dann durch Auswechseln von Personen oder durch Veränderungen des Stimmgewichts der politischen Parteien reagiert – also wiederum mit spezifisch systemintern politischen Mitteln.

Und anders kann es auch gar nicht sein. Es wäre ganz unrealistisch zu erwarten, daß das politische System die Möglichkeit habe, in technisch-ökologischen Zusammenhängen der gesellschaftlichen Umwelt Sicherheit zu schaffen, und daß dies nur aus irgendwelchen ominösen Gründen bisher nicht ernstlich versucht worden sei. Auch weiß man seit langem, daß es nicht hilft, bei der Wissenschaft Rat einzuholen, um dann der Wahrheit gegenüber wirtschaftlichen Interessen zur Durchsetzung zu verhelfen.[15] Die Wissenschaft selbst kann nur im Kontext ihrer eigenen Forschungsprogramme, nur im Licht ihrer eigenen Scheinwerfer etwas sehen, und es bringt nichts, wenn man sie veranlaßt, ihre eigene Kompetenz zu überschreiten. Experten, so könnte man ein Statement von Alvin Weinberg abwandeln, sind Leute, denen man Fragen stellt, die sie nicht beantworten können.[16] Für die Politik folgt daraus eine eher negative Abgrenzungsregel: daß sie es vermeiden muß, Entscheidungen in Fragen zu treffen, wo sie das Risiko läuft, daß die Wissenschaft es besser weiß.

Mehr und mehr tendieren heute Risikolagen, wenn sie einmal wahrgenommen und kommuniziert werden, zur Politisierung. Das muß zu einer strukturellen Überlastung von Politik mit Problemen führen, die sie auf spezifisch politische Weise, das heißt: durch kollektiv bindende Entscheidungen, nicht lösen kann. Möglichkeiten der englischen Sprache nutzend, kann man das politische Problem, das sich aus der strukturellen Kopplung von

15 Siehe nur die stark zugespitzte, aber bisherige Erfahrungen treffend resümierende Darstellung von Collingridge, David/Reene, Colin 1986: Science Speaks to Power: The Role of Experts in Policy Making. New York.

16 Weinberg spricht von »questions which can be asked of science and yet which cannot be answered by science«, vgl. Weinberg, Alvin M. 1972: Science and Trans-Science, in: Minerva 10, 209-222: 209.

Gesellschaft und Technik ergibt, auch als »surviving failures« bezeichnen und damit offenlassen, ob die Politiker die Fehlschläge ihrer Politik überleben oder die Fehlschläge der Politik die Politiker. Das heißt nicht, daß die Politik im structural drift einer Gesellschaft, die es mit Technik zu tun hat, nicht ihren Part spielen könnte. Aber das größere Problem könnte es sein, unter diesen Bedingungen immer noch die politischen Formen der Demokratie und des Verfassungsstaates zu halten und zu erneuern.[17]

17 Hierzu aus der Sicht des Verfassungsrechtlers Grimm, Dieter 1990: Die Zukunft der Verfassung, in: Staatswissenschaften und Staatspraxis 1, 5-33.

Systemtheorie und Protestbewegungen
Ein Interview*

Herr Luhmann, Sie arbeiten schon seit längerem an einer Theorie selbstreferentieller Systeme. Im Rahmen dieser Theorie haben Sie sich auch mit sozialen Bewegungen beschäftigt, begonnen spätestens 1984. In der Folge hat das sehr unterschiedliche Formen angenommen, wobei Sie auch Standpunkte gewechselt haben. Die erste Frage richtet sich darauf, wieso das der Fall war. Sie haben mit Konfliktsystemen und Immunsystemen angefangen[1]*, dann kurzfristig von Differenzen, von Dualen gesprochen*[2]*, um schließlich zu Codes und Programmen überzugehen.*[3] *Es ist im nachhinein nicht ganz klar, weshalb Sie diesen Wechsel vorgenommen haben, zumal keine Reflexion stattfand, warum ein Wandel stattgefunden hat, so daß der Leser Schwierigkeiten hat, diese Entwicklung nachzuvollziehen.*

Ich sehe eigentlich keinen Wechsel, sondern höchstens nach und nach eine Beleuchtung verschiedener Gesichtspunkte, zum Beispiel das Problem der Codierung. Die Frage eines Codes schließt ja andere Fragen nicht aus. Wenn man eine Theorie sozialer Systeme auf die sozialen Bewegungen anwenden will, und das wäre ja nötig, wenn man soziale Bewegungen überhaupt als Systeme bezeichnen will, dann gibt es einen ganzen Apparat von Fragestellungen, den man ausprobieren muß, und da ich nie systematisch auf dem Gebiet gearbeitet habe, also kein Buch über soziale Bewegungen geschrieben habe, ergibt sich nur aus dem Kontext, was ich jeweils beleuchte, aber ich bin mir jedenfalls nicht bewußt, daß ich die Standpunkte gewechselt habe.

Würden Sie denn heute sagen, daß es sich bei sozialen Bewegungen um autopoietische Systeme handelt?

* Das Interview wurde von Kai-Uwe Hellman geführt.

1 Vgl. Luhmann, Niklas 1984: Soziale Systeme. Grundriß einer allgemeinen Theorie. Frankfurt/M., 488 ff.

2 Vgl. Luhmann 1984a: Widerstandsrecht und politische Gewalt, in: Zeitschrift für Rechtssoziologie 6, Heft 1, 36-45; ders. 1988: Frauen, Männer und George Spencer Brown, in: Zeitschrift für Soziologie, Jg. 17, Heft 1, 47-71; in diesem Band S. 107-155.

3 Vgl. Luhmann 1991: Protestbewegungen, in: ders.: Soziologie des Risikos. Berlin/New York, 135-154.

Soziale Bewegungen als autopoietische Systeme

Ja, wenn es überhaupt Systeme sind, und wenn man sagt, alle sozialen Systeme sind autopoietische Systeme – sonst würde ich den Begriff System nicht anwenden –, dann müßte das auch auf soziale Bewegungen zutreffen, oder man müßte darauf verzichten, sie überhaupt als Systeme, in Abgrenzung zu einer Umwelt, zu charakterisieren.

Wie würden Sie soziale Bewegungen definieren, oder was ist ihre angemessene Beschreibung, wenn sie autopoietische Systeme sind?

Einen wichtigen Block von Phänomenen kriegt man heraus, wenn man von Protestbewegungen spricht. Ob das alles ist, was geläufigerweise unter sozialer Bewegung verstanden wird, ist schwer festzustellen. Ich meine, das ist einfach eine Frage des Sprachgebrauchs. Aber es gibt eine Gruppe von sozialen Bewegungen – übrigens: da zählen dann auch die rechtsextremen Bewegungen zu –, die sich an Protesten orientieren und dadurch eine bestimmte Distanz zur Gesellschaft und eine bestimmte eigene Struktur gewinnen, und dieses Phänomen würde ich als autopoietisch bezeichnen, in Abgrenzung von irgendwelchen modischen Themenkarrieren, denen ihre Anhänger folgen.

Man kann anhand der Funktionssysteme gut studieren, was Sie unter ›autopoietisch‹ verstehen. Wie läßt sich dieser Prozeß – die operationale Schließung autopoietischer Systeme – gleichermaßen bei sozialen Bewegungen nachvollziehen?

Wenn man sich an dem Protestbegriff orientiert, kann man Einheiten, soziale Einheiten, d. h. Kommunikationsmengen herausgreifen, die sich selber von der Umwelt abgrenzen, indem sie sich bestimmte Protestthemen herausgreifen und diese kommunikativ behandeln, so daß eine Kommunikation als zugehörig oder nicht zugehörig erkennbar ist, je nachdem, ob ein bestimmtes Protestthema, sagen wir in der Friedensbewegung oder in den ökologischen Bewegungen oder in den rechtsradikalen Bewegungen, durchgehalten wird.

Wenn man das Rechtssystem anschaut, dann handelt es sich um den Code Recht/Unrecht, und dieser Code entscheidet für sich, was zum System gehört und was nicht, und es ist ein Code insofern, als es einen Wert und einen Gegenwert gibt. Liegen denn

entsprechende Unterscheidungen bei sozialen Bewegungen vor, die wie die Codes der Funktionssysteme funktionieren?
Nein. Ein Protest hat sozusagen die Außenseite, nicht zu protestieren oder die Gesellschaft so laufen zu lassen, wie sie läuft, oder alles für gut zu halten und sich um nichts weiter zu kümmern. Es gibt also diesen ›unmarked space‹, diesen nicht mitgemeinten Kreis von gemeinten Kommunikationsmöglichkeiten, der ausgeschlossen ist, wenn man protestiert. Dieser ›unmarked space‹, diese anderen Möglichkeiten, sich zur Gesellschaft einzustellen, haben nicht die Form eines Negativwertes, der dazu dient, den Protest zu reflektieren. Insofern ist es also kein binärer Code in dem strikten Sinne eines selbstreferentiellen Schematismus, wo der positive Wert immer auf einer Negation des negativen Werts beruht und umgekehrt.
Wenn es sich aber nicht um einen binären Schematismus handelt, wie gelingt dann die Schließung, um von einem autopoietischen System zu sprechen?
Ja, das ist eben das Protestthema ...
Das Thema?
Ja, das Thema, also die Form des Protestes. Man kann ja nicht protestieren, ohne zu sagen, wogegen oder weshalb, so daß sich aus der Orientierung an einem Protest immer die Notwendigkeit ergibt, ein Thema zu ergreifen. Deshalb gibt es auch im Unterschied zu den sozialistischen Bewegungen heute viele mögliche neue, sogenannte neue soziale Bewegungen.
Bei Funktionssystemen gibt es ja auch das Erfordernis, daß ein Programm vorhanden sein muß. Ohne ein Programm kann auch der Code eines Funktionssystems nicht funktionieren. Es ist also immer ein Tandem. So sagen Sie auch für soziale Bewegungen: Es braucht für den Protest auch ein Thema. Ich sehe Ähnlichkeiten, obgleich Sie bestreiten, daß es sich bei Protest um einen binären Schematismus handelt. Ist das der einzige Unterschied?
Die Unterscheidung Code/Programm ist notwendig, weil der Code noch nicht sagt, was nun Recht und Unrecht, was nun wahr oder unwahr ist, oder wer jeweils Eigentümer ist und wer entsprechend nicht Eigentümer ist, oder was man unter schön/häßlich versteht. Und weil ein Code zirkulär, tautologisch, also inhaltsleer ist, braucht man Zusatzkriterien, die nicht in den Code eingearbeitet werden können. Man kann ja nicht sagen: Etwas ist, sagen wir einmal, wahr oder unwahr oder es ist Gesellschaftstheo-

rie, man kann die Wertliste nicht einfach verlängern. Bei Protestbewegungen sehe ich diese Struktur nicht. Wenn man annimmt, sie seien nicht in diesem Sinne binär codiert, kann man aber sagen: Sie haben statt dessen ein Protestthema, und ihre Differenz ist dann: ›Wir oder die Gesellschaft‹, ›Wir‹ und das, was andernfalls geschehen würde, wenn ›Wir‹ nicht auftreten, und dies zwingt schon im Protestthema zur Konkretisierung. Man kann also nicht sagen: »Ich protestiere erst einmal, und wogegen das ist, ist eine zweite Frage.« ›Ich protestiere‹ ist die generelle Attitüde, und die Themenwahl ist dann eine zweite Frage. Man kann zwar erkennen, daß es Leute gibt, die von Protest zu Protest springen oder Koalitionen und Sympathisantenbeziehungen zwischen verschiedenen Protestbewegungen bilden. Wer ökologisch protestiert, kann auch einer Friedensbewegung angehören; oder man ist dann auch wahrscheinlich für die Besserstellung der Frauen und so weiter. Es gibt diese Art von Generalorientierung am Protest mit den zeit- und generationsbedingten Möglichkeiten, die Themen auszuwechseln, aber das hat nach meinem Eindruck nicht die Stringenz der Differenz von Codierung und Programmierung, sondern es ist eher das Sammelbecken für Unzufriedenheiten oder auch, wenn man es objektiver formulieren will, für Schwachstellen und Negativfolgen der Typik moderner Gesellschaft.

Darauf kommen wir noch zu sprechen. Um festzuhalten: Die Einheit eines autopoietischen Systems bestimmt sich an der System/Umwelt-Differenz, in diesem Falle am Code, bezüglich der Bewegungen an der Differenz dafür oder dagegen, während das Thema auswechselbar ist; das ist fast beliebig. Insofern führt einerseits das Thema dazu, daß die Selbstabschließung zustande kommt, andererseits ist doch der Protest das eigentliche Indiz für eine Bewegung und nicht das Thema. Ich möchte noch einmal auf diesen Punkt zurückkommen, daß der Protest das entscheidende Merkmal einer Protestbewegung ist und nicht das Thema.

Ja, aber das hätte ja die Konsequenz, daß es eine Protestbewegung gibt, die ihre Themen auswechselt, daß man also erkennen kann, wer protestiert und wer nicht protestiert, so wie man erkennen kann, ob eine Kommunikation zum Rechtssystem gehört oder familial oder religiös gemeint ist. Das wäre eine elegante Vereinfachung der Theorie, aber ich zweifle, ob das realistisch ist, ob man wirklich sagen kann, es gibt eine Protestbewegung mit klaren Außengrenzen: Immer, wenn man protestiert, ist man in dieser

Bewegung, und wenn nicht, dann nicht. Dazu sind die Themen viel zu diffus. Nehmen wir als Beispiel Politikverdrossenheit, nehmen wir das, was Taxichauffeure oder Stammtischbesucher so reden. Unzufriedenheitsäußerungen sind, glaube ich, nicht abgrenzbar gegenüber interaktiven Phänomenen, gegenüber Situationskommentierungen aller möglichen Art, und erst dann, wenn der Protest eine thematische Form bekommt, also zum Beispiel ökologisch-grün ist, oder wenn er mit der Friedensbewegung gegen Rüstung ist, dann kann man annehmen, daß sich in der Bewegung auch commitments, auch Bindungen zum Mitmachen, zum Weitermachen ergeben, die über das hinausgehen, was man gelegentlich sagt. Deshalb denke ich, daß die Protestbewegungen nicht die Deutlichkeit eines Funktionssystemarrangements haben.

Sie sprechen ja in Ihrem Aufsatz ›Protestbewegungen‹ davon, daß es sich bei Protest um Kommunikationen handelt, die »an andere *adressiert sind und* deren *Verantwortung anmahnen«.*[4] *Dann sagen Sie: Das reicht noch nicht aus, um eine Protestbewegung zu initiieren. Es muß noch Systembildung stattfinden. Sie sagen nicht genau, was da passiert, nur, daß Protest als solcher zu häufig vorkommt, als daß es sich immer schon um eine Protestbewegung handelte. Was passiert dann noch? Könnte man auch sagen, daß sich die andere Seite ändert, daß sie bestimmter wird, daß es nicht Gesellschaft an sich ist, sondern eine bestimmte Gruppe oder Institution, die verschärft in den Blick genommen wird, so daß beide Seiten bestimmter werden und sich der Protest nur noch zwischen zwei Institutionen oder Personen abspielt? Jedenfalls bliebe dann die Bestimmung der Bewegung im Protest als Form und würde weniger vom Thema abhängen.*

Ja, aber aus der Themenwahl ergibt sich ja die Beleuchtung der Teile von Gesellschaft, die mit diesem Thema zu tun haben. Also wenn es um die Frauenbewegung geht, geht es um Karrierestrukturen, d. h. um Personalmanagement zum Beispiel oder um Gewalt in den Familien oder um bestimmte Fragen wie Abtreibung, und je nachdem sind es andere Gegner bei ökologischen Bewegungen. Die ökologischen Bewegungen scheinen sich schon jetzt von der Politikadresse abzuwenden, sie gehen sogar vor die Fabriktore. Sie wollen nicht nur neue Gesetze haben, sondern sie

4 Vgl. Luhmann 1991 (Anm. 3): 135.

marschieren frontal auf die Industrie zu. Dann steuert aber das Thema Ökologie die Suche nach Gegnern, nach Punkten, wo die Unzufriedenheit konkret werden kann.

Das ist aber auch bei allen Programmen so. Der Code selbst gibt ja nichts weiter vor, als daß er eine Unterscheidung einführt, die keine Alternative zuläßt zum anderen Wert, sondern nur zweiwertig funktioniert. Sie sagen zugleich, Programme lassen sich auswechseln: Sofern der Code erhalten bleibt, ändert sich die Identität des Systems nicht. Ich sehe hier auch die Möglichkeit zu sagen: Protest ist die Einheit, und er kann mit verschiedenen Programmen operieren, ohne daß er seine Einheit verliert, und man könnte sagen: Die Einheit des Protestes trotz der verschiedenen Themen besteht darin, daß sich Betroffenheit und Entscheidung gegenüberstehen, und diese Unterscheidung gilt für alle Themen, so heterogen sie auch sein mögen. Immer geht es um Betroffenheit auf der einen und Entscheidung auf der anderen Seite, so daß das die große Klammer darstellt für allen Protest und es sich um eine Bewegung handelt, die verschiedene Formen annimmt, bezogen auf unterschiedliche Themen.

Commitments

Ich zweifle, ob das – ich möchte in der Nähe der Empirie bleiben – wirklich feststellbar ist. Abgesehen davon, daß es Überläufer gibt, setzt man einfach, wenn ein Thema müde wird, auf ein anderes. Das würde ich durchaus auch empirisch sehen, daß dieselben Personen hier auftauchen oder später dort auftauchen, daß es gleichsam biographische commitments in der Richtung gibt, in der auslaufenden 68er Bewegung etwa. Aber ich weiß nicht, ob diese Orientierung am Protest, egal an welchem Thema, ausreicht, um von sozialer Bewegung zu sprechen, von einer sozialen Bewegung, die eine Fülle von Themen nacheinander oder gleichzeitig praktizieren kann und die nur gleichsam durch Aufmerksamkeitskapazitäten beschränkt ist, nicht zu viele Themen zugleich zu haben. Das hängt damit zusammen, daß die sozialen Bewegungen größere persönliche Bereitschaften oder Bindungen fordern, auch Loyalitäten in gewisser Weise, die ja in den anderen Systemen gar nicht üblich sind: Was bindet mich, mein Geld für diesen oder jenen Zweck auszugeben? Was bindet mich, wenn ich meine

Stimme für die eine Partei abgebe, das nächste Mal nicht anders zu wählen? Oder im Recht: Ich klage die Erfüllung eines Vertrages ein oder tue es nicht, weil es mir zu lästig ist.
Aber das Problem hat die Bewegungsforschung auch, da sie Schwierigkeiten hat anzugeben: Wie kommt es überhaupt dazu, daß Leute teilnehmen? Dieses Wahlverhalten gibt es auch für Bewegungen, so daß das Moment von Commitment eigentlich hochproblematisch ist.
Es ist problematisch, aber es hat einen anderen Stellenwert für den Bestand einer sozialen Bewegung als für den Bestand des Rechtssystems.

Angst und Mobilisierung

Es gibt noch den Modus der Selbstabschließung sozialer Systeme über operative Letztelemente. Sie haben das für Organisationen mit Entscheidungen vorgeführt und z. B. für Wirtschaft bezogen auf Zahlungen. Gibt es die Möglichkeit, etwas Vergleichbares für soziale Bewegungen vorzunehmen? Sie haben selbst mit Angst einen Vorschlag gemacht, der von Klaus Peter Japp dann in dieser Richtung aufgegriffen wurde.[5] *Ein anderer Vorschlag lautete Mobilisierung von Heinrich W. Ahlemeyer.*[6] *Wie denken Sie darüber?*
Ich bin ziemlich unsicher in dem Punkte. Zunächst einmal: Wenn man sich überlegt, wie eine Kommunikation eine andere als dazugehörig erkennt, dann gibt es zunächst einmal einfach die thematische Voraussetzung oder, wenn das nicht ausdrücklich gemacht wird, das Selbstverständnis, wenn man zusammenkommt, oder daß, wenn man zusammen marschiert oder wenn man Briefe mit Adressen versieht, man eine gewisse, sagen wir mal, Voreingenommenheit voraussetzen kann bei den anderen, daß man nicht

5 Vgl. Luhmann 1986: Ökologische Kommunikation: Kann die moderne Gesellschaft sich auf ökologische Gefährdungen einstellen? Opladen: 237ff.; Japp, Klaus P. 1986: Kollektive Akteure als soziale Systeme?, in: Unverferth, H.-J. (Hg.): System und Selbstproduktion. Frankfurt/M./Bern/New York 166-191: 178f.
6 Vgl. Ahlemeyer, Heinrich W. 1989: Was ist eine soziale Bewegung? Zur Distinktion und Einheit eines sozialen Phänomens, in: Zeitschrift für Soziologie, Jg. 18, Heft 3, 175-191.

die Frage »Bist du dafür oder bist du dagegen?« noch explizit abhandeln muß – es sei denn, es handelt sich um Werbeaktionen, wo die Kommunikation also versucht, weitere Teilnehmer anzuwerben. Darin würde ich das Zentrale sehen. Mobilisierung ist ja ein bekannter Begriff aus der Forschung, und Ahlemeyer hat das in seiner Habilitationsschrift auch nicht sehr stark an Protest gekoppelt. Wir haben viel darüber gesprochen, aber er hat sich nicht auf diesen Begriff einlassen wollen. Wenn es wirklich um diese Protestbewegungen geht und wenn das die zentrale Figur ist, dann kann man Motivannahmen als Vermutungen dahintersetzen. Aber ich denke, daß dies auf keinen Fall psychologisch verstanden werden darf, und es darf auf keinen Fall so sein, daß man annimmt, alle Leute zitterten vor Angst. Es gibt ja auch das stellvertretende Angst-haben-für-andere, die eigentlich Angst haben müßten, oder das Betroffensein über die Betroffenheit anderer, wenn man selber ganz weit vom Kernkraftwerk entfernt wohnt oder überhaupt nicht in Chiapas zu Hause ist. Ich nehme also an, daß es Thematiken gibt wie Betroffenheit oder Angst – die letztlich eine radikalere Form von Betroffenheit ist –, die mit psychologischen Unterstellungen arbeiten, die eng zusammenhängen mit der Frage, wer überhaupt in Betracht kommt und was man jemandem unterstellen kann, wenn er sich in seinen Kommunikationen sichtbar als dazugehörig zeigt. Das Erstaunliche ist, daß die Gesellschaft es überhaupt erlaubt und daß sie es Männern erlaubt, Angst zu zeigen.

Das ist aber nicht das entscheidende Moment zur Selbstabschließung, sondern etwas, das bei der Unterscheidung mithilft, um zu sehen, mit wem man kann und mit wem nicht? Es ist nicht der ausschlaggebende Mechanismus, sondern einer, an dem man auch mitablesen kann, ob es gut geht oder nicht?

Ja, das ist, glaube ich, generell für Autopoiesis typisch, daß es also gleichsam keine ontologische Quelle oder keine psychologische Beschaffenheit gibt, die dazu führt, sondern daß das ganze Problem im Bereich der Kognition liegt, im Bereich des Erkennens: Was dazugehört, wen man ansprechen kann, wen man nicht ansprechen kann, welche Themen passen, welche Themen nicht passen, welche Bindungen geäußert, welche nicht geäußert werden. Insofern liegt in der Autopoiesis-Annahme gerade die Abkopplung von Gründen, von externen Gründen, von Anlässen, von Ursprüngen. Der Ursprung ist immer eine Mythodologie, die im

System erzählt wird – so wie Tschernobyl eine Mythodologie ist, es war ja niemand von denen da, die darüber reden – und die kommunikationswirksam wird. Aber was real im Gesellschaftssystem passiert, ist natürlich nicht die atomare Verseuchung, sondern die Kommunikation.

Emotionen

Sie betonen das Wort Kognition. In der Bewegungsforschung wird häufiger versucht, Emotionen als etwas herauszustellen, das für das Sortieren angemessener Kommunikation, bezogen auf soziale Bewegungen, entscheidend ist. Spielt das möglicherweise auch eine Rolle, dieses weite Feld der Emotionen in der Kommunikation sozialer Bewegungen?

Nur, wenn das kommunikativ geäußert wird. Aber ich lasse mich nicht darauf ein nachzusehen, ob irgendein Teilnehmer tatsächlich Emotionen hat. Dann müßte man ja auch entscheiden, ob Emotionen etwas sind, was eine momentane Aufgeregtheit bezeichnet, also ein Immunsystem sozusagen: Man regt sich auf und wird heftig, weil man nicht genau weiß, wie man mit einem Problem fertig wird; oder ob Emotionen so etwas sind wie ein Dauerzustand, längerfristig gesehen. Ich neige dazu, den Begriff Gefühl, wenn er psychologisch gemeint ist, nicht als eine Einstellung, die dann schwer zu qualifizieren ist, zu sehen, sondern als ein Alarmieren: Wenn man alarmiert ist, hat man Ressourcen, die man sonst nicht zur Verfügung hat, sich zu verhalten, je nachdem, wie man den Begriff Emotionen versteht. Im Englischen würde man unterscheiden: ›anxiety‹ als Aufregung bei der Prüfung zum Beispiel und ›worry‹ als allgemeine Besorgtheit. Deswegen glaube ich, daß man zunächst erst einmal klären müßte, was unter Emotionen verstanden wird, und generell würde ich als Soziologe sagen: Keine Kommunikationssequenz kann klären, ob Leute wirklich Emotionen haben.

Gibt es in der Kommunikation keine Anzeichen dafür, ob bestimmte Emotionen vorliegen, das heißt, sind sie, kommunikativ, so codiert, daß man mit Sicherheit darauf schließen kann, daß eine bestimmte Emotion vorliegt, auch wenn sie nicht vorliegt?

Ja also, es genügt für Kommunikationszwecke, davon auszugehen, und dann muß der andere ja schon reagieren, ohne zu wissen,

ob ihm etwas vorgemacht wird, ob jemand nur dabei sein will, nur Gesellschaft sucht und infolgedessen zum Beispiel sich rechtsradikal geriert. Aber ob einer nun wirklich so stark emotional aufgeregt ist, daß er deswegen andere totschlägt, ist eine zweite Frage. Vielleicht reagiert er so nur, weil er bei seinen Kameraden entsprechende Erwartungen aufgebaut hat.
Aber Sie würden zumindest das Argument von Emotionen nicht so stark machen für soziale Bewegungen?
Nein, nein, es sei denn als Thema der Kommunikation. Das habe ich auch in meinen Buch ›Liebe als Passion‹ so gesehen.[7] Liebe ist ein kultureller Imperativ: Man muß verliebt sein, bevor man heiratet, aber wie tief das geht, ist eine andere Frage.
Sie sehen also nicht die Möglichkeit, daß man ein operatives Letztelement für soziale Bewegungen findet?
Doch ... aber nicht im Sinne eines ontologisch-substantiellen Typs, sondern im Sinne einer Vernetzung in einer Kommunikation, die sich mit Protest und mit Protestthemen befaßt und bei der bestimmte Unterstellungen mitlaufen: Bereitschaft oder Ansprechbarkeit: »Kommst Du nicht mit zur Demonstration?«, die im kommunikativen Bereich Personen sortieren, zwar nicht so klar wie Organisationen: Mitglied/Nichtmitglied, aber doch mit einem unscharfen Kreis von Sympathisanten ringsum operieren. Das Problem der Abgrenzung scheint mir, wie übrigens auch bei Religion oder den Kirchen, in bezug auf den großen Kreis der möglicherweise dazugehörigen, aber unsicheren Kandidaten oder der Sympathisanten zu liegen, die dann dem Kern der Bewegung die Möglichkeit geben, sich Illusionen darüber zu machen, wie generell oder wie verbreitet die Sympathie in der Bevölkerung für ihre eigenen Ziele ist. Man müßte, wenn man das beschreiben will, mit dem Zentrum/Peripherie-Schema der internen Differenzierung arbeiten, aber auch das setzt voraus, daß das Zentrum weiß, für welche Kommunikationen es wirbt und wo es Loyalitäten testen will.
Kann man soziale Bewegungen von der Systemform her eigentlich einordnen? Es gibt doch einmal die Möglichkeit, nach dem Differenzierungsprinzip zu fragen. Soziale Bewegungen sind nicht funktional differenziert, also keine Funktionssysteme. Ließen sie

7 Vgl. Luhmann 1982: Liebe als Passion. Zur Codierung von Intimität. Frankfurt/M.

sich dagegen stratifiziert einordnen? Sie sprechen von der Differenzierung nach Zentrum und Peripherie, die ja mit dazugehört.

Zur Klassifikation sozialer Bewegungen

Ich möchte zunächst einmal in der Nähe der Phänomene bleiben und Klassifikationen vermeiden, die dann irgendwie zwanghaft wirken. Es ist weder eine Unterschichtbewegung, das ist ja ziemlich deutlich, wenn man die anhört, die man als Unterschicht ansieht. Es ist also weder in die Schichtstruktur einbaubar, noch ist es ein besonderes Funktionssystem, es sei denn, daß man gleichsam die Kritik der Funktionssysteme wieder als eine eigene Funktion beschreiben will. Man könnte ja sagen: Eine Gesellschaft ist autopoietisch geschlossen, immer dann, wenn sie ihre eigene Negation in sich selber aufnimmt und nicht von außen kritisiert werden kann, und dann könnte man sagen: Die Negation oder die Kritik der Gesellschaft ist ein Teil der Gesellschaft, und das sei eben die Funktion sozialer Bewegungen, was mich aber aus verschiedenen Gründen nicht so völlig überzeugt, nicht zuletzt angesichts der Funktion von Massenmedien: im Sinne der Spiegel-Metapher.[8] Die Konsequenz dieser Ausgrenzungen ist, daß man sagt: Es ist ein eigenständiger Typ von sozialen Systemen, der historisch von bestimmbaren Bedingungen abhängig ist, so wie es auch Organisationen in dem modernen Sinne von Mitgliederorganisationen in der Alten Welt nicht gegeben hat, sondern nur Korporationen. Man kann also sagen: Funktionale Differenzierung erzeugt – wie ihren Schatten und gerade angesichts der Normalisierung hoher Unwahrscheinlichkeit in der Gesellschaft, zum Beispiel Geldwirtschaft – Kritik oder eben solche Protestbewegungen, Kritik als Form von Selbstbeschreibung, als Form von Aufklärung vom Typ Habermas oder wie immer. Sie erzeugt also auch soziale Bewegungen, wenn das denn Systeme und nicht einfach nur massenmedial verbreitete Äußerungen sind. Ich fühle mich also wohler, um das abzuschließen, wenn ich soziale Bewegungen nicht in eine Rubrik schon bereitstehender Klassifikationen ein-

8 Vgl. Luhmann 1990: Gesellschaftliche Komplexität und öffentliche Meinung, in: ders.: Soziologische Aufklärung, Bd. 5. Konstruktivistische Perspektiven. Opladen, 170-182.

ordne. Das liegt auch daran, daß man, wenn man Phänomene ernst nehmen will, sie konzeptuell nicht vergewaltigen sollte. Ich lasse lieber eine gewisse Unordnung in der Theorie zu.

Hieße das auch, daß Sie dagegen sind, wenn man soziale Bewegungen in irgendeine Nähe bringt zu der Unterscheidung von Interaktion und Organisation? Soziale Bewegungen beinhalten Bewegungsorganisationen, das wurde breit untersucht, aber sie bestehen keineswegs nur aus diesen Organisationen, so daß man das eigentliche Phänomen verfehlt, wenn man das annimmt.

Ich würde zunächst einmal das Phänomen soziale Bewegung auf der Gesellschaftsbasis, aber nicht auf der Interaktions- oder Organisationsbasis einordnen. Es ist ein in der Gesellschaft sich bildendes System, das Organisationen und Interaktionen nach Maßgabe seiner Eigentümlichkeiten in Anspruch nimmt. Es gibt ja auch in den Funktionssystemen solche, die sehr interaktiv sind, wie Erziehung, also sehr auf Interaktionen beruhen und nur schlecht organisatorisch zu kontrollieren sind, nämlich nur mehr oder weniger zeremoniell. Aber was wirklich läuft in der Erziehung, weiß man in den Zentralen nicht, und insofern gilt: Wenn innerhalb der Gesellschaft eine Teilsystembildung auftaucht, ist dann häufig noch offen, was Interaktion, was Organisation bedeutet, in welchem Umfang diese Formen in Anspruch genommen werden, in welchem Umfang sie für die Reproduktion des Systems notwendig sind. Interaktion ist sicherlich ganz unersetzlich für die Reproduktion sozialer Bewegungen, und das muß dann wieder organisiert werden. Wenn das nur von Face-to-Face-Interaktion abhängig wäre, wie käme man dann dazu zu wissen, wann man die Leute treffen kann? Von daher bildet sich dann eine Art von Organisation, die aber in der typischen Verlaufsgeschichte von sozialen Bewegungen Kristallisationspunkte bietet, die dann wieder Gegenstand von Politik oder des Zerfalls der Bewegung sein können, also wie die Gewerkschaften überorganisiert sind und dann in sich selbst Kritik auslösen in bezug auf die Gehälter und in bezug auf die ökonomischen Entscheidungen in der Gewerkschaftsspitze zum Beispiel.

Gibt es eigentlich einen Rückschluß auf den Systemstatus sozialer Bewegungen aufgrund der Betrachtung moderner Gesellschaft, aufgrund der Art, wie moderne Gesellschaft strukturiert ist?

Ich sehe zwei Möglichkeiten: Die eine ist die hohe evolutionäre Unwahrscheinlichkeit von bestimmten Errungenschaften, also Technik zum Beispiel. Wie kommen wir dazu, uns dermaßen vom Funktionieren der Technik abhängig zu machen? Damit meine ich nicht nur die Katastrophen, die ja so oft das Thema sind, sondern auch und vor allem die Energieversorgung: Wie können wir wissen, ob wir technisch immer die Energie produzieren können, die wir für die Fortsetzung von Technik brauchen? Das Öl geht zu Ende. Bis jetzt sagt man in siebzig Jahren, vielleicht sind es hundert, aber irgendwann ist es soweit. Oder natürlich die Zumutung an Familie, sich aufgrund von Liebe zu bilden, oder die Annahme, andere Leute würden mein Geld immer annehmen und irgendwas dafür hergeben. Das ist doch phantastisch, nicht wahr? Diese hohe Unwahrscheinlichkeit hat vermutlich irgendwie Plausibilitätsdefizite zur Folge und führt einerseits zu Fundamentalismen religiöser oder ethnischer Art. Man versucht, irgendwo eine Identität sicherzustellen, die nicht mit diesen unsicheren Zukunftsperspektiven belastet sein muß. Es gibt also eine ganze Menge von Reaktionen auf die Normalisierung von Unwahrscheinlichkeit als typischem Produkt von Evolution, und da würde ich soziale Bewegungen einrechnen. Andererseits gibt es in der Moderne Änderungen im Verhältnis von Inklusion und Exklusion. Die alten Gesellschaften, die ja Regionalgesellschaften waren, kannten wichtige Exklusionsmechanismen. Die Griechen waren eben nicht Barbaren. Sie hatten ein System der Vertreibung von Führungspersonen. Die Haushalte hatten immer, in der frühen Neuzeit besonders, Möglichkeiten, Kinder auf die Straße zu schicken, wenn sie sie nicht mehr ernähren konnten. Es gab ja Zigtausende von herumirrenden Kindern in England im 16./17. Jahrhundert, die weder Lehrlinge waren noch in der Familie bleiben konnten, wenn sie etwa zehn Jahre alt waren. Die wurden dann von der Marine aufgegriffen und letztlich Seeräuber. Es gab also immer starke Exklusionseffekte. Sie sind in der modernen Gesellschaft nicht mehr zentralisiert oder kommen höchstens in der Form von Favelas und großen Bevölkerungsmengen zum Tragen, die an keinem Funktionssystem teilnehmen und nur als Körper existieren. Aber von der Ideologie oder von der Semantik der modernen Gesellschaft wird zunächst einmal angenommen, daß die gesamte

Bevölkerung inkludiert ist: Jeder hat Anspruch auf Rechtsschutz, jeder kann die Polizei rufen, jeder muß zur Schule, jeder hat ein Mindestmaß an Geld, so daß er seine Bedürfnisse befriedigen kann, wenn nicht durch Arbeit, dann durch Wohlfahrtseinrichtungen. Jeder kann jeden heiraten, ohne um Erlaubnis zu ersuchen, und so weiter. Diese liberale oder moderne Mentalität der Öffnung, Freiheit und Gleichheit für jedermann wird ausgedehnt – das ist dann ein Foucault-Thema – auf Zwangsinklusionen. Auch soziale Kontrolle wird über Inklusion und nicht mehr über Exklusion ausgeübt. Man kommt in Arbeitshäuser oder Gefängnisse oder in Irrenanstalten, und es ist zu vermuten, daß dieses Bekenntnis zur Inklusion der Gesamtbevölkerung Enttäuschungserlebnisse erzeugt, die dann wieder Kristallisationspunkte für soziale Bewegungen werden, Enttäuschungserlebnisse, die sozial aggregiert werden können und die nicht individuell dispersiv sind, sich also nicht durch Ausschließung erledigen lassen. Man kann nicht einfach diesen und jenen ausschließen, und die Ausgeschlossenen gehen dann woanders hin, an die Grenze der Gesellschaft, über die Grenze hinweg zu anderen Stämmen, oder sie kommen irgendwie um.

Könnten Sie das noch etwas präziser ausführen. Wie kommt es zu diesen Enttäuschungen, und welcher Bezug besteht dann zu sozialen Bewegungen? Wie nehmen diese Bewegungen diese Enttäuschungen auf? Wie lösen sie das Problem?

Sie lösen das Problem gar nicht. Die sozialen Bewegungen beruhen ja auf der Annahme, die Probleme müßten woanders gelöst werden. Sie praktizieren das Prinzip, auf fremden Pferden moralisch zu voltigieren. Das ist die eine Struktur. Aber die Anlässe sind Benachteiligungen oder die Nicht-Inklusion, die faktische Nicht-Inklusion von Personen. Das ist wenigstens einer der Anlässe. Nicht nur, daß die Betroffenen im Bereich der Entwicklungspolitik, im Bereich der Favelas, im Bereich des Hungers, der Dritte-Welt-Problematik tatsächlich existieren. Nicht das steht im Vordergrund: Man selbst hat ja genug zu essen. Aber das Thema, daß andere hungern, obwohl die Bauern hier nicht wissen, wie sie ihre Produkte absetzen können, diese Merkwürdigkeit, daß die Ökonomie, wenn sie rational funktioniert, derartige Mißstände erzeugt, das gibt zu denken.

Nun fallen diese Enttäuschungen ja nicht hier an, sondern ganz woanders. Heißt das, daß sich die sozialen Bewegungen, wenn sie sich auf solche Enttäuschungen beziehen, sich auf Enttäuschungen anderer beziehen oder auch auf eigene, die die Mitglieder ganz konkret hier im Alltag erfahren? Aufgrund mangelnder faktischer Inklusion?

Das ist natürlich eine empirische Frage. Aber ich nehme an, daß stellvertretende Thematisierung eine wichtige Rolle spielt und daß die eigenen Enttäuschungen ganz andere Strukturen haben, nämlich auf Karrieren bezogene, daß es sich also gerade in der Jugend weitgehend um die Unsicherheit der eigenen Karriere handelt. Man hat das Gefühl, man müsse jetzt die Grundlagen schaffen für eine Karriere, aber ob man das richtig tut und ob das die Mühe lohnt und so weiter, ist unsicher. Personen, die hier Rekrutierungspotential für neue soziale Bewegungen sind, sind nicht die Leute, die in den Favelas leben oder gelebt haben. Höchstens kommen Informanten aus diesen Gegenden. Zudem ist auch die Situation in den Favelas, wenn man das als Beispiel nimmt, oder Chiapas jetzt oder vieles in Afrika derart katastrophal, daß die Leute nur noch als Körper existieren und das Problem haben, wie sie den nächsten Tag erreichen und wie sie Gewalt und Hunger und Sexualität bewältigen können, also reine Körperphänomene, und das ist überhaupt kein Boden für soziale Bewegungen, es sei denn in der Form religiöser Kulte. Die modernen religiösen Kulte Südamerikas beruhen ja auf dieser Situation, aber sie nehmen nicht die Form sozialer Bewegungen an. Diejenigen, die durch Ausschluß, durch wirklich harten Ausschluß betroffen sind, sind also nicht die Keimzelle von sozialen Bewegungen, sondern das sind Leute, die davon gehört haben, die nicht selber ausgeschlossen sind, die andere Arten von Lebensproblemen zu bewältigen haben. Ihr Problem ergibt sich aus dem Abbau von schichtmäßiger und familialer Sicherheit für das ganze Leben. Also vorrangig geht es um Probleme der eigenen Karriere: Es gibt eigene Zukunft, die von Faktoren abhängig ist, die man nicht kontrollieren kann. Und das macht sensibel für das Mitempfinden ganz anderer Lebenslagen.

Unklar ist jedoch, welche Beziehung besteht zwischen Karriereproblemen und der Ökologieproblematik.

Diese Überlegungen sind weitgehend spekulativ. Man müßte genauer wissen, was eigentlich die Motive, ich sage das mit Zögern, weil ich das nicht psychologisch meine, und was die Verständigungsgrundlagen einer jugendlichen Gruppe sind, die sich mit

Problemen der Dritten Welt befaßt. Was sind die Affinitäten ihrer Lebenslage, die es ermöglichen, Themen aufzugreifen, die sie nicht selber betreffen? Das ist ja ein Phänomen, das einer Erklärung bedarf. Ich hatte zum Beispiel mit Studenten aus Südamerika Diskussionen über die europäische Studentenbewegung mit der Resonanz: »Das sind Sorgen, die habt nur Ihr, weil Ihr so reich seid! Ihr könnt ja zufrieden sein, wenn Ihr unsere Probleme aufgreift, dann ist das für Euch ein Thema, aber nicht eine Lebensangst, nicht eine wirkliche Daseinssituation!« Also ein Thema, das wieder von der anderen Seite aus aktiviert werden kann als Anlaß für Hilfe und Anlaß für Aufmerksamkeit.

Funktionen sozialer Bewegungen

Sie haben zwei Vorschläge zur Funktionsbestimmung sozialer Bewegungen gemacht, zum einen auf Folgeprobleme funktionaler Differenzierung bezogen.[9] *Es treten Folgeprobleme auf, die Funktionssysteme verursacht haben, die für diese aber entweder nicht wahrnehmbar sind oder von ihnen einfach ignoriert werden, also blinde Flecken oder Ignoranz. Zum anderen haben Sie gesagt: Soziale Bewegungen leisten eine Selbstbeschreibung moderner Gesellschaft und kompensieren damit ein Defizit, da es ja keine Möglichkeit mehr gibt, die Einheit der Gesellschaft in der Gesellschaft konkurrenzlos zu repräsentieren.*[10] *Wie beziehen sich soziale Bewegungen nun auf Folgeprobleme funktionaler Differenzierung, und inwiefern kann man da von einer Funktion sprechen? Sie haben das ja vorhin schon angedeutet: Kritik der Funktionssysteme?*

Zunächst einmal: Die beiden Aspekte hängen eng zusammen, weil die sozialen Bewegungen sich ja nicht vornehmen, selber die Dysfunktionen der Funktionssysteme zu beseitigen. Es geht ihnen eigentlich immer nur um eine Thematisierung, deswegen auch ein enger Zusammenhang mit den Massenmedien. Es geht darum, Aufmerksamkeit zu gewinnen für Probleme, die die Funktionssy-

9 Vgl. Luhmann 1986 (Anm. 5): 234.

10 Vgl. Luhmann 1987: Tautologie und Paradoxie in den Selbstbeschreibungen der modernen Gesellschaft, in: Zeitschrift für Soziologie, Jg. 16, Heft 3, 161-174; in diesem Band S. 79-106.

steme strukturell nicht lösen können oder schlecht lösen. Man spricht dann von Krise und meint, es könnte alles besser gemacht werden, so daß es sich um Beiträge der Selbstbeschreibung der Gesellschaft in einer Gesellschaft handelt, die zum Beispiel das Verteilungsproblem ökonomischer Güter nicht lösen kann oder die die Umwelt in einen Zustand verwandelt, in dem die Gesellschaft weiterhin nicht existieren kann. Das sind gleichzeitig Selbstbeschreibungsprobleme, aber immer bezogen auf Dysfunktionen der Funktionssysteme selbst.

Und nur soziale Bewegungen sehen sich dazu in der Lage, bestimmte Folgeprobleme aufzunehmen und darauf aufmerksam zu machen?

Nein, nein, aber die sozialen Bewegungen nehmen sich sozusagen die Freiheit, das zu tun, ohne Rücksicht auf die Selbstbeschreibung der Funktionssysteme, also auch ohne Rücksicht darauf, welche internen Rationalitäten dazu führen, daß das so ist, wie es ist.

Ist das nicht gut so, daß sie das so tun? Wenn sie erst darüber nachdenken würden, wie die Funktionssysteme funktionieren, würden sie es vielleicht lassen. Also ist diese Neigung zur Naivität erforderlich, damit es überhaupt zum Protest kommt?

Ja, aber ob das gut ist, ist eine zweite Frage. Da würde ich einfach das Phänomen sehen, daß es nicht eine Beobachtung zweiter Ordnung ist in dem Sinne, daß man ernstlich die Strukturen, die bestimmte Beobachtungen und Beschreibungen in der Geldwirtschaft etwa erzeugen, seinerseits übernimmt und auf einer höheren Reflexionsstufe behandelt, sondern daß es sich um eine sehr moralisch getönte Kommunikation handelt, die auch die Verantwortung sich selbst gar nicht zumutet, auf der anderen Seite einzusteigen, um es dort besser zu machen. Das führt zu fundamentalistischen versus realistischen Spaltungen, die das Problem widerspiegeln. Man kann sich etwa eine Regierung nicht vorstellen ohne eine Einteilung in Ministerien und verschiedene Kompetenzbereiche, so daß der Umweltminister nicht die Polizei direkt schicken kann zum Beispiel. Das war Joschka Fischers Erfahrung aus Anlaß der Tschernobyl-Katastrophe. Es geht also darum, in welchem System man jeweils operiert, um das System selbst zu ändern, wenn man in diese Logik einsteigt, die wiederum von den sozialen Bewegungen und auch von dem, was denen Resonanz verschafft, entfernt ist. Aber das Ganze liegt, glaube ich, auf der

Ebene der Kommunikation und in diesem Sinne auf der Ebene von Beiträgen zur Selbstbeschreibung der Gesellschaft. Die sozialen Bewegungen haben es mit einer gewissen Ökonomie der Aufmerksamkeit zu tun, d. h. sie müssen Aufmerksamkeit gewinnen für ihre Ziele, und das ist praktisch eine Funktion der Massenmedien, ohne die sie ihre Ziele gar nicht erreichen könnten. Umgekehrt können sie über die Massenmedien sehr schnell Themen kreieren und Themen durchsetzen, die nicht gesprächsweise verbreitet werden könnten.

Kann man also nicht von einer Funktion sozialer Bewegungen sprechen, sofern sie eine bestimmte Selbstbeschreibung der modernen Gesellschaft liefern und darüber auf Probleme aufmerksam machen, die andernfalls möglicherweise zu spät bemerkt werden würden?

Funktion und Operation

Ja, doch Funktion ist hier doppeldeutig. Entweder sagt man, die Funktion ist eine Perspektive eines Beobachters, der sagt: Hier ist ein Problem, das Problem wird durch die neuen sozialen Bewegungen im Zusammenhang mit Massenmedien aufgegriffen und in dieser oder jener Form gelöst, wofür es vielleicht Alternativen gäbe. Aber dann ist das eine Beobachterhaltung aus der Wissenschaft heraus. Die andere Frage ist, ob die Funktion ein Kristallisationspunkt der Bewegung sein kann. Ich glaube, daß das nicht der Fall ist, daß vielmehr die Protestthematik selbst es den Bewegungen erspart, sich die Funktion vorzustellen, was ja immer bedeuten würde, sie in einen Vergleichshorizont zu stellen: Andere machen es auch, vielleicht besser. Das gilt übrigens auch für die Funktionssysteme. Ich komme mehr und mehr dazu, in dem Maße, wie ich diese Autopoiesiskonzeption für die Funktionssysteme durcharbeite, immer deutlicher zu sehen, daß *die* Funktion eigentlich gar kein Element ist, das dazu beiträgt, Abgrenzungen gegenüber der Umwelt und Kontinuitäten in den Verkettungen der Kommunikation zu erzeugen. Bei schwierigen Situationen greift man auf ein Ziel zurück, in der Jurisprudenz, in der Auslegung von Gesetzen zum Beispiel. Aber wenn es eine Veränderung in meiner Theorieentwicklung gibt, dann ist es ein gewisses Verschieben von funktionaler Spezifikation als evolutionärem Mechanismus, den Vorteilen der Arbeitsteilung oder ähnlichem, in Richtung auf Codierung oder andere Formen von Unterscheidungen, die es erlauben, Kommunikationszusammenhänge zu bilden und abzugrenzen.

Rückt dann Funktion an die zweite Stelle?

Es handelt sich um einen zirkulären Sachverhalt. Man würde einen Code nicht haben, wenn der nicht eine bestimmte Funktion bediente, aber das sagt eine wissenschaftliche Theorie, die darüber gelegt wird. Man kann das so beschreiben. Aber für das praktische Operieren eines Juristen oder eines Forschers oder eines Politikers ist es ja keine Frage, was für eine Funktion die Politik hat, wenn er im Wahlkampf etwa eine Rede halten muß. Nicht einmal bei der Ausarbeitung von Parteiprogrammen wird das interessant. Soweit ich das faktisch beobachte, gibt es ganz andere, näherliegende Kriterien und Unterscheidungen, und daher glaube ich auch, daß es den Protestbewegungen mit ihren jeweils spezifischen Thematiken so ergeht: Die nehmen ihr Thema ernst und sehen nicht die Funktion der Thematisierung.

Obgleich ich mich frage, ob das bei den Funktionssystemen soviel anders ist. Daß die, die dort tätig sind, die Kommunikation, die dort stattfindet, nicht auch in gleicher Form ernst nehmen?

Das wollte ich sagen. Es kann Grenzfälle geben. Was ist die Funktion etwa im Verfassungsgerichtsbereich, was ist die Funktion von Politik, was die Funktion der Rechtsprechung? Das muß man getrennt halten, die Rechtsprechung darf nicht anstelle von Politik treten. Es gibt also Fälle, wo solche Überlegungen in die unmittelbare juristische oder politische Argumentation eindringen, aber im wesentlichen geht es natürlich um den Artikel so und so des Grundgesetzes, um rechtmäßig/rechtswidrig oder verfassungsmäßig/verfassungswidrig, und nur für die wissenschaftliche Konstruktion – wenn man wissen will, weshalb bestimmte binäre Codes Karriere machen in der Evolution und weshalb sie uns praktisch aus der stratifizierten Gesellschaft herausgeführt haben – würde man die funktionale Spezifikation der gesellschaftlichen Probleme als Antwort benötigen. Ich denke also, für die Theorie ist es wichtig, daß man die theoretische Konstruktion unterscheidet von dem, was in der Realität autopoietisch funktioniert. Aber wenn man wissen will, wie eine Operation eine andere erkennt, wie also ein Jurist weiß, welche juristischen Folgen eine Entscheidung hat, oder ein Forscher weiß: »Wenn wir das beweisen können mit den und den Methoden, können wir das so und so publizieren in dem und dem Kontext«, oder wenn man an Familienbildung oder Religion denkt ... dann ist die Funktion der Entscheidung, die Funktion Religion oder die Funktion der Familie kein kommunikatives Thema.

Eine weitere Funktionsbestimmung haben Sie 1984 in ›Soziale Systeme‹ mit dem Begriff des Konflikt- bzw. Immunsystems vorgenommen, wobei soziale Bewegungen auch die Funktion von Immunsystemen einnehmen können. Ist das vereinbar mit der Funktionsbestimmung, die oben diskutiert wurde, und wie läßt sich das in die Gesellschaftstheorie einbauen?

Soziale Bewegungen als Immunsysteme

Wenn man ein sehr generelles Konzept der Immunologie in die Gesellschaftstheorie einbaut, geht es um die Erzeugung von Konflikten oder Widersprüchen im kommunikativen Sinne, also um Wider-Sprechungen, wenn man so sagen darf, die Probleme anvisieren, die letztlich im Verhältnis von System und Umwelt ihre Wurzeln haben, wo aber die Umwelt für die Gesellschaft nicht zugänglich ist, es sei denn in der Form von Themen der Kommunikation. In diesem Sinne kann man generell sagen, daß Konflikte – also Widersprüche, Neinsagen, Ablehnungen und so etwas – die Funktion haben, die Realität präsent zu machen, ohne in die Umwelt ausgreifen zu können oder zu müssen. In neueren Überlegungen formuliere ich das auch als eine Art von Realitätstest. Es gibt in der Linguistik, bei den Dekonstruktivisten, die Formulierung, daß alle Realität durch »resistence of language against language« getestet wird, also, daß die Sprache der Sprache widersteht. Nicht, daß man sich irgendwo draußen aufhält und sich dann sozusagen kalte Füße holt, sondern, daß es gesagt werden muß. Wenn man das ganz generell in die Systemtheorie einbaut, hat man ungefähr dasselbe, was ich mit Immunsystem bezeichnen will, nämlich den Realitätstest durch systeminterne Unterscheidungen, die nicht draußen angetroffen werden können. Diese Überlegung verbreitert nochmals das, was ich 1984 als Immunsystem formuliert habe, zu der generellen Frage: Kann man innen einen Ersatz für die Differenz von innen und außen schaffen, oder kann man innen die Welt in der Form von Realität – »So ist es!« –

immer voraussetzen, so daß der Test also als Widerstand abläuft und nicht einfach in der Form von Hypothesen oder Beliebigkeiten?

Und wie passen da soziale Bewegungen hinein?

Soziale Bewegungen bieten die Chance eines Realitätstestes der modernen Gesellschaft, die sich in den Funktionssystemen nur sehr selektiv selber beschreiben kann. Es gibt keine Gesamtbeschreibung, es gibt das, was die Massenmedien beschreiben, was also mit den sozialen Bewegungen eng zusammenhängt, also was in Form von Alarm, Konflikt, Neuigkeit, Quantität, Lokales oder was immer als Selektionsprinzip funktioniert, und die sozialen Bewegungen haben dann die Funktion, Realitäten anderer Art ins Gespräch zu bringen, indem sie Widerspruch anmelden, etwa in der Frage, wie die Frauen behandelt werden oder wie die Rüstungsindustrie auf Steuersubventionen reagiert. Es muß ja immer themenspezifisch sein, es muß um die Rüstungsindustrie, um die atomare Problematik, um die Benachteiligung der Dritten Welt, um etwas Bestimmtes gehen, und dann werden mit solchen Themen Selbstverständlichkeiten in die Form eines Widerspruchs gebracht, und dazu gehört eben die generelle Annahme, daß Widerspruch die Form ist, in der wir uns selbst der Realität bewußt werden, uns selbst der Realität aussetzen, obwohl wir auf Umwelt nicht durchgreifen können mit unseren Kommunikationen. Das ist also in gewisser Weise eine theoretische Neuentwicklung, die extrem konstruktivistisch gedacht ist ...

Sie haben in diesem Kontext von Folgeproblemen funktionaler Differenzierung und der Funktion sozialer Bewegungen die Überlegung angesprochen, daß funktionale Differenzierung an Grenzen stößt, Grenzen der Kapazität, Grenzen der Lösung von Problemen, die sie selbst produziert. Könnte das darauf verweisen, daß das primäre Differenzierungsprinzip moderner Gesellschaft sich ändert? Könnten soziale Bewegungen vielleicht ein Indiz dafür sein, daß sich ein Engpaß entwickelt?

Keine Gesellschaft kann voraussehen, welcher Differenzierungstyp nach ihr kommt. Einerseits kann ich mir selbst nicht vorstellen, wodurch man funktionale Differenzierung ersetzen könnte, außer im Sinne einer Katastrophe, die also das Lebensniveau deutlich absenkt und dadurch die Menge der Bevölkerung reduziert, was sich demographisch auswirken müßte. Was aber zunimmt in der gesellschaftlichen Realität, ist eine gewisse selbstkritische Neuperspektivierung der Funktionssysteme selbst, zum Beispiel in der Ökonomie: Seitdem wir die Planwirtschaft nicht mehr neben uns haben, haben wir auch das Vertrauen in die Marktwirtschaft verloren. Ich meine, das wird sonntags nicht gesagt, aber bestimmte Phänomene deuten darauf hin wie zum Beispiel: Wie kriegt man das Geld zur Investition, was in Massen da ist, aber nicht investiert wird, oder in der Politik: Was ist eigentlich die Funktion von Staaten, was ist der Staat heute, wenn man Somalia oder Jugoslawien oder den Sudan ansieht? Kann man das europäische Modell überallhin generalisieren, auf tribale Verhältnisse drauflegen, so daß ein tribe die anderen mittels staatlicher Ämter beherrschen kann? Es gibt Tendenzen, Schwierigkeiten in den einzelnen Funktionssystemen neu zu sehen, und was auf die Soziologie zukäme, wäre ein Einbau dieser Schwierigkeiten in die Gesellschaftstheorie selber. Das hatte Max Weber in gewisser Weise angefangen, wenn er von Wertkonflikten, Lebensordnungen und tragischen Problemen oder von der Bürokratie, die wie ein stählernes Gehäuse wirkt, sprach. Weber war ja an einer pessimistischen Beurteilung der Rationalität selber mit der Annahme beteiligt, auch Bürokratie wäre überall, in der Presse, in den Parteien, in allen Organisationen. Aber das muß natürlich am Ende dieses Jahrhunderts anders formuliert werden als am Ende des vorigen Jahrhunderts und an einem sehr viel breiteren und auch abstrakteren Theoriegerüst aufgehängt werden, das ist die einzige Möglichkeit. Ich glaube nicht, daß die Soziologie, ohne völlig in Utopien abzudriften, sagen könnte, wie die Welt aussehen wird; vielleicht, daß die Gesellschaft schließlich eine große Organisation sein wird, wo keine Nichtmitglieder vorhanden sind. Das wird dann alles völlig utopisch oder paradox – eine Utopie ist ja eigentlich ein Paradox –, also die Vorstellung, daß alles über Organisationen läuft, so daß die Gesellschaft das Resultat von gesellschaftspolitischen Entscheidungen einer Organisation wäre. Das ist aber mit den sozialethischen Experimenten des Sozialismus erledigt, so daß heute die historische Erfahrung dagegen spricht. Die Adelsgesellschaften des Mittelalters oder der frühen Neuzeit konnten sich auch nicht vorstellen, wie es Ordnung geben könnte ohne Hierarchie. Hierarchie war gleichbedeutend mit Ordnung. Und wir können uns nicht vorstellen, wie die Bevölkerungsmengen, das Lebensniveau, also die Errungenschaften der Moderne gehalten werden könnten, wenn wir funktionale Differenzierung aufgäben. Da hat man kein anderes Modell in Sicht.

Vor diesem Hintergrund vermehrt sich einstellender Kontingenzen, auch in der Selbstbeschreibung der Funktionssysteme: Wie schätzen Sie da die Zukunft sozialer Bewegungen ein?

Zur Zukunft sozialer Bewegungen

Man könnte die Frage so stellen: Werden die sozialen Bewegungen aufgesogen, werden sie völlig in die Funktionssysteme aufgenommen? Das sehe ich noch nicht. Vor allem sehe ich einen zu engen Zusammenhang zwischen der Rationalität der Funktionssysteme einerseits und ihren fatalen Konsequenzen andererseits, so daß dieser Konflikt eigentlich nicht oder nur als paradoxe Selbstbeschreibung innerhalb der Funktionssysteme ausgetragen werden könnte. Wenn man zum Beispiel die Unterscheidung Entscheider/Betroffene nimmt und davon ausgeht, daß ein Funktionssystem Opportunitäten, Gelegenheiten ja nur nutzen kann, wenn es Risiken eingeht, wie will man dann den sozialen Bewegungen gerecht werden, die nur die Betroffenheit thematisieren? Wie soll das innerhalb des Entscheidungsmodus der Funktionssysteme geschehen?

Indem man vielleicht vorsorgt und die Ursachen, die vermeintlich dafür herhalten müssen, daß es zu Betroffenheit kommt, von vornherein versucht auszuschalten?

Ja, aber das geht wieder nur über Risiko, das wiederum Betroffenheit erzeugt. Man verzichtet auf Atomenergie, um dann zu sehen, daß wir nach einiger Zeit kein Öl mehr haben oder den Zustand der Stratosphäre verschlimmert haben. In meiner Vorstellung von Gesellschaftstheorie läuft das auf die Problematik der Paradoxie hinaus. Wenn man die Differenz von Entscheidung und

Betroffenheit aufheben würde, würde man ein paradoxes, ein nicht machbares, ein nicht auflösbares Entscheidungsprogramm haben, und dann müßte man wieder Unterscheidungen anbieten ... Das spricht dafür, daß sich ein gewisser Themenfluß, also eine gewisse Übernahme von Themen einstellt. Das ist ja in der Ökologie schon ganz deutlich zu sehen: Die alte Vorstellung, man könnte ökologische Belange nicht berücksichtigen, ohne die Wirtschaft selbst zu ruinieren, ist fraglich geworden. Inzwischen entstehen ja Märkte und Aktienfonds für Umweltindustrien. Da ist sicherlich eine Reihe von Veränderungen möglich, aber das kann nicht heißen, daß die Problematik selbst durch die Funktionssysteme absorbiert wird.

Das heißt aber, daß soziale Bewegungen die Entwicklung der modernen Gesellschaft wahrscheinlich begleiten werden?

Ja.

Es gibt eine neuere Arbeit von Friedhelm Neidhardt und Dieter Rucht, die vom »Weg in die Bewegungsgesellschaft« sprechen und damit meinen, daß sich dieses Phänomen stabilisiert, wenn auch nicht institutionalisiert, in Form einer Organisation.[11]

Ja, das ist jedenfalls das, was von der Beobachtungsperspektive des Moments, von der jetzigen Situation aus, die wahrscheinlichere Fassung ist, wahrscheinlicher als umgekehrt: Daß alles letztlich innerhalb der Funktionssysteme aufgesogen wird, was man sich natürlich vorstellen kann im politischen Bereich: Daß sich etwa die Parteienstruktur diesem Phänomen anpaßt, daß es also Parteien gibt, die im wesentlichen die Interessen der sozialen Bewegungen zu ihren eigenen machen – aber die müßten dann ja auch irgendwie regierungsfähig sein ...

Das wird ja ziemlich unübersichtlich werden in Zukunft, fünf oder sechs Parteien ...

Ja, und sie müssen alle ein Universalprogramm haben, sie müssen ja auch für die Außenpolitik, auch für Bereiche, die mit der Protestthematik ihrem Ursprung nach nichts zu tun haben, Konzepte anbieten, und sie müssen Koalitionen eingehen können. Es scheint überall das Phänomen zu sein, daß die Funktionssysteme gleichsam Dellen bekommen oder auch beeindruckbar sind durch

11 Vgl. Neidhardt, Friedhelm/Rucht, Dieter 1993: Auf dem Weg in die ›Bewegungsgesellschaft‹? Über die Stabilisierbarkeit sozialer Bewegungen, in: Soziale Welt, Jg. 44, Heft 3, 305-326.

Probleme und ernsthafter experimentieren müssen mit Politiken oder mit Wirtschaftsprogrammen, auf die sie nicht von selbst gekommen wären, auf die sie von außen gestoßen werden ... aber ich glaube nicht, daß das ausreichen wird, um die Regenerierung neuer sozialer Bewegungen zu verhindern, es wäre auch eigentlich fragwürdig, warum.

Wenn man Ihre frühen Schriften liest, dann war eindeutig, warum sie nur ein gefährliches Moment moderner Gesellschaft darstellen. Sie haben gesagt, es wäre ein beunruhigendes Ereignis, daß es soziale Bewegungen gibt.[12]

Ja, das ist es ja auch ...

Ja, aber das kommt 1991 gar nicht mehr zum Vorschein, da heißt es dann: Es ist ein historisches Verdienst, daß es sie gibt.[13]

Ja, die Beunruhigung ist ja doch immer noch aktuell. Ich müßte meine alten Sachen mal lesen, um zu sehen, ob ich mir selbst widerspreche.

Es ist so beobachtet worden von anderen...[14]

Ja, ja, aber das sind sie doch auch ... das muß ich noch sagen: Ich habe ja nie wirklich systematisch auf diesem Gebiet gearbeitet, und wenn ich zum Beispiel von *beunruhigend* spreche, dann ist das eine positive Äußerung, nicht eine negative ...

Es ist so eine Stimmung, die früher bei Ihnen durchschlug und 1991 dann revidiert wird, so daß man das Gefühl hat, Sie hätten allmählich Ihren Frieden geschlossen mit den sozialen Bewegungen.

Wie kann man mit Fehlern ›Frieden schließen‹? Vieles ist im üb-

12 Vgl. Luhmann 1984 (Anm. 1): »Diese Effekterzeugung durch nichtintendierte Effektkumulation gehört zu den beunruhigenden Erscheinungen der modernen Gesellschaft, die schwer zu fassen und zuzuordnen sind« (545).

13 Vgl. Luhmann 1991 (Anm. 3): »Die Protestbewegungen können sich das historische Verdienst zuschreiben, Themen entdeckt und ins Gespräch gebracht zu haben« (153).

14 Vgl. Rucht, Dieter 1991: The Study of Social Movements in Western Germany. Between Activism and Social Science, in: Neidhardt, Friedhelm/Rucht, Dieter (Hg.): Research on Social Movements. The State of the Art in Western Europe and the USA. Frankfurt/Boulder, 175-202: 192; Rucht, Dieter/Roth, Roland 1992: »Über den Wolken ...«. Niklas Luhmanns Sicht auf soziale Bewegungen, in: Forschungsjournal Neue Soziale Bewegungen, Jg. 5, Heft 2, 22-33: 23.

rigen Interpretation von der anderen Seite, und vieles beruht immer noch auf der Vorstellung, ich sei irgendwie in bezug auf die Gesellschaft zu affirmativ oder zu konservativ eingestellt, und dann werden kurze Äußerungen wie etwa die genannte in einer Weise interpretiert, wie sie eigentlich nicht gemeint waren. Mir war seit jeher klar gewesen, daß eine begrifflich durchkonstruierte Gesellschaftstheorie viel radikaler und viel selbstbeunruhigender wirken würde, als sich punktuelle Kritiken, Kapitalismuskritiken zum Beispiel, je vorstellen könnten.

Protestbewegungen

Der Versuch, eine Grenze zu ziehen, um von der anderen Seite aus Gott und seine Schöpfung zu beobachten, galt in der Alten Welt als Fall des Engels Satan. Der Beobachter muß sich ja, da er das Beobachtete *und anderes* sieht, für besser halten und damit Gott verfehlen.[1] In der heutigen Welt ist dies Sache der Protestbewegungen. Aber sie fallen nicht, sie steigen auf. Sie verfehlen nicht das Wesen Gottes (Theologen schließen sich sogar an), so daß auch das Merkmal der Sünde, die Gottesferne, nicht zutrifft. Aber die Beobachtungstechnik des Teufels, das Ziehen einer Grenze *in* einer Einheit *gegen* diese Einheit, wird kopiert; und auch die Folgewirkung tritt ein: das unreflektierte Sich-für-besser-Halten. Entsprechend wird mit Schuldzuweisungen gearbeitet. Das Schicksal der Gesellschaft liegt nicht im unergründlichen Ratschluß Gottes. Das Schicksal der Gesellschaft – das sind die anderen. Daß die Protestbewegungen nicht fallen, sondern aufsteigen, mag mit der Umstellung der Gesellschaft auf funktionale Differenzierung zusammenhängen.

So viel dürfte unbestritten sein: die Protestbewegungen unserer Tage sind weder mit den religiösen Erneuerungsbewegungen noch mit den ökonomisch veranlaßten Unruhen und Rebellionen der Alten Welt zu vergleichen. Deutlich erkennbar ist auch eine thematische Diversifikation, vor allem in der zweiten Hälfte unseres Jahrhunderts. Die sogenannten »neuen sozialen Bewegungen« passen nicht mehr in das Protestmuster des Sozialismus. Sie beziehen sich nicht nur auf die Folgen der Industrialisierung und haben nicht mehr nur das eine Ziel einer besseren Verteilung des Wohlstandes. Ihre Anlässe und Themen sind sehr viel heterogener geworden, und vor allem die ökologische Thematik ist in den Vordergrund gerückt. Um so schwieriger scheint es zu sein, diese neuen sozialen Bewegungen von ihren Zielen her zu begreifen.[2]

1 Für ein Säkularisat dieser Theoriefigur siehe Hegels Ausführungen über »Das Gesetz des Herzens, und der Wahnsinn des Eigendünkels« in der Phänomenologie des Geistes, zit. nach der Ausgabe von Johannes Hoffmeister, Leipzig 1937: 266 ff.

2 Die soziologische Darstellung solcher Bewegungen bleibt dieser Zielebene verhaftet und deshalb durchweg deskriptiv. Was als Theorielei-

Dies gilt besonders, wenn man auch die dritte Generation, die neueste neue soziale Bewegung, mit in Betracht zieht: die Bewegung der Ausländerfeinde, die nun auch jede Koalition mit den inzwischen klassischen Protestbewegungen aufkündigt und öffentliche Aufmerksamkeit fast nur noch durch spontane Gewaltakte, also auf kriminellem Wege erreicht. Sie protestieren nur noch, wenn man nach Motiven fragt, und dienen fast nur noch der »Selbstverwirklichung« im Modus von Unterschichtenverhalten.[3]

Große Teile der Öffentlichkeit charakterisieren das Phänomen vor dem Hintergrund der Unterscheidung von rationalen und irrationalen (emotionalen) Motiven. Wir halten eine solche Kontroverse für unergiebig.[4] Sie gibt nur das herrschende Urteil über Inklusion und Exklusion (eventuell: Selbstexklusion) wieder. Sie reformuliert nur die Perspektiven der Teilnehmer und Sympathisanten auf der einen und ihrer Gegner auf der anderen Seite. Statt dessen gehen wir von der Beobachtung aus, daß Protestbewegungen weder als Organisationssysteme noch als Interaktionssysteme angemessen zu begreifen sind.

Organisationen sind sie schon deshalb nicht, weil sie nicht Entscheidungen organisieren, sondern Motive, commitments, Bindungen. Sie suchen gerade das ins System zu bringen, was eine Organisation voraussetzen und zumeist bezahlen muß: die Mitgliedschaftsmotivation. So wie Organisationen »Politik«, so sondern Protestbewegungen »Organisation« nur ab, um Restprobleme zu lösen. Ohne Organisation einer »Vertretung« der Bewe-

stung angeboten wird, beschränkt sich auf die Darstellung einer historischen Kontinuität in sehr heterogenen Zielen. Siehe vor allem Rolke, Lothar 1987: Protestbewegungen in der Bundesrepublik. Opladen.

3 Man kann deshalb fragen, und darüber wird seit einiger Zeit diskutiert, ob es sich überhaupt um eine soziale Bewegung handelt oder nur um Eruptionen des Selbstverwirklichungsmilieus. Vertreter der alten neuen sozialen Bewegungen tendieren dazu, den Neuen die Aufnahme in diesen Begriff zu bestreiten. Aber dabei spielen intellektuelle Überheblichkeit und politisch-moralische Selbstpräferenzen eine allzu deutliche Rolle.

4 Als Kritik und als Auflösung dieser Kontroverse in sozialen Konstruktivismus vgl. auch Douglas, Mary/Wildavsky, Aaron 1982: Risk and Culture: An Essay on Selection of Technological and Environmental Dangers. Berkeley.

gung könnte diese nur agieren, nur dasein, nicht aber nach außen kommunizieren. Die Rekrutierung ihrer Anhänger können Protestbewegungen nicht als generalisierte Unterwerfung unter Bedingungen der Mitgliedschaft und nicht als deren Respezifikation durch Entscheidungen anlegen. Sie haben, anders als Organisationen, einen unendlichen Personalbedarf. Wollte man Protestbewegungen als Organisationen (oder als Organisationen im Prozeß des Entstehens) auffassen, käme man auf lauter defiziente Merkmale: heterarchisch, nicht hierarchisch, polyzentrisch, netzwerkförmig und vor allem: ohne Kontrolle über den Prozeß ihrer eigenen Veränderung.

Aber auch Interaktionssysteme sind es nicht. Gewiß: Interaktion ist hier wie überall unentbehrlich. Sie dient aber vor allem dazu, die Einheit und Größe der Bewegung zu demonstrieren. Deshalb das Interesse an und die Focussierung der Aktivität auf »Demonstrationen« (wobei die Assoziation von *Demon*stration und *Demo*kratie ein hilfreicher linguistischer Zufall ist). Interaktion beweist Engagement; »Kommt!« lautet die Parole. Aber der Sinn des Zusammenseins liegt (wie in anderer Weise auch in Organisationen) außerhalb des Zusammenseins. Er setzt sich für die Teilnehmer aus höchst individuellen Problemen der »Sinnsuche« und »Selbstverwirklichung« zusammen, die sich durch soziale Focussierung nur auf stets prekäre Weise bündeln und ausbeuten lassen.[5]

Die sozialistische Bewegung des 19. Jahrhunderts hatte mit Hinweis auf Klassenlage und Fabrikorganisation eine relativ einheitliche, daher auch einheitlich ansprechbare Motivlage voraussetzen können. Oder zumindest hatte sie ihre Welt so konstruiert. Sie war deshalb auch organisations-, ja sogar theoriefähig gewesen. Das ist für die heutigen »neuen« sozialen Bewegungen anders. Sie haben es mit stärker individualisierten Individuen zu tun und, wie man gesagt hat: mit Individuen, die die Zumutungen ihrer Lebenslage als paradox empfinden[6] und deshalb Externalisierungen,

5 Kai-Uwe Hellmann (Systemtheorie und soziale Bewegungen. Eine systematisch-kritische Analyse. Diss. Berlin (Freie Universität) 1995) sieht hier eine »latente Funktion« der neuen sozialen Bewegungen im Unterschied zur »manifesten Funktion« ihrer Ziele (aber darf man dann, wie soziologenüblich, vermuten, daß die latente Funktion die eigentliche Funktion ist?).

6 So Berking, Helmuth 1990: Die neuen Protestbewegungen als zivilisa-

»Sinngebungen«, Unterscheidungen zur Entfaltung der Paradoxie benötigen. Sie vertreten den Anspruch (den jeder auf seine Weise auslegen kann), in den Aussichten auf selbstbestimmte Lebensführung nicht oder nur aus einsichtigen Gründen beeinträchtigt zu werden. Sie argumentieren als »Betroffene« für »Betroffene«. Vor allem Jugendliche und Akademiker scheinen in dieser Weise selbstbezüglich paradoxieempfindlich zu sein. Das heißt aber auch, daß die neuen sozialen Bewegungen, die darauf ansprechen, ihre Teilnahmemotive in einem notorisch instabilen Publikum rekrutieren. Auch hängen sie damit stärker, und zwar gerade in ihrer Ausdifferenzierung, von sozialstrukturellen Bedingungen ab, zum Beispiel von einem Restvertrauen in die Adresse Staat, der helfen könnte, wenn er nur wollte, und von der sozialen Normalität scharfer Meinungsunterschiede zwischen den Generationen (auch und gerade: in Familien).[7]

Um so mehr muß der Gesichtspunkt abstrahiert werden, der sich eignet, solche Bewegungen zu katalysieren, zu focussieren, mit Identität zu versorgen – und ihre immer auch psychischen Funktionen zu invisibilisieren.

Die Einheit des Systems einer Protestbewegung ergibt sich aus ihrer Form, eben dem Protest.[8] Die Protestkommunikation erfolgt zwar *in* der Gesellschaft, sonst wäre sie keine Kommunikation, aber so, *als ob es von außen wäre*. Sie äußert sich aus Verantwortung *für* die Gesellschaft, aber *gegen* sie. Das gilt gewiß nicht für alle konkreten Ziele dieser Bewegungen; aber die Form des Protestes und die Bereitschaft, stärkere Mittel einzusetzen, wenn der Protest nicht gehört wird, unterscheiden diese Bewegungen von Bemühungen um Reformen. Energie und auch die Fähigkeit, Themen zu wechseln, sofern sie nur als Protest kommuniziert werden können, erklären sich, wenn man dem Rech-

torische Instanz im Modernisierungsprozeß?, in: Dreitzel, Hans Peter/Stenger, Horst (Hg.): Ungewollte Selbstzerstörung: Reflexionen über den Umgang mit katastrophalen Entwicklungen. Frankfurt/M., 47-61: 57.

7 Eine Ausarbeitung dieser Variablen könnte, zum Beispiel in einem Vergleich Deutschland/Italien, erklären, daß Protestbewegungen in unterschiedlichen Regionen unterschiedlich günstigen Nährboden finden.

8 Vgl. Japp, Klaus P. 1993: Die Form des Protestes in den neuen sozialen Bewegungen, in: Baecker, Dirk (Hg.): Probleme der Form. Frankfurt/M., 230-251.

nung trägt, daß hier ein Oszillieren zwischen innen und außen seine Form gefunden hat.
Außerdem kommt auf diese Weise eine spezifische Form gesellschaftlicher Differenzierung zum Ausdruck, nämlich die Differenzierung von Zentrum und Peripherie. Die Peripherie protestiert – aber nicht gegen sich selbst. Das Zentrum soll sie hören und dem Protest Rechnung tragen. Da es aber in der modernen Gesellschaft kein gesamtgesellschaftliches Zentrum mehr gibt, findet man Protestbewegungen nur in Funktionssystemen, die Zentren ausbilden; vor allem im politischen System und, schwächer ausgeprägt, in zentralistisch organisierten Religionen des Religionssystems. Gäbe es diese Zentrum/Peripherie-Differenz nicht, verlöre auch der Protest als Form seinen Sinn, denn es gäbe dann keine soziale (sondern nur noch eine sachliche oder zeitliche) Grenze zwischen Desiderat und Erfüllung.
Die Form »Protest« leistet für Protestbewegungen das, was Funktionssysteme durch ihre Codes erreichen. Auch diese Form hat zwei Seiten: die Protestierenden auf der einen Seite und das, wogegen protestiert wird (einschließlich jener, gegen die protestiert wird), auf der anderen. Und darin steckt schon das mit dieser Form nicht zu überwindende Problem. Die Protestbewegung ist nur ihre eigene Hälfte – und auf der anderen Seite befinden sich jene, die anscheinend ungerührt oder allenfalls leicht irritiert das tun, was sie sowieso wollen. Der Protest negiert, schon strukturell, die Gesamtverantwortung. Er muß andere voraussetzen, die das, was verlangt wird, ausführen. Aber wieso wissen die anderen, daß sie sich auf der anderen Seite der Protestform befinden? Wie können sie dazu gebracht werden, diese Situationsdefinition zu akzeptieren, statt ihren eigenen Konstruktionen zu folgen? Offenbar nur durch drastische Mittel, durch alarmierende Kommunikation, auch durch den massenhaften Einsatz von Körpern, die sich selbst als Protest demonstrieren.[9] Es fehlt, anders gesagt, die Reflexion-in-sich, die für die Codes der Funktionssysteme typisch ist; und das wird zusammenhängen mit dem unstillbaren Motivationsbedarf der Protestbewegungen, der weder auf der ei-

9 Zu dieser »Ornamentik der Bewegung« vgl. Soeffner, Hans-Georg 1988: Rituale des Antiritualismus: Materialien für Außeralltägliches, in: Gumbrecht, Hans Ulrich/Pfeiffer, K. Ludwig (Hg.): Materialität der Kommunikation. Frankfurt/M., 519-546: 527.

nen noch auf der anderen Seite ihrer Leitunterscheidung Protest ein re-entry der Unterscheidung ins Unterschiedene vertragen könnte.

Es fehlt auch eine Berücksichtigung der Selbstbeschreibungen derjenigen, gegen die man protestiert. Man versucht nicht zu verstehen. Ansichten auf der anderen Seite werden allenfalls als taktische Momente des eigenen Vorgehens in Rechnung gestellt. Und deshalb ist die Versuchung stark, auf fremden Pferden moralisch zu voltigieren.[10] Man kann von Protestbewegungen also keine Reflexion zweiter Stufe, keine Reflexion der Reflexion der Funktionssysteme erwarten. Sie halten sich *statt dessen* an die Form des Protestes.

Die Form des Protestes unterscheidet sich damit von der Form der politischen Opposition in einer verfassungsmäßig geordneten Demokratie. Die Opposition ist von vornherein Teil des politischen Systems. Das zeigt sich daran, daß sie bereit sein muß, die Regierung zu übernehmen bzw. an ihr mitzuwirken. Das hat einen disziplinierenden Effekt. Man mag die Kritik der Regierung zwar rhetorisch und wahltaktisch überziehen, aber letztlich muß man darauf gefaßt sein, die eigenen Ansichten als Regierung vertreten und ausführen zu können. Die Protestierenden berufen sich auf ethische Grundsätze; und wenn man eine Ethik hat, ist es eine zweitrangige Frage, ob man in der Mehrheit oder in der Minderheit ist. Der Protest braucht in all diesen Hinsichten keine Rücksicht zu nehmen. Er geriert sich so, als ob er die Gesellschaft gegen ihr politisches System zu vertreten hätte. Insofern ist es nicht falsch, den Entstehungsgrund für Protestbewegungen neueren Stils in der Ausdifferenzierung und der relativen Resonanzlosigkeit des politischen Systems zu sehen. Die Verfassung dient der Beschränkung des politischen Systems auf sich selbst.[11] Für die Protestbewegungen liegt darin eine Provokation zur Provokation.

Protest ist kein Selbstzweck – auch nicht für Protestbewegungen. Sie brauchen ein Thema, für das sie sich einsetzen. Daß dies in der

10 Wie Fichtes Ich auf seinem Nicht-Ich nach Paul, Jean 1961: Clavis Fichtiana seu Leibgeberiana, zit. nach: Werke, Bd. 3. München, 1011-1056: 1043.

11 Hierzu Luhmann, Niklas 1973: Politische Verfassungen im Kontext des Gesellschaftssystems, in: Der Staat 12, 1-22, 165-182.

Form des Protestes zu geschehen hat, führen sie auf die Renitenz der Gesellschaft zurück. Das, was sie zu Protestbewegungen macht, rechnen sie also den äußeren Umständen zu. Das erlaubt eine gewisse Unschuld des Operierens »um der Sache willen«. Immerhin dient ihnen die Gestik der Gesellschaftskritik und die Form des Protestes dazu, hinter anderen Themen Gleichgesinnte zu erkennen und entsprechende Sympathien zu bilden. »Die neuen sozialen Bewegungen sind als Bewegung nur in unspezifischem Protestmilieu und nur in bezug auf gesamtgesellschaftlich relevante Themen einheits- und aktionsfähig.«[12] Dabei kann das, was die Charakteristik der Form des Protestes ausmacht, für die Einzelbewegung durch ihr Thema verdeckt, also latent bleiben und in ihre Außenbeziehungen verlagert werden.

Die Themen, die Anlaß zum Entstehen von Protestbewegungen geben, sind heterogen und bleiben auch dann heterogen, wenn man sie zu Großgruppen zusammenfaßt wie: Umwelt, Krieg, Lage der Frauen, regionale Eigenarten, Dritte Welt. Die Themen entsprechen der Form des Protestes wie Programme einem Code. Sie verdeutlichen, weshalb man sich als Protestierender auf der einen Seite der Form findet. Sie dienen der Selbstplacierung in der Form. Es muß sich deshalb um zwiespältige Themen handeln; um Themen, an denen mit hinreichender Drastik deutlich gemacht werden kann, was anders sein sollte und warum. Außerdem muß es sich um individuell aneignungsfähiges Wissen handeln, und damit ist analytische Tiefenschärfe ausgeschlossen. Von Protestbewegungen ist nicht zu erwarten, daß sie begreifen, weshalb etwas so ist, wie es ist; und auch nicht, daß sie sich klarmachen können, was die Folgen sein werden, wenn die Gesellschaft dem Protest nachgibt.

Zur Themenerzeugung eignen sich spezifische Formen, und zwei von ihnen haben, weil sehr allgemein, besondere Prominenz erreicht. Die eine ist die Sonde der internen Gleichheit, die, wenn in die Gesellschaft eingeführt, Ungleichheiten sichtbar macht. Die andere ist die Sonde des externen Gleichgewichts, die, wenn eingeführt, die gesamte Gesellschaft als im ökologischen Ungleichgewicht erweist. Beides sind utopische Formen, denn Ungleichheit

12 So Bredow, Wilfried von/Brocke, Rudolf H. 1987: Krise und Protest: Ursprünge und Elemente der Friedensbewegung in Westeuropa. Opladen, 61.

und Ungleichgewichtigkeit ist gerade das, was ein System auszeichnet. Beide Formen garantieren also ein im Prinzip unerschöpfliches Reservoir der Erfindung von Themen (so wie es in der Wissenschaft immer Theorien und Methoden, in der Wirtschaft immer Bilanzen und Budgets, in der Politik immer konservative und progressive »policies« gibt). Das Problem und die innovative Begabung von Protestbewegungen liegt in der Spezifikation ihres Themas; das heißt: in der Spezifikation dessen, wogegen protestiert wird. Aber jede Thematisierung hat sich vor dem Hintergrund der Gesellschaft zu profilieren, der im Protest das Gegenteil ihrer Strukturmerkmale zugemutet wird: Gleichheit im Inneren und Gleichgewicht in den Außenbeziehungen. Insofern beschreibt der Protest letztlich immer die Gesellschaft, die das, wogegen protestiert wird, offenbar erzeugt, deckt, billigt und nötig hat.

Funktionssysteme haben in beträchtlichem Umfange Protestthemen aufnehmen und resorbieren können. Das gilt für die kapitalistische Wirtschaft, für die Massenmedien, aber auch für das sich an der öffentlichen Meinung orientierende politische System. Das hat auf die Protestbewegungen zurückgewirkt – teils als Verlust attraktiver Themen, teils als Verhärtung eines inneren Kerns, der dann um so mehr auf dem Nichtdurchsetzbaren bestehen muß, aber damit an Gefolgschaft verliert. Protestbewegungen leben von der Spannung von Thema und Protest – und gehen an ihr zugrunde. Erfolg und Erfolglosigkeit sind gleichermaßen fatal.[13] Die erfolgreiche Umsetzung des Themas erfolgt außerhalb der Bewegung und kann ihr bestenfalls als »historisches Verdienst« zugerechnet werden. Erfolglosigkeit entmutigt die Teilnehmer. Vielleicht ist dieses Dilemma ein Grund dafür, daß neue soziale Bewegungen untereinander Kontakte suchen und miteinander sympathisieren, sofern nur die Mindestbedingung einer Alternativvorstellung, eines Protestes und der Nichtidentität mit den »herrschenden Kreisen« gegeben ist. Aber auf diese Weise wird allenfalls erreicht, daß sich eine Kultur des Protestierens bildet mit der Möglichkeit, immer neue Themen aufzugreifen.

13 Siehe dazu Siegert, Jens 1989: Form und Erfolg – Thesen zum Verhältnis von Organisationsform, institutionellen Politikarenen und der Motivation von Bewegungsaktivisten, in: Forschungsjournal Neue Soziale Bewegungen, Jg. 2, Heft 3-4, 63-66.

Wir hatten schon angedeutet: die Form des Protestes ist nicht die Form der Sünde; und es lohnt sich, genauer zu fragen: weshalb nicht. Offensichtlich hat die Rhetorik des Warnens, Mahnens und Forderns die Seite gewechselt. Sie zielt nicht mehr im Interesse der Ordnung gegen den Sünder, sondern begünstigt den Protest. Institutionelle Kriterienkontrollen entfallen oder sind nur noch für Organisationen relevant. Die Armen predigen das Evangelium selber.[14] Entsprechend liegt auch die Gefahr auf der anderen Seite und mit ihr all das, was zum Wiedergewinnen einer Kontrolle über die Symbolik von Bedrohung und Abwehr zu tun ist.[15] Die Ordnung der Sünde hatte von der Möglichkeit profitiert, die Gesellschaft in der Gesellschaft verbindlich zu repräsentieren. Die Ordnung des Protests profitiert davon, daß dies nicht mehr möglich ist. Aber während in der alten Ordnung alle Sünder waren (allerdings einige weniger als andere), müssen die Protestbewegungen Anhänger rekrutieren und Gegner zu beeindrucken versuchen. Im Vergleich zu Sündern haben sie es leichter, aber auch schwerer, und der Grund für diese Differenz liegt im Wechsel der Form gesellschaftlicher Differenzierung.

Dies gibt uns auch einen Schlüssel für das Verständnis der Unterscheidung von Vordergrundthema und gesellschaftlichem Hintergrund. Protestbewegungen beobachten die moderne Gesellschaft anhand ihrer Folgen. Die sozialistische, auf Folgen der Industrialisierung bezogene Bewegung war nur ein erster Fall. Solange sie der einzige Fall war, konnte sie sich auch eine Gesellschaftstheorie leisten, die ihrem Protest entsprach und ihn sogar miterklärte. Noch heute interessiert man sich deshalb für Karl Marx. Seitdem

14 Diese Formulierung findet man bei Paul, Jean 1959: Siebenkäs, Drittes Kapitel, Werke, Bd. 2. München: 95, hier aber noch bezogen auf Bettlerauftritte aus Anlaß einer spezifischen Situation, einer Kirmes.

15 Man lese, um sich diesen Seitenwechsel der Gefahr zu verdeutlichen, nochmals Douglas, Mary 1966: Purity and Danger: An Analysis of Concepts of Pollution and Taboo. New York. Dt. Übersetzung Frankfurt 1988. Siehe auch dies. 1990: Risk as a Forensic Resource, in: Daedalus 119/4, 1-16: 4ff. Als daran anschließende Fallstudie zu sozialen Bewegungen aus Anlaß von Arbeitsplatzrisiken vgl. Bronstein, Janet B. 1987: The Political Symbolism of Occupational Health and Risks, in: Johnson, Branden B./Covello, Vincent T. (Hg.): The Social and Cultural Construction of Risk: Essays on Risk Selection and Perception. Dordrecht, 199-226.

zahllose andere Folgen der Strukturen der modernen Gesellschaft sichtbar geworden sind, läßt diese Vereinfachung sich nicht mehr halten – und zwar weder als Monopol für Proteste noch als Theorie. Die Gesellschaft wird zum Hintergrundthema der Themen, zum Medium immer neuer Anlässe für Proteste. Eine dafür geeignete Gesellschaftstheorie müßte jetzt die Gesellschaft als funktional differenziertes System mit zahllosen (und dann im einzelnen nicht mehr attraktiven) Protestgründen beschreiben. Sie ist schlimmer (und natürlich auch besser), als je eine Protestbewegung es sich vorstellen kann. Der Protest lebt von der *Selektion* eines Themas. Wollte er die Selektivität seines Themas und damit sich selbst als Selektor reflektieren, müßte er die Paradoxie des Protestes in der Einheit gegen die Einheit erkennen und damit an den Bedingungen der eigenen Möglichkeit zweifeln.[16]

Dies wird deutlich, wenn man Protestbewegungen als autopoietische Systeme eigener Art versteht[17] und den Protest als ihr katalysierendes Moment. Der ein Thema herausgreifende Protest ist ihre Erfindung, ihre Konstruktion. Gerade daß die Gesellschaft das Thema bisher nicht oder nicht richtig beachtet hatte, ist die Bedingung dafür, daß die Bewegung in Gang kommt. Die Gesellschaft zeigt sich überrascht bis verständnislos. In ihren Organisationen ist das Thema unbekannt. Erst die Autopoiesis der sozialen Bewegung konstruiert das Thema, findet die dazugehörige Vorgeschichte, um nicht als Erfinder des Problems auftreten zu müssen, und schafft damit eine Kontroverse, die für die andere Seite im

16 Auch der Teufel hatte, wenn man auf die Spitzenleistungen theologischer Reflexion (vor allem im Islam) zurückblickt, dieses Problem. Aber er konnte im Sündenkosmos der Tradition eine einzigartige Position für sich selbst finden. Er hatte als einziger die Sünde begangen, die man nicht bereuen kann: die Sünde der Beobachtung Gottes. Vgl. dazu Awn, Peter J. 1983: Satan's Tragedy and Redemption: Iblis in Sufi Psychology. Leiden. Auf elegante und in der Theoriestruktur überzeugende Weise löst schließlich der absolute Geist der Metaphysik Hegels dieses Problems. Er unterscheidet *sich in sich* (nicht: gegen sich). Nur hat sich dafür keine soziale Realisation finden lassen, so daß der Geist am Ende nichts anderes ist als die Form, die für dieses Problem empfindlich macht. Er symbolisiert ein Innen ohne Außen, eine Gesellschaft ohne Umwelt.

17 Siehe hierzu Ahlemeyer, Heinrich W. 1989: Was ist eine soziale Bewegung? Zur Distinktion und Einheit eines sozialen Phänomens, in: Zeitschrift für Soziologie 18, 175-191; Hellmann, a.a.O. (Anm. 5).

Routinegeschäft ihres Alltags zunächst gar keine Kontroverse ist. Es genügen unscheinbare Anfänge, die erst im Rückblick zu Anfängen auserkoren werden, und die Kontroverse ist und bleibt die Kontroverse der Protestbewegung.

Gegen Komplexität kann man nicht protestieren. Um protestieren zu können, muß man deshalb die Verhältnisse plattschlagen. Aber selbst, wenn man die Welt unter nur einem Gesichtspunkt betrachtet, entsteht mit der Zeit Komplexität. Dann bietet es sich an, sich vom Anfangsthema zu lösen; und dies um so mehr, als auch die Multiplikation von Effekten über die Massenmedien ständig neue Themen erfordert. Erst in diesem Stadium entsteht ein Bedarf für Ideologie, die die Konsistenz in der Inkonsistenz von Protestthemen ausarbeitet.

Das ist bisher nicht gelungen, und offenbar ist der dafür bereitstehende Platz inzwischen anders besetzt, nämlich durch die Symbolik des »Alternativen«. Sie ist nicht erfunden worden, sie hat sich eingestellt, kann aber als eine der überzeugendsten und wirkungsvollsten Formformeln dieses Jahrhunderts angesehen werden. Die Funktionssysteme, die ja selbst ihre eigenen Alternativen konstruieren, halten sich sichtlich zurück.[18] Auf der anderen Seite ermöglicht es die Identifikation mit Alternativität, Gleichgesinnte mit anderen thematischen Obsessionen zu erkennen und ein Netzwerk wechselseitiger Unterstützung zu bilden. Sie gestattet Themenwechsel unter Wahrung der Form des Protestes. Man ist und bleibt alternativ. Viele sind auf diese Weise vom marxistischen in den ökologischen Protest umgesiedelt und sind heute als Übersiedler nur noch an ihrem Akzent zu erkennen. Die biographische Identität bleibt erhalten, sie läßt sich sogar stärker individualisieren, da sie nicht mehr bestimmten Theoriekonzepten verpflichtet ist. Und vor allem ist die Alternative ein Angebot an die andere Seite. Der Protest lebt von der Grenze, die er als Beobachtungsweise zieht. Aber die Alternative kann ihre Grenze kreuzen. Man ist, und ist nicht, als Alternativer auch auf der anderen Seite. Man denkt im genauen Sinne in der Gesellschaft für die Gesellschaft gegen die Gesellschaft.

Wenn Autopoiesis, dann auch strukturelle Kopplung. Eine solche Beziehung hat sich vor allem zwischen Protestbewegungen und

18 Siehe dazu Daele, Wolfgang van den 1987: Der Traum von der »alternativen« Wissenschaft, in: Zeitschrift für Soziologie 16, 403-418.

Massenmedien ergeben und inzwischen zu einem deutlich erkennbaren »structural drift« geführt.[19] Die Beziehungen sind heute so eng, daß ihre kontinuierlichen Auswirkungen die Vorstellungen über »öffentliche Meinung« geändert haben; man erwartet nicht mehr eine Art Bewährungsauslese des Guten und Richtigen, sondern die Endform der öffentlichen Meinung scheint nunmehr die Darstellung von Konflikten zu sein – von Konflikten mit ständig nachgeschobenen neuen Themen. Dem trägt auch die Planung der Proteste Rechung. Der Protest inszeniert »Pseudo-Ereignisse« (wie die Massenmedienforschung sagt[20]), das heißt: Ereignisse, die von vornherein für Berichterstattung inszeniert sind und gar nicht stattfinden würden, wenn es die Massenmedien nicht gäbe. Protestbewegungen bedienen sich der Massenmedien, um Aufmerksamkeit zu gewinnen, aber nicht (wie neuere Forschungen zeigen) zur Rekrutierung von Anhängern. Zirkuläre Verhältnisse spielen sich ein. Schon in der Planung ihrer eigenen Aktivitäten stellen die Bewegungen sich auf die Berichtsbereitschaft der Massenmedien und auf Televisibilität ein. Diese komplizierte Beziehung zu den Massenmedien, für die selbst Tschernobyl längst eine kalte Kartoffel ist, erfordert außerdem Unabhängigkeit vom Auslöseereignis, aber auch Nachschub neuer Ereignisse im Kontext einer Generalisierung des Protestes. Die Zeit der Protestbewegung ist nicht die Zeit der Massenmedien, aber sie läuft ebenfalls schnell. Im Mißerfolgsfalle versickert die Bewegung bis zu einer günstigeren Stunde. Im Erfolgsfalle geht das symbolische Management von Gefahr und Abhilfe auf die Funktionssysteme und ihre Organisationen über. Als Resultat der Bewegung gibt es nun eigene Ämter in den Verwaltungen[21], und als

19 Siehe hierzu die Fallstudie über die (amerikanische) »Neue Linke« von Gitlin, Todd 1980: The Whole World Is Watching: Mass Media in the Making and Unmaking of the New Left. Berkeley, Cal. Siehe auch Schmitt-Beck, Rüdiger 1990: Über die Bedeutung der Massenmedien für soziale Bewegungen, in: Kölner Zeitschrift für Soziologie und Sozialpsychologie 42, 642-662.

20 Siehe z.B. Kepplinger, Hans Mathias 1992: Ereignismanagement: Wirklichkeit und Massenmedien. Zürich, 48f.

21 Vgl. für ein schon reifes Stadium Gale, Richard P. 1986: Social Movements and the State: The Environmental Movement, Countermovement, and the Transformation of Government Agencies, in: Sociological Perspectives 29, 202-240.

Flaggschiff in Ausnahmefällen sogar eine eigene »grüne« oder »alternative« Partei. Es gibt eigene Experten, und es gibt zur Beruhigung der Öffentlichkeit und als Regelvorgabe an Organisationen die Form von »Grenzwerten«, deren Überschreiten als gefährlich, deren Unterschreiten als ungefährlich gilt.[22] Organisationen sind als zahlungsfähige »Verursacher« identifiziert, und die notwendigen Kompromisse sind ausgehandelt. Aber es gibt als Folge eines solchen Arrangements ganz neue Arten von Risiken – etwa die, daß kleinere Firmen als Folge der Regulierung aus dem Geschäft gedrängt werden, daß Tankstellen wegen neuer Sicherheitsvorschriften schließen müssen und daß große Firmen auf Alternativen ausweichen, deren Gefährlichkeit man noch nicht entdeckt hat. Für eine Weile scheint das symbolische Managen der Gefahren und Benachteiligungen in die dafür zuständigen Stellen zurückgekehrt zu sein. Aber es kann jederzeit neue Proteste geben.

Die Ergebnisse haben, von den Einzelfällen her gesehen, kleines Format, und anders sind die Probleme auch nicht zu lösen. Das sollte jedoch den Blick für die Neuartigkeit des Gesamtphänomens nicht trüben. Es handelt sich um eine Art autopoietischer Systeme, die weder auf das Prinzip Anwesenheit (Interaktion) noch auf das Prinzip Mitgliedschaft (Organisation) zu bringen ist. Auch die Form der internen Differenzierung von Protestbewegungen kann weder der Undifferenziertheit oder der einfachen Rollenasymmetrie von Interaktionssystemen folgen, denn dazu ist die Bewegung zu groß; noch kann es sich um eine Positionshierarchie handeln wie in Organisationen, denn dazu ist die Personallage zu instabil. Vielmehr tendieren soziale Bewegungen intern zu einer Differenzierung nach Zentrum und Peripherie – so als ob sie ihre externe Situierung an der Peripherie eines Zentrums in sich selbst hineinkopierten. Es gibt typisch einen stärker engagierten Kern, eine Anhängerschaft, die für gelegentliche Aktionen zu aktivieren ist und, so vermutet die Bewegung jedenfalls, einen weiteren Kreis von Sympathisanten, der es ihr ermöglicht anzunehmen, daß sie allgemeine gesellschaftliche Interessen vertritt. Eine Zentrum/Peripherie-Differenzierung kann relativ voraussetzungslos entstehen, ist mit Personalfluktuation zwischen Sympa-

22 Speziell hierzu Luhmann, Niklas 1990: Grenzwerte der ökologischen Politik: Eine Form von Risikomanagement. Ms.

thisanten, Anhängern und Kern kompatibel und erlaubt relativ unscharfe Grenzen, die sich erst im Prozeß der Selbstaktivierung der Bewegung klären und sich in ihrer trajektförmigen Entwicklung ändern können.

Trotz dieser internen Lockerheit, die auf Fluktuationen eingestellt ist, auf Erfolge und Mißerfolge reagiert und sich im structural drift der Bewegung verändert, handelt es sich natürlich um gesellschaftliche Subsysteme – und nicht etwa um eine Möglichkeit, außerhalb der Gesellschaft zu kommunizieren. Wollte man auch für Protestbewegungen noch eine Funktion angeben, so könnte man sagen: es geht darum, die Negation der Gesellschaft in der Gesellschaft in Operationen umzusetzen. Es geht also um ein genaues Korrelat der Autonomie und operativen Geschlossenheit des Gesellschaftssystems, um das, was man, als man noch in Paradoxien formulieren konnte, als »Utopie« bezeichnet hatte.

Die moderne Gesellschaft hat anscheinend eine Form der Autopoiesis gefunden, um sich selber zu beobachten: in sich selbst *gegen* sich selbst. Widerstand gegen etwas – das ist ihre Art, Realität zu konstruieren. Sie kann als operativ geschlossenes System ihre Umwelt nicht kontaktieren, also Realität auch nicht als Widerstand der Umwelt erfahren, sondern nur als Widerstand von Kommunikation gegen Kommunikation. Nichts spricht dafür, daß die Protestbewegungen die Umwelt, seien es die Individuen, seien es die ökologischen Bedingungen, besser kennen oder richtiger beurteilen als andere Systeme der Gesellschaft. Genau diese Illusion dient jedoch den Protestbewegungen als der blinde Fleck, der es ihnen ermöglicht, Widerstand von Kommunikation gegen Kommunikation zu inszenieren und damit die Gesellschaft mit Realität zu versorgen, die sie anders nicht konstruieren könnte. Es kommt nicht darauf an, wer Recht hat; aber es kommt darauf an, in welchen Formen bei dieser Art Widerstand von Kommunikation gegen Kommunikation Realität in die Kommunikation eingeführt wird und in ihr weiterwirkt.

Die Gesellschaft kann auf diese Weise mit Unwissen in bezug auf die Umwelt (wie immer: der Individuen und der ökologischen Bedingungen) zurechtkommen. Ergänzt durch die zahllosen Realitätskonstruktionen der Funktionssysteme, zum Beispiel der Wissenschaft oder der Wirtschaft, kann sie über ein ständiges Oszillieren zwischen Fremdreferenz (Umweltbezug) und Selbstreferenz (Kommunikationsbezug) ihre eigenen Operationen fortsetzen. Sie reagiert in dieser hochtemporalisierten, raschen Form auf ihre eigene Intransparenz, auf die Risiken ihres Redundanzverzichts, auf die hochgetriebene Entscheidungsabhängigkeit aller Vorgänge bei Fehlen jeder gesamtgesellschaftlichen Autorität für das Bestimmen des Richtigen. Und sie reagiert damit vor allem natürlich auf die vielen negativen Begleiterscheinungen ihrer eigenen Realisation. Die Funktionssysteme und ihre Organisationen beginnen, sich irritiert (aber wie sonst?) darauf einzustellen. Sie suchen »Verständigungen«, um Konflikten eine vorübergehend haltbare Form zu geben. Was auf diese Weise nicht zu gelingen scheint, ist jedoch die Anfertigung angemessener Texte, also angemessener Selbstbeschreibungen der modernen Gesellschaft.

Nachweise

Kann die moderne Gesellschaft sich auf ökologische Gefährdungen einstellen?, in Luhmann, Niklas 1985: Kann die moderne Gesellschaft sich auf ökologische Gefährdungen einstellen? Rheinisch-Westfälische Akademie der Wissenschaften. Vorträge G278, Opladen 17-31.

Das trojanische Pferd, in Luhmann, Niklas 1987: Archimedes und wir. Berlin, 108-124; ursprünglich unter dem Titel *Systemtheorie und Systemkritik. Ein Interview mit Heidi Renk und Marco Bruns*, veröffentlicht in der tageszeitung vom 21. Oktober 1986.

Alternative ohne Alternative. Die Paradoxie der »neuen sozialen Bewegungen«, veröffentlicht in der Frankfurter Allgemeinen Zeitung vom 2. Juli 1986.

Tautologie und Paradoxie in den Selbstbeschreibungen der modernen Gesellschaft, in: Zeitschrift für Soziologie, Jg. 16, Heft 3, 1987, 161-174.

Frauen, Männer und George Spencer Brown, in: Zeitschrift für Soziologie, Jg. 17, Heft 1, 1988, 47-71.

Dabeisein und Dagegensein. Anregungen zu einem Nachruf auf die Bundesrepublik, veröffentlicht in der Frankfurter Allgemeinen Zeitung vom 22. August 1990.

Umweltrisiko und Politik (1990), bisher unveröffentlicht.

Systemtheorie und Protestbewegungen. Ein Interview, in: Forschungsjournal Neue Soziale Bewegungen, Jg. 7, Heft 2, 1994, 53-69.

Protestbewegungen (1995), Auszug aus: Die Gesellschaft der Gesellschaft, in Vorbereitung.

Suhrkamp Verlag GmbH
Torstraße 44, 10119 Berlin
info@suhrkamp.de
www.suhrkamp.de